COLLECTION FOLIO

J. Maarten Troost

La vie sexuelle des cannibales

À la dérive dans le Pacifique Sud

Traduit de l'américain
par Béatrice Vierne

Gallimard

J. Maarten Troost est un collaborateur régulier d'*Atlantic Monthly* et du *Washington Post*. Après ses deux années passées dans les Kiribati, il a vécu aux îles Fidji, avant de revenir s'installer en Californie avec sa femme et son fils. À sa parution, *La vie sexuelle des cannibales* a été salué par *Publishers Weekly* comme « le livre le plus drôle de ces dix dernières années ».

Pour Sylvia et Lukas

1

Où l'auteur exprime certaines insatisfactions concernant l'état de son existence, médite brièvement sur de précédentes aventures et infortunes, puis, avec le concours de sa séduisante compagne, décide de renoncer à la vie qu'il connaît et de filer au plus vite vers des lieux inconnus.

Un jour, avec ma bonne amie Sylvia, je suis allé m'installer sur un atoll dans la zone équatoriale de l'océan Pacifique. Cet atoll s'appelait Tarawa, et si quelqu'un qui croit avec ferveur que la Terre est plate devait atterrir un jour sur son rivage étique, il (ou elle) serait bien forcé (ou forcée) d'admettre qu'il (ou elle) vient d'arriver au bout du monde. Les cartographes eux-mêmes relèguent Tarawa dans les abîmes de la pliure ou bien à la lointaine périphérie de leur carte, signalant l'endroit sous la forme bienveillante d'un point minuscule qui n'en réussit pas moins à donner une idée tout à fait exagérée de sa taille. À l'époque, je ne concevais pas de meilleure destination que cet éclat de corail écrasé de chaleur. Tarawa, qui était bel et bien le bout du monde, est devenu, pendant deux ans, le centre du mien.

Il est dans la nature des livres tels que celui-ci — du genre récit de voyage, mâtiné d'aventure, d'humour et de souvenirs — d'invoquer une quelconque raison en guise de force motrice, d'irréprochable motivation à l'origine de cet étrange périple. On lira, par exemple : *Depuis longtemps déjà, j'étais fasciné par le lama à cul rouge, que l'on croyait disparu depuis 1742, et je résolus d'en découvrir un* ; ou bien : *Je ne me sens vivre que quand je suis au seuil de la mort, donc le défi que représentaient l'ascension du K2, tout seul, sans oxygène, ni gants, puis sa descente de nuit, en snowboard, me paraissait prometteur* ; ou encore : *Une longue carrière (deux ans et demi) dans le domaine du rachat de marques afin de parvenir à des solutions de réseaux optimales m'a rendu aussi riche que Crésus, ce qui ne m'a pas empêché d'être en proie à un curieux malaise, peut-être parce que j'étais désormais propriétaire de 372 gamins (très industrieux) au Sri Lanka ; voilà pourquoi j'ai décidé un jour d'aller m'installer dans un pittoresque petit coin d'Europe, où les paysans me transmettraient leur savoir et où je produirais de l'huile d'olive.* Et, ça ne rate pas, l'auteur ressort de son expérience un peu plus sage, un peu plus bienveillant, un peu plus tourné vers la vie spirituelle et mieux à même d'apprécier l'interconnexion des choses.

Qu'il me soit permis de dire ici, dès le départ, que je n'avais aucune raison particulière d'aller m'installer à Tarawa. L'exemple des Quakers d'antan, celui d'un Thoreau ou d'un Gauguin (à vous de choisir) n'avaient aucune part dans ma décision de prendre congé de la civilisation occidentale, que je trouvais dans l'ensemble tout à fait à mon goût, particulièrement telle qu'elle se manifestait dans certaines régions d'Italie. Certes, j'avais mes soucis. Les bulletins d'information, le lien curieux existant entre la consommation et l'identité, les sportifs professionnels qui se mettaient en grève, Cokie Roberts, les diverses résurrections de la carrière de Geraldo Rivera, dignes de Lazare en personne, et la fin des Washington Redskins en tant qu'équipe de football capable de jouer les premiers rôles dans le championnat, étaient pour moi autant de sources de réflexion, voire d'inquiétude, quant à la direction que suivait dans son ensemble la société occidentale. Toutefois, aucun de ces sujets ne suffisait à justifier mon renoncement au confort continental. J'avais tout bonnement la bougeotte, fort probablement parce que je n'étais pas satisfait du tour qu'avait pris ma vie à l'époque, et s'il existait une meilleure raison, une raison plus irrésistible de tout plaquer pour partir s'installer au bout du monde, j'aimerais bien la connaître.

C'était l'été 1996 et je venais tout juste de finir mes études supérieures de troisième cycle à Washington, où j'avais fait la connaissance de mon amie Sylvia. Nous avions tous les deux étudié les relations internationales. Je m'étais spécialisé dans l'Europe de l'Est (à voir sous l'angle « triomphe du bien sur le mal »), elle s'était consacrée à l'Europe de l'Ouest (plutôt « subventions aux agriculteurs »), ce qui lui avait valu d'être en butte à d'impitoyables taquineries. Tandis que Sylvia réussissait ses examens semestriels avec une ambitieuse détermination, je dérivais d'année universitaire en année universitaire, accumulant des notes modestes, jusqu'au jour où il n'y a plus eu un seul examen à tenter, plus un seul mémoire à présenter, et où l'on m'a renvoyé dans mes foyers. Les offres d'emploi se faisaient attendre, sans doute parce que j'avais omis de postuler. Et je n'étais pas non plus particulièrement versé dans ce qu'on appelle la recherche en ligne, chaudement encouragée parmi les demandeurs d'emploi, mais qui n'est peut-être pas d'une grande utilité aux âmes timorées n'ayant pas la plus petite idée de la carrière qu'elles souhaitent embrasser.

Au lieu de chercher un boulot, je suis parti pour Cuba ; l'endroit m'a paru intéressant, comme je m'y attendais, ce qui a retardé d'une nouvelle dizaine de jours mon incorporation dans les rangs des salariés. Je me suis rendu là-bas sur un coup de tête, décidant un beau jour que c'était à La Havane que j'avais envie d'être ; moins d'une semaine plus tard, j'étais sur le Malecón, la promenade de bord de mer, en train de dire oui aux cigares et non merci, vraiment, je n'avais pas envie de connaître la sœur du vendeur. À La Havane, j'ai dansé dans le style *salsa*. J'ai roulé en Studebaker. J'ai eu de longues conversations décousues avec de belles femmes mûres à propos des problèmes que connaissait Cuba, et elles m'ont expliqué où je pouvais trouver un poulet au marché noir de Habana Vieja. J'ai fumé une cigarette de marijuana avec de mauvais sujets cubains. J'ai appris que le Che était partout à Cuba et que pour la plupart des Cubains, il représentait quand même un peu plus qu'un parti pris vestimentaire. J'ai appris en outre bien d'autres choses, et pourtant je ne parlais même pas l'espagnol et devais me débrouiller au moyen d'un salmigondis hybride, composé pour moitié de latin scolaire et pour l'autre moitié de français, le tout prononcé avec l'accent de Ricardo Montalban.

On peut se demander comment un ancien étudiant de troisième cycle sans situation et sans aucun moyen de subsistance pouvait se payer un voyage à Cuba. La vérité, c'est que je ne le pouvais pas. Cependant, à la suite d'une erreur de jugement colossale, l'American Express avait consenti à me fournir une carte de crédit. Cette carte, il n'était pas question de l'utiliser à Cuba même, bien sûr. Les Cubains sont communistes et nous n'avons pas le droit de commercer avec les communistes, sauf s'ils sont chinois. L'American Express, toutefois, m'a donné un sérieux coup de main lorsqu'il a fallu me procurer un billet aller-retour plein tarif, classe touriste, Washington-Newark-Mexico-La Havane auprès de la compagnie AeroMexico, ainsi qu'une chambre pour une nuit dans un des hôtels de l'aéroport de Mexico, mes vingt derniers dollars ayant servi à payer une taxe d'aéroport tout à fait inattendue à La Havane (« *Mais ça dise dans la guido por visitor, no departure tax !* »). Étant à l'époque fauché comme les blés, je m'étais procuré le peu de liquide que j'avais sur moi en faisant un pied-de-nez aux clauses de mon bail et en sous-louant mon studio à un étudiant qui consacrait son temps à ressusciter les valeurs de l'Amérique, laquelle les avait perdues, semblait-il, dans les années 1960. Il devait occuper mon studio pendant un mois (la propreté ne figurait pas, ai-je cru deviner, parmi les valeurs qu'il s'attachait à rétablir). Comme je n'avais prévu que dix jours à Cuba, il m'a fallu régler certains problèmes résidentiels se rapportant aux trois semaines restantes, ce qui a débouché sur une intéressante conversation téléphonique.

« Salut, Maman.

— Honhon.

— Figure-toi que je pars à Cuba demain. »

Silence.

« Je reviens dans dix jours, si toutefois Castro ne me fait pas arrêter et si les gars de l'INS[1] me laissent rentrer. Hin, hin, hin ! »

Silence. Puis un aparté chuchoté : « ... il part pour Cuba demain. » Le chien de la famille, un beagle, a hurlé à la mort.

Bob, mon beau-père, a pris l'appareil. « Maaaaarten ! a-t-il lancé, comme il fait toujours chaque fois que je me montre déraisonnable et prends une décision qui va mettre ma mère dans tous ses états. Tu sais bien que ta mère n'aime pas les communistes. Mais écoute, puisque tu t'en vas là-bas, laisse-moi donc appeler mes copains de l'Agence. Tu pourrais peut-être bosser pour eux en indépendant. »

Dans le fond, j'ai entendu la voix de ma mère, plaintive : « Bob ! »

C'était la méthode mise au point par Bob, dans le cadre d'une beau-paternité diplomatique et bienveillante : proposer une idée beaucoup plus délirante que celle que j'avais trouvée, si bien qu'en comparaison mon imprudence et mon irresponsabilité prenaient soudain des allures de comportement pondéré. Je lui en ai été reconnaissant. J'ai promis à ma mère que je ferais la sourde oreille aux objurgations de Bob. Ce serait de la folie d'aller espionner pour la CIA, ai-je dit, ajoutant que j'évi-

1. Immigration and Naturalization Service, ou « Services de l'immigration ». (*Toutes les notes sont de la traductrice.*)

terais de me livrer à toute activité susceptible de m'obliger à moisir pendant le restant de mes jours dans un goulag cubain. En contrepartie, je me suis vu offrir trois semaines de séjour, logé, nourri, dans la banlieue de Washington. J'ai trouvé que je faisais une excellente affaire.

Hélas, je n'ai pas tardé à découvrir qu'il est remarquablement désagréable de commencer sa journée par l'appel téléphonique quotidien d'une firme spécialisée dans le recouvrement des dettes. Loin d'entendre des voix chaleureuses et amicales vous rappeler que votre compte est très légèrement à découvert, vous avez droit à des aboiements intimidants qui vous menacent de désastres personnels ; on ne me précisait pas clairement qu'on allait m'envoyer un mafieux prénommé Vinnie et que j'aurais sans doute bientôt des problèmes de mobilité réduite, mais c'était sous-entendu. En plus de quoi, Sylvia faisait franchement la moue. J'ai donc décidé de passer un autre coup de fil.

« Salut, Papa.

— Hon-hon.

— Écoute, voilà ce qui se passe…

— Non.

— À ce qu'il semble, les circonstances particulières de la situation dans laquelle je me trouve pourraient avoir certaines ramifications avec…

— Je crois bien qu'à l'heure actuelle, tu me dois 180 000 dollars. »

Ridiculement exagéré, mais efficace. Le moment de me préoccuper de ma source de revenus, en essayant par exemple de m'en procurer une, était enfin arrivé. À l'instar de nombreuses personnes ayant fait des études très poussées, je n'avais pas grand-chose à proposer en guise de savoir-faire, sinon le maniement des chariots élévateurs, même si je ne pouvais prétendre à l'excellence dans ce domaine. Ce défaut d'excellence n'avait d'ailleurs pas dissuadé le directeur de la pépinière et entreprise de maraîchage où je m'étais échiné après avoir quitté le lycée de m'envoyer vaquer du côté de la voie à péage de Rockville, l'une des principales artères reliant la ville de Washington à ses banlieues du Maryland, sur laquelle, en principe, les chariots élévateurs n'ont rien à faire — je n'ai pas tardé à l'apprendre — pour la bonne raison que lorsqu'ils prennent les tournants un tout petit peu trop vite, ils ont tendance à être déséquilibrés, ce qui peut entraîner l'irruption sur la chaussée de centaines de pastèques qui traversent en roulant le croisement de Rockville et Montrose Road, pourchassées par un conducteur de chariot élévateur extrêmement penaud, se demandant avec angoisse si cette dernière mésaventure sera enfin la goutte qui fera déborder le vase et qui lui vaudra d'être viré. Je pouvais aussi revendiquer des compétences de peintre en bâtiment, désormais inutiles en raison d'un accident à la suite duquel monter sur une échelle était devenu une expérience si traumatisante qu'il ne fallait même pas y songer ; et des compétences de serveur de restaurant, exercées dans de nombreux établissements de la côte Est, pendant de nombreuses années, au point que j'avais désormais le sentiment de ne plus être capable de servir de manière courtoise, efficace et exempte d'envie de meurtre les nombreux connards qui fréquentaient les restaurants.

Il est certes vrai que la faculté que j'avais de comprendre la situation en Macédoine et de connaître sur le bout des doigts le programme de privatisation en République tchèque aurait pu déboucher sur un emploi rémunéré, et même sur un emploi rémunéré de qualité, mais j'ai choisi de ne pas chercher de travail dans le domaine auquel j'avais consacré tant d'années d'études, parce que… eh bien, à vrai dire, je n'avais aucune raison valable de faire ce choix. Disons simplement qu'à mon avis, ce n'était pas la chose à tenter, sans doute parce que si l'on veut se faire embaucher, il faut écrire une infinité de lettres, se pendre au téléphone, lécher toutes sortes de bottes, ce qui ressemble à s'y méprendre à un boulot à plein temps, et ça, je n'étais pas d'humeur à l'accepter. Donc, harcelé par les réalités financières, je suis allé trouver Jenny et Debbie, les deux gentilles (mais fermes) patronnes d'une agence d'intérim. Elles m'ont accordé une entrevue, se sont assez vite aperçues que je n'étais pas entièrement dépourvu d'intellect (« Rangez les États suivants par ordre alphabétique : Utah, Arkansas, Idaho et Nebraska »), que mon bagage en matière de programmes software était des plus légers (« Mais dans votre CV, je lis que vous connaissez à fond Word, WordPerfect et Excel »), et que malgré les trois essais qu'elles ont bien voulu m'accorder dans l'épreuve de dactylographie, je n'étais pas capable de franchir la barre des vingt-neuf mots à la minute, ce qui était tout à fait regrettable, parce que l'agence fixait justement ses tarifs en fonction des prouesses dans ce domaine. Donc, après six années d'études supérieures dans des établissements privés excessivement coûteux, s'ajoutant à l'accumulation d'expériences variées en divers lieux de la planète, expériences intéressantes et potentiellement enrichissantes dans l'optique d'un futur emploi, je suis devenu smicard intérimaire ; l'aventure ne mérite pas d'être racontée par le menu, même si je me sens tenu de noter que c'est un état qui fait voler en éclats toutes les illusions et vanités de la jeunesse, chose à la fois utile et nécessaire, quoique désagréable.

Mes emplois temporaires brillaient par leur éclectisme, me faisant passer d'un cabinet d'avocat à une entreprise commerciale, quand ce n'était pas le contraire ; mais toujours, on m'emmenait jusqu'à la salle des archives et on me priait, sur le ton de patiente courtoisie réservé aux handicapés de l'apprentissage, de mettre un peu d'ordre dans les fichiers. Les rares fois où mon emploi s'est prolongé au-delà de la première semaine, on m'a offert l'occasion d'affiner mes compétences en m'apprenant à répondre au téléphone pendant que les autres étaient partis déjeuner, et même à commander des fournitures pour le bureau, tâche qui est d'ordinaire d'une extrême complexité, je tiens à le faire remarquer. À l'occasion, je déplorais mon piteux niveau dactylographique, mais je refusais les propositions bien intentionnées de Jenny et Debbie, m'incitant à suivre le stage de dactylographie offert par l'agence, car je redoutais que pareille démarche ne m'entraîne inexorablement vers une carrière qui dépendrait de ma vitesse de frappe. Au lieu de cela, je me suis aperçu que je stagnais, que je dérivais lentement vers un lamentable apitoiement sur moi-même — je dis lamentable parce qu'à vingt-six ans, j'étais quand même à la fleur de l'âge — jusqu'au matin où j'ai quitté d'un pas de flâneur le boulot de la journée et où je suis entré dans une buvette de Georgetown pour y commander un grand café, une orange pressée, un *bagel* aux graines de pavot, grillé, avec du saumon fumé et du fromage blanc, et y lire le journal avec la franche gaieté d'un homme qui a tout le temps de s'attarder à la rubrique « Maison et Jardin ». Jenny et Debbie ont mal pris la chose. « Si vous ne vous présentez pas au travail, c'est nous qui passons pour des nullités, m'a reproché Debbie. Désolée, mais nous ne pouvons pas vous garder. »

Pour les glandeurs-nés, la triste réalité, c'est que notre monde moderne nous oblige à nous tenir à un travail, si nous voulons subvenir à nos besoins. Je m'aperçois que la glandouille est incroyablement sous-estimée, pour ne pas dire carrément dénigrée, par les gens qui considèrent que l'inactivité ouvre la porte au Malin. Pour ma part, je la considère comme une vertu, mais la société civilisée voit les choses autrement, et il n'en restait pas moins que j'avais toujours besoin d'un emploi. Ce qui m'a valu d'être bientôt embringué dans l'univers passionnant de l'édition. Je suis devenu directeur de collection adjoint dans une petite maison d'édition de Washington, où j'ai collaboré à un ouvrage de référence qui expliquait dans le détail les tâches dévolues aux membres des groupes de pression. La première moitié du livre, qui, dans son essence, n'était rien d'autre que les Pages Jaunes des trafiquants d'influence, regroupait des listes de sociétés et de pays et précisait à qui ils faisaient appel pour acheter les faveurs des gardiens de la démocratie au cœur du monde libre. La deuxième moitié proposait une liste de tous les cabinets de lobbying, tous les lobbyistes et leurs clients, ainsi que du personnel chargé des « relations avec le gouvernement » dans les entreprises qui éprouvaient le besoin d'avoir des bureaux à Washington. Mon travail consistait à envoyer des questionnaires, à les faire suivre d'appels téléphoniques, à confirmer les données sur le lobbying auprès du ministère de la Justice et à introduire les résultats dans une base de données informatiques, qui se plantait deux fois par jour. Je m'amusais à comparer les noms des représentants à Washington des Serbes bosniaques, du régime de Mobutu, de divers seigneurs de la guerre somaliens et de Nike avec ceux figurant sur les listes des dîners officiels à la Maison-Blanche. Curieusement, il y avait des gens qui ne prenaient pas bien du tout l'idée que l'on pût vouloir rendre publiques leurs activités dans le domaine du trafic d'influence, ce qui m'a valu d'essuyer quelques propos orduriers par téléphone interposé, et je tiens à dire ici que je pense le plus grand mal du personnel chargé des « relations avec le gouvernement » chez (supprimé par le service juridique) et aussi que je sais de source sûre que de la matière fécale d'origine canine figure parmi les ingrédients du (supprimé par les services juridiques).

Cet emploi avait beau inclure une couverture sociale, en guise de petit bonus destiné à compenser le salaire de misère, il ne m'était pas possible de me leurrer sur le fait que je continuais de faire la planche sur le fleuve de la vie. J'avais comme une idée que j'aurais bien aimé vivre de ma plume, mais je n'étais guère enclin à me mettre au travail, ce qui m'incitait parfois à me dire que je ferais sans doute mieux d'avoir comme une autre idée, ou même plusieurs. Une obscure gazette littéraire venait de publier un essai de mon cru, un texte de quelque cinq mille mots, et tout en étant assez satisfait d'avoir été imprimé, je trouvais insuffisants, je ne sais pourquoi, les cinquante dollars et les deux numéros gratuits censés me dédommager des trois mois passés à bosser le soir. Je continuais d'envoyer aux magazines nationaux des essais, des billets d'humeur, des questions, et même si certains rédacteurs m'adressaient en réponse des petits mots gentils, voire un coup de téléphone, ils s'obstinaient, hélas, à publier les plates méditations de vieux raseurs ayant depuis longtemps dépassé leur date de péremption, au lieu de faire appel à des voix nouvelles qui avaient quelque chose d'intéressant à dire. (Mais n'allez pas croire que je suis amer.)

Bien souvent, des membres de ma famille, soucieux de mon avenir, m'ont fait remarquer qu'une collaboration dans un journal de moindre envergure me mettrait peut-être le pied à l'étrier. Mais là, j'ai dit non d'emblée. J'en savais bien assez long sur le journalisme pour être sûr que si je devais couvrir un événement présentant un intérêt médiatique, je perdrais aussitôt mon flegme d'homme de presse, renoncerais à toutes mes facultés de raisonnement et m'enfoncerais dans un étouffant bourbier d'incertitude et de panique. Je le savais parce que, à l'époque où je vivais à Prague, j'avais bel et bien été journaliste. Un hebdomadaire de langue anglaise avait généreusement accepté de me confier de vrais sujets, en se fondant sur le chef-d'œuvre qu'était mon analyse de l'industrie pétrolière saoudienne, vingt pages superbement rédigées, subtilement nuancées, amoureusement fignolées de pur plagiat, qui m'avaient valu un dix sur vingt lors de ma troisième année universitaire. Inutile de dire qu'on vivait alors la grande époque des « Occidentaux-à-Prague », juste après la fin de cette petite expérience de manipulation sociale qu'on a appelée

« le communisme », années glorieuses au cours desquelles des centaines, sinon des milliers, d'Américains, de Canadiens, d'Australiens et autres pourvoyeurs de mœurs occidentales s'étaient abattus sur la plus belle ville du monde pour y faire à peu près tout ce dont ils avaient envie. Le pied total.

Ma mère est tchèque, en vertu de quoi j'aime à croire que je ne courais pas simplement après la quintessence de tout ce qui était « tendance » en filant m'installer à Prague. Je suis né aux Pays-Bas et, dans mon enfance, il m'est souvent arrivé d'aller en Tchécoslovaquie rendre visite à mon grand-père, dont l'appartement, à Prague, donnait sur la Vltava. Il suffit d'une odeur ténue de feu de charbon pour me remettre aussitôt en mémoire les cygnes indolents sur le fleuve, le pain salé et les yaourts sucrés, les pièces imprégnées de fumée, la chope de bière de mon grand-père et les longues errances à travers des passages noirs de suie dans une ville qui, pendant quelque temps, ne m'a parlé que des hauts faits de ses souverains. Quand j'ai eu sept ans, juste après le divorce de mes parents, ma mère nous a fait baptiser, ma sœur cadette et moi, dans une petite église du sud de la Bohême. Sept ans, c'est bien sûr l'âge où le cerveau est le plus fécond, où chaque image, chaque expérience sont lourdes de présages, donc lorsqu'on m'a gentiment fait remarquer que les nombreuses statues de Prague, de saints à qui on avait coupé la tête, de martyrs à qui on avait arraché la langue, les gargouilles, avaient toutes, d'une manière ou d'une autre, quelque rapport avec ma vie et ma mort, pendant un an je me suis arrangé pour cesser à peu près de dormir, redoutant l'intrusion nocturne d'images effrayantes, particulièrement celle d'un barbu gracile que l'on mettait à mort d'une manière extrêmement créative et tout à fait terrifiante, à seule fin que je puisse un jour aller au paradis. Pour porter à son comble la puissance de mon imagination, dans les années 1970, Prague traversait une période de « normalisation », comme on disait alors de si plaisante façon ; en parler soviétique, on désignait ainsi la terreur qui s'installe lorsque la *babicka*, ou grand-mère, de l'appartement voisin est une moucharde, ce qui débouche sur un état de choses sinistre et affolant, beaucoup plus efficace pour empêcher les gens de s'écarter du droit chemin que l'intimidation sous forme de soldats soviétiques.

Dieu merci, ce monde-là avait vécu, nul ne l'ignore, et puisque Vaclav Havel trônait à titre de roi-philosophe, si l'on peut dire, dans le vaste château qui domine Prague, je suis parti vivre là-bas peu après mon premier cycle universitaire, n'étant plus désormais sujet aux palpitations à la seule vue des saintes reliques, mais conscient de la manière dont cette ville aux nombreux clochers et estaminets peut s'emparer de vous. Il y avait quelque chose d'éphémère dans la Prague du début des années 1990 et c'est la seule grande ville de ma connaissance qui possède véritablement une âme. J'ai donc commencé à écrire pour le *Prague Post*, ou plutôt les responsables faisaient figurer mon nom au-dessus d'articles qui ne présentaient aucune ressemblance avec la prose que j'avais soumise à leur considération. « Un sujet, c'est comme un trajet en voiture, me disait mon chef de rubrique, volontiers pédagogue. Toi, l'auteur, tu es le véhicule qui emporte les lecteurs du point A au point B, puis au point C, sans quitter la route. » Comme les lecteurs observateurs l'auront déjà subodoré, moi, je préfère les fossés de la digression.

Lors de mon incursion dans le journalisme, jamais je n'ai eu le sentiment d'en savoir assez long sur tel ou tel événement médiatique pour me permettre d'en faire le sujet d'un article. La plupart des gens considèrent ce qui est écrit dans le style journalistique comme une vérité indiscutable, si bien que j'étais tout bonnement transi de peur à l'idée de me tromper. Je crois dur comme fer à la loi des conséquences imprévues et je m'imaginais volontiers que mon incapacité à saisir toutes les nuances, toutes les subtilités d'un événement entraînerait des chutes de gouvernements, des crises économiques et de terribles épreuves pour les peuples d'Europe de l'Est et d'Europe centrale. Je ne voulais pas savoir si mes articles paraissaient le plus souvent en page C8, s'ils étaient écrits dans une langue que peu de gens du coin comprenaient, si mon lectorat ne se montait sans doute jamais à plus de quatre personnes, ou si les personnes en question étaient, fort probablement, les quatre que j'avais interviewées par le truchement d'un interprète, lequel me soufflait — non sans une certaine bienveillance — les questions que je devais poser. Par chance, j'étais à la fois passionnément intéressé par ce qui se passait dans la région — la marche de l'Histoire et tout le bataclan — et plus opiniâtre qu'un attelage de mules, donc je me suis mis à écrire des articles pour la page du journal consacrée aux opinions, proposant des commentaires sur la politique de l'Union européenne vis-à-vis des pays frères d'Europe de l'Est, sur les racines historiques de la partition de la Tchécoslovaquie, sur les atermoiements de l'Occident concernant la Bosnie, sur la conception qu'avait Havel de la démocratie, et sur bien d'autres sujets que j'abordais sans la moindre espèce de qualification. J'ai trouvé l'exercice à mon goût. On ne saurait imaginer à quel point il est facile de faire remarquer les erreurs des autres et de proposer des remèdes ou des marches à suivre sur un ton raisonneur et pédant, et je suis toujours sidéré de constater que les médias américains continuent de verser à des tas de gens des sommes exorbitantes pour ce genre de besogne.

Il faut rarement plus d'un après-midi pour aligner sept cent cinquante mots sur ce que devrait être la politique américaine envers la Slovaquie, ce qui me laissait amplement le temps de tomber amoureux, de voyager et de mener la vie que j'avais envie de mener. J'ai vu des choses qui m'ont plu et horrifié tout à la fois ; en comparaison, l'Amérique me paraissait un endroit placide et frivole. J'ai visité les lieux où mes faibles ressources me permettaient de me rendre et observé le déroulement de l'Histoire. À l'occasion d'un voyage en Pologne, j'ai eu droit à ce qui se fait de pire en matière de correspondance ferroviaire — arrivée à Francfort-sur-l'Oder à 1 h 30 du matin, départ pour Varsovie à 5 h 45 — et, tandis que je sommeillais, roulé en boule sur le quai, j'ai été réveillé en sursaut par l'armée soviétique. Des milliers de soldats russes ont traversé la gare, quittant l'Allemagne de l'Est, qui désormais ne faisait de nouveau plus qu'une avec l'Allemagne de l'Ouest, pour regagner la Russie ; je me suis dit que c'était ce que j'avais vu de plus sympa en matière d'événement historique. Quelques mois plus tard, je suis monté à mon tour dans un train à destination de la Russie, où j'ai eu une rencontre fort stimulante avec un ours, sur un pont de Saint-Pétersbourg, et où j'ai découvert que tout ce que l'on peut lire sur la consommation de vodka dans cette partie du monde est vrai ; d'ailleurs, quand j'y repense, l'ours en question a sans doute été la seule créature parfaitement sobre que j'ai côtoyée au cours de mes trois semaines en Russie. J'ai pris un ferry pour Dubrovnik, sur la côte dalmate d'une beauté époustouflante, et nous y avons été accostés, mes amis et moi, par un soldat croate qui est sorti en trombe d'un bar au moment où nous passions, s'est écrié « Touristes ? », et, comme nous acquiescions, a expliqué : « Vous êtes les premiers depuis la guerre », avant de nous pousser à l'intérieur du bar, où nous avons passé les heures qui ont suivi le couvre-feu à sombrer dans une sublime mélancolie, assis à l'abri d'une véranda qui donnait sur la vieille ville mutilée par les obus, en écoutant les pétarades saccadées des armes à feu. En Turquie, j'ai glissé en faisant de l'escalade au-dessus d'une chute d'eau et je me suis fracturé trois vertèbres, ce qui m'a fait un mal de chien, mais cela ne m'a pas empêché d'éprouver un immense bonheur, alors que je gisais recroquevillé au fond d'une gorge, lorsque j'ai ordonné à mes doigts de pied de bouger et qu'ils ont obéi. Je me suis rendu aussi en Bosnie-Herzégovine. J'ai obtenu une carte de presse grâce au *Prague Post* et je n'ai pas tardé à me retrouver à Mostar, où j'ai tout à fait, mais alors tout à fait, perdu pied et ne m'en suis sorti qu'en me fiant aveuglément à la gentillesse de mercenaires anglais ; c'est là que j'ai compris que la distance entre civilisation et sauvagerie était vraiment minuscule, et depuis, ça me fait très peur.

La raison d'être de ce petit retour sur des événements et des incidents qui n'ont strictement rien à voir avec le Pacifique Sud, c'est qu'il me permet de faire savoir que je m'étais habitué à ce que la vie soit intéressante et pleine d'imprévu et que, tel un petit garçon, je refusais de croire que ça ne durerait pas toujours et que le reste de mon existence serait une espèce d'expiation de tout ce que j'avais pu faire d'inconsidéré, d'irresponsable et de merveilleusement amusant jusque-là. Même si je le remplissais avec une très, très grande compétence, le rôle de manipulateur de données informatiques n'arrivait pas à la cheville de celui de correspondant de guerre incompétent. À Washington, je ne savais jamais très bien quelles étaient mes ambitions. Je sentais que le temps de mes exploits de serveur, peintre en bâtiment, intérimaire et autre stagiaire était révolu, mais l'idée de travailler dans un bureau et d'y faire avec beaucoup de sérieux ce qu'on fait dans les bureaux m'apparaissait comme une espèce de petite mort bien tranquille. Fort heureusement, sans que j'aie eu besoin de l'aiguillonner, Sylvia, elle aussi, avait envie de changements. Elle avait commencé à travailler pour une organisation non gouvernementale spécialisée dans le développement international. Disons, pour faire court, que dans ce genre de boulot, le côté Washington des choses peut être un tantinet démoralisant et que Sylvia s'est très vite mise à soupirer après des fonctions sur le terrain, ce qui, dans l'idiome du développement international, désigne un trou à rats au fin fond du Tiers-Monde. Si bien que nous nous sommes mis tous les deux à répondre aux offres d'emploi dans les endroits les plus défavorisés de la planète.

Peut-être ferais-je bien de m'arrêter un instant pour donner une idée de la manière dont j'ai fait la cour à Sylvia. La soirée était riche en possibilités. L'air fleurait bon le blé, le houblon et l'orge. Un charmant monsieur, toutes dreadlocks dehors, a courtoisement fait les présentations. En homme du monde que je suis, j'ai rempli de bière Budweiser le gobelet en plastique de Sylvia. Ses yeux ont étincelé. Ont bientôt suivi quelques sorties à deux, des conversations d'une grande profondeur, une succession de gestes romantiques tout à fait opportuns, une randonnée exaltante à travers les Appalaches, dans les hauteurs où les aigles prennent leur essor, et nous voilà installés ensemble, partageant un charmant appartement pourvu d'une immense terrasse qu'ombrageait un orme séculaire, dans une rue étroite, éclairée par des becs de gaz, de Dupont Circle, un quartier branché et principalement *gay* de Washington. Nous étions amoureux fous. Nous nous sommes juré de nous suivre l'un l'autre jusqu'au bout du monde. (« *Ppffffftt*, lance Sylvia qui lit par-dessus mon épaule. C'est n'importe quoi ».)

En matière de boulot potentiellement intéressant, excitant et peut-être dangereux, c'est elle qui a trouvé le premier petit morceau de choix. Sarajevo nous faisait signe. On étudiait sa candidature à un poste de chargée de programme au sein d'une agence pour les réfugiés. Elle a eu un entretien d'embauche au téléphone et j'ai suivi l'affaire, dans notre living, applaudissant en silence, *ouais, bien répondu !* Mais, au grand dam de la Bosnie, elle n'a pas été retenue en raison de son manque d'expérience. Puis mon tour est venu. La Tanzanie, cette fois-ci. On songeait à me confier un poste d'attaché de presse dans une agence pour les réfugiés, qui gérait un camp de 500 000 réfugiés rwandais. Pour ce qui est de compartimenter, je suis assez doué, et il me semblait que je serais capable de trouver un juste milieu entre la misère des camps, corsée par le fait désolant qu'ils abritaient les Hutus qui avaient perpétré le génocide, et des excursions de type safari, tout en restant sain d'esprit. Mais le titulaire de ce poste a décidé qu'une seule année de liaison entre les réfugiés rwandais et la presse mondiale ne lui suffisait pas tout à fait et qu'il préférait rester un an de plus, ce qui, en y réfléchissant bien, n'était sans doute pas plus mal. Ensuite plus rien, sinon quelques lettres nous remerciant de notre intérêt pour le poste de coordinateur/coordinatrice de programme au Soudan, en Angola, au Cambodge, mais, de façon fort regrettable, etc., etc. Un changement de stratégie s'imposait. Si personne n'était décidé à nous envoyer dans un lieu exotique, tant pis, nous y irions tout seuls et ferions de notre mieux.

Nous avons décidé de nous installer à Hanoï. Dans un premier temps, nous allions quitter notre appartement et transporter nos pénates dans le sous-sol de la maison de ma mère, où nous passerions trois mois, afin de mettre assez d'argent de côté pour partir au Vietnam. Ma mère, inexplicablement, n'était pas opposée à ce projet et nous étions sur le point d'envoyer un préavis à notre propriétaire lorsque Sylvia m'a téléphoné au bureau et demandé si je serais disposé à aller vivre sur un petit atoll du Pacifique équatorial et, dans l'affirmative, si je pouvais être prêt d'ici environ trois semaines. On lui avait offert le poste de directrice locale de la FSP, ou Fondation pour les peuples du Pacifique Sud, au bureau des Kiribati. Cinq secondes plus tard, j'avais démissionné. Puis j'ai rappelé Sylvia.

« C'est Kiri-comment ? »

2

Où l'auteur révèle le fruit de ses recherches sur l'étrange nation insulaire dont il a fait sa nouvelle patrie (ce qui laisse la part belle à l'inconnu), compense son ignorance par une imagination débordante (pourtant insuffisante, et pas qu'un peu) et fait ses bagages (en dépit du bon sens).

Le nom Kiribati, qui se prononce *kir-iii-bass*, les missionnaires ayant fait preuve de pingrerie dans le nombre de lettres utilisées pour transcrire la langue locale, est dérivé du nom *Gilberts*[1], lequel est celui d'un des trois groupes d'îles composant cette improbable nation. Située à un tout petit cran au-dessus de l'équateur et à huit mille kilomètres de tout autre endroit, Tarawa est la capitale de ce pays de trente-trois atolls éparpillés à travers une zone marine aussi vaste que tous les États-Unis (continentaux). La superficie totale de ces îles mises

1. En anglais, Gilberts se prononce « guilbertse ».

ensemble est d'à peine huit cents kilomètres carrés, soit *grosso modo* la taille de la zone métropolitaine de Baltimore, mais je crois pouvoir dire qu'elle diminue de moitié à marée haute. La majeure partie de la superficie des Kiribati est constituée par l'île de Kiritimati (jadis appelée Christmas Island), à plusieurs milliers de kilomètres de Tarawa. Ce qui reste est quantité négligeable.

Pour vous représenter les Kiribati, imaginez donc que tous les États-Unis (continentaux) disparaissent fort opportunément, ne laissant à leur place que Baltimore et une vaste étendue d'océan d'un bleu intense. Ensuite, hachez menu Baltimore, afin d'en faire trente-trois morceaux, mettez-en un là où se trouvait le Maine, un autre à l'endroit de la Californie, et ainsi de suite jusqu'à ce que vous ayez trente-trois petits bouts de Baltimore disséminés de manière à être sûr que trente-deux Baltimoriens sur trente-trois n'assisteront plus jamais à un match de l'équipe des Orioles. Après quoi, supprimez l'électricité, l'eau courante, les toilettes, la télévision, les restaurants, les buildings et les avions (à l'exception de deux très anciens modèles à hélice, entretenus par des personnes dont la langue ne comporte aucun mot signifiant « entretien »). Remplacez le tout par du chaume. Aplatissez toutes les terres pour obtenir une surface uniforme de soixante centimètres au-dessus du niveau de la mer. Jouez avec ces îles en faisant fondre les calottes polaires. Ajoutez des palmiers. Saupoudrez d'hépatite A, B et C. Incorporez de la dengue et des parasites intestinaux, sans cesser de remuer. Éloignez tout médecin. Isolez et faites cuire à une température constante de trente-huit degrés. Vous obtiendrez la république des Kiribati.

Inutile de dire qu'à l'époque, je ne savais rien de tout cela. En dépit des insinuations dissuasives (« Figurez-vous un banc de sable couvert de détritus puants, au milieu de rien, avait expliqué quelqu'un qui avait visité les lieux. Eh bien, voilà Tarawa »), je savais, ce n'était pas possible autrement, que notre lointaine Tarawa se révélerait être le paradis tropical par excellence, celui où les indigènes sont bons et nobles, et où le décor, forcément d'une langueur luxuriante, fournirait une inspiration à d'ambitieuses entreprises d'une nature artistique et édifiante. Je le savais, parce que je n'avais pas grand-chose d'autre à me mettre sous la dent et que lorsque je suis en état d'ignorance, j'ai tendance à être d'un optimisme effervescent. Il faut dire aussi que les recherches sur les Kiribati tournent facilement court. À ce qu'il semble et sans qu'on sache trop pourquoi, c'est un endroit où personne ne va. Paul Theroux lui-même ne s'est pas donné la peine de s'y arrêter lors de son voyage dans le Pacifique, celui qu'il a raconté dans *The Happy Isles of Oceania*. Quand on songe à tout le territoire qu'ont couvert Theroux, Bruce Chatwin, Jan Morris et tous les autres cadors du récit de voyage, il ne reste vraiment pas grand-chose à leurs collègues pour leurs griffonnages, sauf peut-être les Kiribati et la ville de Buffalo, dans l'État de New York. Buffalo, j'y suis allé, mais j'aurai la bonne grâce de laisser à quelqu'un d'autre le soin de faire les commentaires qui s'imposent et je vais plutôt mentionner ici divers croustillants petits potins sur les Kiribati. Sachez qu'à partir de maintenant, les faits présentés ont été glanés auprès d'Internet, de la CIA et de sources diverses :

Nombre d'habitants (1996) — 79 386

Espérance de vie (hommes) — 52,56 ans
Espérance de vie (femmes) — 55,78 ans
Taux de mortalité infantile — 9,84 %
Religions — catholicisme romain, protestantisme, adventisme du septième jour, bahïsme, Église de Dieu de Caroline du Nord, Église mormone
Nombre d'îles — 33
Nombre d'îles habitées — 21
Ratio mer/terre — 4 000/1
Ressources naturelles — phosphate (production interrompue en 1979)
Indépendance — 12 juillet 1979 (accordée par le Royaume-Uni)
Missions étrangères — Australie, Nouvelle-Zélande, république populaire de Chine
Terres arables — 0 %
Nature du terrain — atolls de corail de basse altitude avec récifs étendus
Monnaie — dollar australien
PIB par habitant — 800 dollars australiens (environ 450 dollars américains)
Taux de chômage — 70 %
Exportations — coprah, poisson, ailerons de requin
Radio — AM 1, FM 0, ondes courtes 0
Télévision — néant
Forces militaires — néant

J'ai déduit de ces données que si je voulais vivre au-delà de 52,56 ans, j'avais intérêt à faire tous les vaccins nécessaires ; qu'un bol alimentaire solide avait de fortes chances de donner lieu à des célébrations ; qu'il y a chez l'Église de Dieu de Caroline du Nord un je-ne-sais-quoi qui me fiche la trouille (et je peux en dire autant de l'Église mormone) ;

que ce n'est peut-être pas un pur hasard si la fin de la production de phosphate a coïncidé avec le commencement de l'indépendance ; que la Chine manigance sans doute Dieu sait quel mauvais coup aux Kiribati ; qu'avec soixante-dix pour cent de chômeurs dans le pays, je n'aurais aucun mal à m'intégrer, professionnellement parlant ; que l'exportation d'ailerons de requin paraît indiquer la présence de ces squales dans les parages ; et qu'en dépit d'un certain snobisme de ma part dans mes relations avec la culture populaire américaine, il n'était pas tout à fait exclu que je finisse par me languir des *Simpsons* et des matches de football professionnel à la télévision.

Au cours de ces trois semaines frénétiques, je n'ai pas appris grand-chose d'autre sur les Kiribati, si bien que je m'en suis remis à mon imagination, qui ne relevait plus désormais de la fantaisie débridée d'un jeune garçon, mais du conditionnement de l'expérience. Je savais que Tarawa était une mince bande de corail, lovée autour d'un vaste lagon, et comme je n'avais encore rien visité de pareil, je me représentais un endroit ressemblant bigrement au cap Cod, lequel n'est pas à proprement parler une île, de même qu'une baie n'est pas un lagon, mais on ne va quand même pas chipoter. Bien entendu, j'ai aussitôt commencé à me dire que nous habiterions une maison de bois avec des encadrements de fenêtre peints en blanc, juste au-delà de dunes couvertes de hautes herbes, et que les autochtones auraient tendance à aimer les tissus écossais et à se plaindre des estivants. Je savais aussi qu'il y avait des villages sur Tarawa. En ce qui me concerne, les îles avec des villages évoquent aussitôt la Méditerranée, et j'envisageais donc des places de village avec de charmants petits cafés fréquentés par des gens d'une élégance divine, dans leurs tenues Armani, très occupés à débattre avec passion des différentes variétés de noix de coco, ce qui montre bien qu'en dépit des nombreuses années que j'avais consacrées à m'instruire dans le domaine de la conscience multiculturelle, je n'en demeurais pas moins un crétin ethnocentrique.

En ce qui concernait le Pacifique Sud en général, j'avais vu des photos de Bora Bora et d'autres lieux analogues ; je savais donc que le Pacifique Sud passait pour un fort bel endroit et que l'on avait volontiers recours à l'expression « paradis tropical », dès qu'il était question d'une des îles de ces régions. Je savais que les petits Brando ne s'étaient pas plu à Tahiti. Je savais que malgré mon érudition considérable dans le domaine de la géographie, je n'avais jamais entendu parler de Niue, Tuvalu ou Vanuatu. Je savais que périodiquement l'une ou l'autre de ces îles faisait l'objet d'expériences nucléaires. Je savais que les insulaires du Pacifique étaient soit polynésiens, soit mélanésiens, soit micronésiens, et j'avais même une assez bonne idée de qui était quoi. Je savais que le livre de James Michener, *Pacifique Sud*, ne m'apprendrait presque rien sur le Pacifique Sud, mais des tas de choses sur les mœurs et les goûts des Américains dans les années 1940 et 1950. Je savais que les îles avaient fait à la fois du bien et du mal à Paul Gauguin. Je savais que Robert Louis Stevenson avait passé quelque temps dans la région et qu'Amelia Earhart n'avait pas tout à fait réussi à en repartir. (Robert Louis non plus, mais ça, je l'ignorais encore.) Je connaissais le rôle joué par les îles Pitcairn et subodorais qu'il y avait dans le Pacifique Sud plus d'un bar baptisé « Le Bounty ». Je savais que des anthropologues étaient allés dans le Pacifique Sud afin de prouver que les populations insulaires de cet océan étaient comme qui dirait « différentes », d'une manière aussi fondamentale que violente, et que leurs assertions avaient été réfutées par la suite, ce qui n'empêche pas les histoires de cannibalisme de perdurer quand même. Je savais que le premier Occidental à toucher bon nombre de ces îles avait été le capitaine James Cook. Je savais qu'au cours de la Seconde Guerre mondiale, les batailles dans le Pacifique avaient inévitablement été qualifiées de « sanglantes » et, si j'avais dû choisir, j'aurais préféré débarquer sur les plages de Normandie en 1944 qu'à Tarawa en 1943. C'était tout ce que je savais.

Nous avons commencé à faire nos bagages. On se serait cru dans une partie de « Si vous étiez coincé sur une île déserte... ». Une partie où il fallait miser gros. Notre unique source de renseignements n'était autre que Kate, la femme que Sylvia allait remplacer. Elle nous a conseillé de n'emporter aucun objet de valeur. Tout pourrit, a-t-elle expliqué. Aucun objet de valeur, c'était facile. Le hic, c'était mon incapacité à imaginer la chaleur équatoriale.

« Je ne crois pas que tu en auras besoin, a lancé Sylvia en me voyant fourrer des chandails en laine dans mon sac.

— Je suis sûr qu'il fera un peu frisquet le soir, ai-je répondu. Surtout l'hiver.

— Ah, je vois. Il me semble que tu as peut-être un petit problème de conceptualisation concernant la vie sous l'équateur. »

C'était vrai. Ayant passé mes années de jeunesse

au Canada, j'étais parfaitement programmé pour les changements de saison. Nous sommes revenus sur ce que Kate avait dit du temps qu'il faisait à Tarawa.

« Plus chaud qu'à Washington au mois d'août ? ai-je demandé.

— Oui, plus. »

Elle a employé le mot « torride ».

« Mais, tu sais, ce n'est pas la chaleur qui compte, c'est l'humidité.

— Ça dégouline de partout », a insisté Sylvia.

J'ai décidé qu'il s'agissait d'une erreur, d'une inexactitude, d'une exagération. Tout le monde sait que les conditions atmosphériques abrutissantes qui prévalent à Washington au mois d'août résultent d'une conjoncture topographique et climatique unique en son genre, dans laquelle entrent en jeu le *jet-stream*, le Gulf Stream et le taux de pollen, et aussi qu'on ne trouve cette conjoncture qu'au milieu de la côte Est des États-Unis et qu'il ne peut rien y avoir de pire où que ce soit sur Terre.

J'ai donc mis un chandail dans mon sac. « Et je prends aussi mon jean », ai-je lancé sur un ton de défi.

Les derniers jours ont été consacrés à dire au revoir à nos amis et à nos familles. « Venez donc nous voir », répétions-nous à tout le monde. « Mais oui, bien sûr », nous répondait-on ; nous sentions bien, cependant, le scepticisme qu'engendrait la seule idée d'un tel périple. Finalement, il ne nous est plus resté qu'une seule chose à faire. J'ai demandé à Sylvia de m'épouser. Elle a accepté. Alors nous sommes partis, au plus noir de la nuit, commençant notre long, notre très long voyage — car ces voyages doivent être longs — en direction du paradis.

3

Où l'auteur et sa susmentionnée séduisante compagne quittent l'Amérique continentale, se posent brièvement sur la fabuleuse île d'Hawaï, s'évadent de l'épouvantable atoll Johnston et sombrent dans le désespoir en arrivant aux îles Marshall.

Comme tant d'autres passagers empruntant la voie des airs, je n'ignore pas que les avions volent avec l'aide de fées capricieuses et de fils invisibles. Et l'on pense bien que cela n'est pas sans me préoccuper. Donc, l'on fera bien aussi de penser que je ne me fais pas prier pour accepter ces minuscules bouteilles de vin que fournit si gentiment, et gratis, le personnel navigant sur les vols internationaux. Cependant, je ne les bois plus dans l'avion, ayant appris qu'il n'y a rien de tel qu'un trop-plein d'alcool s'ajoutant au décalage horaire pour se sentir malade à crever et commencer son voyage, quel qu'il soit, sous de fâcheux auspices. Même sans le secours de l'alcool, je me débrouillais on ne peut mieux depuis que nous avions quitté Washington, en me répétant, de temps à autre, comme un mantra, qu'on ne meurt pas de légères turbulences ; et si un trou d'air se combinant à un grondement mécanique justifiait son intervention, Sylvia me prenait la main et me roucoulait d'un ton calme que les contrôles effectués par les autorités aériennes sur l'état des avions étaient des plus rigoureux. D'ailleurs, après trois jours de vol, je commençais à me sentir anormalement à mon aise à bord. Le ciel était bleu. L'eau aussi. Je me rasais à cent sous de l'heure. À l'évidence, nous avions parcouru une énorme distance.

Le problème quand on prend l'avion depuis un endroit comme Washington à destination d'une île comme Tarawa, c'est qu'en dépit de l'interminable ennui du voyage, on n'a pas vraiment le temps de faire la transition en douceur. Or moi, je suis un maniaque de la transition. J'ai besoin de ces périodes d'ajustement. Il me faut du café, boisson de transition, pour m'aider à passer de l'état comateux à l'état de veille, sinon mieux. Il me faut la Pennsylvanie, État de transition, pour m'aider à passer du milieu de la côte Est à la Nouvelle-Angleterre. Seulement, quand on prend l'avion du cœur du monde libre jusqu'à l'autre extrémité de la planète, il n'y a pas de transition satisfaisante. Dans les voyages par avion à bord de long-courriers, il n'y a pas de place pour le printemps, ni pour l'automne. On passe directement de l'hiver à l'été. Il y a eu un moment, précédant l'aube, à l'intérieur d'une aérogare grouillant d'hommes et femmes d'affaires, pleins d'ambition, voyageant vers New York et Boston pour des rendez-vous très importants, où nous nous sommes retrouvés d'un côté d'un comptoir, face au regard curieux de la personne installée de l'autre côté, qui venait de remarquer que nos billets indiquaient Washington, Newark, San Francisco, Honolulu, Atoll Johnston, Majuro, Tawara, et qu'il s'agissait d'allers simples, ce qui lui a arraché un intempestif « la vache ! », puis après de nombreuses heures passées dans un tube volant, ponctuées par des errances de porte en porte, dans un état de lucidité réduite, nous nous sommes retrouvés à Waikiki Beach, où nous avons déambulé parmi des boutiques proposant les derniers produits de Givenchy, Chanel et de l'industrie pornographique nippone, jusqu'au moment où nous avons atteint la plage proprement dite — avec des surfeurs bondissant comme des bouchons, Diamond Head qui se profilait à l'horizon, le soleil qui se couchait dans sa splendeur cramoisie — et où nous nous sommes mis à rire parce que la vie peut être vraiment marrante quelquefois.

Bientôt, trop tôt, il a été temps de quitter le Japon… euh, Hawaï, et nous avons regagné l'aéroport, passant d'un pas nonchalant devant les portes où des vols pour Osaka et Los Angeles attiraient les passagers, pour nous approcher de celle où attendait l'appareil d'Air Micronesia. Une fois de plus, nous allions nous envoler non pas vers les continents bordant l'océan Pacifique, mais vers une autre île, encore plus lointaine. Ce voyage commençait à nous donner l'impression que nous cherchions à disparaître volontairement. Les gens qui vous assurent que le monde est petit n'ont sûrement jamais traversé le Pacifique en avion. Tic-tac, tic-tac, les heures passaient, les jours aussi, dans une insoutenable monotonie. Tout était très bleu.

Le bleu céleste se mêlait au bleu aquatique, et il se prolongeait indéfiniment, ce bleu, tout comme le temps, puis l'avion a amorcé sa descente et tout était encore bleu et ensuite, très vite, nous nous sommes trouvés à proximité de l'océan Pacifique. J'avais l'impression de pouvoir toucher l'eau. Je voyais des ondulations sculpter la houle. Je devinais les requins qui rôdaient, sous forme d'ombres menaçantes, sept mètres de long, au bas mot. Puis des doigts de corail sont passés à toute allure dans un bruissement d'air et nous avons atterri avec une secousse assez rude, avant de nous immobiliser. Nous étions sur l'atoll Johnston, où nous allons maintenant faire une pause, très brève.

L'atoll Johnston est le pire endroit du monde. Dans les années 1960, les États-Unis y ont effectué des essais nucléaires atmosphériques, ce qui est fichtrement mal vu dans la plupart des régions. Non contents d'avoir « nucléarisé » l'atoll, les Américains se sont mis ensuite en devoir de l'empoisonner. C'est là, en effet, que les États-Unis entreposent et évacuent diverses merveilles en provenance de leurs laboratoires, notamment le sarin, un gaz neurotoxique, et d'autres produits malins destinés à propager la maladie et la mort. Il existe deux sinistres usines de traitement, lesquelles se dressent chacune à une extrémité de la piste d'aviation, brûlant sans trêve les récipients de poison, l'un après l'autre. Entre ces usines, on peut voir des baraquements militaires, dont les toits sont hérissés d'antennes paraboliques destinées à capter les signaux d'un monde qui paraît soudain bien éloigné. Il n'y a rien d'autre sur l'atoll Johnston. De temps en temps, il y a de petits accidents, des fuites, des anicroches quoi !, et les malheureux soldats qui s'y trouvent mettent leurs masques à gaz.

Il serait tentant de consacrer une page ou deux aux implications philosophiques de l'atoll Johnston. C'est ici que résident les manifestations concrètes de la capacité humaine à faire le mal sur une grande échelle, et à des écrivains plus ambitieux que moi, cette réalité ferait le même effet que la valériane sur les chats. Cependant, assis dans un avion, occupé à regarder débarquer un passager, un civil qui paraissait mener sa carrière en dépit du bon sens, je n'ai pas éprouvé le besoin de remâcher de profondes pensées. Celles que j'avais en tête étaient plutôt du genre : *Est-ce que quelqu'un va, oui ou non, fermer cette putain de porte avant qu'on se transforme tous en mutants ?* Des soldats armés gardaient notre appareil et j'étais convaincu qu'ils avaient des branchies de poisson ; alors j'avais beau les plaindre du fond du cœur, eux et leurs mouflets, j'aurais tout donné pour qu'on referme la porte, ce qui nous permettrait de recommencer à respirer l'air de l'avion, lequel n'était pas tellement moins toxique, mais enfin quand même. Justement, quelqu'un a pris cette initiative et nous sommes repartis dans les airs, scrutant attentivement les eaux de l'océan, à la recherche de signes indiquant la présence de Godzilla.

Bon, peut-être que je me trompe. Peut-être que l'atoll Johnston est l'île de transition du Pacifique. Le destructeur d'illusions. L'endroit qui annonce aux voyageurs qu'ils feraient bien d'envoyer promener leur naïveté, leurs idées préconçues sur papier glacé, et de se rendre compte que le Pacifique couvre une zone énorme, une zone énorme et vide, et que d'aucuns peuvent trouver ce vide utile. Certes, l'atoll Johnston n'est guère qu'un caillou, entièrement nu et à peu près aussi éloigné des régions habitées qu'il est possible de l'être, donc s'il faut absolument balancer du nucléaire sur une île, et du gaz par-dessus le marché, l'endroit n'est en effet pas mal trouvé, et tant pis pour les petits poissons. Mais il n'en va pas de même pour les îles Marshall. Là, après avoir foncé au-dessus du Pacifique pendant encore plusieurs heures, nous sommes arrivés, vannés et de mauvais poil, pris dans une espèce de mouvement perpétuel et nullement préparés, après toutes ces heures de vol, à nous retrouver dans un lieu si familier que ça nous faisait froid dans le dos ; nous avions l'impression d'évoluer dans un épisode oublié de *La Quatrième Dimension*, celui où le Dr Folamour fait irruption sur le plateau de la comédie musicale *South Pacific*. Nous étions sur Majuro, l'atoll qui sert de capitale aux îles Marshall, un lugubre archipel que les États-Unis ont estimé utile. Très franchement, il ne fait pas bon être jugé utile par une superpuissance, surtout une de celles qui s'attachent à explorer la bombe à hydrogène jusque dans ses moindres nuances.

C'est dans les îles Marshall que les scientifiques ont finalement découvert de quoi est constitué, quand on y regarde de plus près, un atoll de corail. Il s'agit, en fait, du sommet d'un volcan en voie de disparition. Comme tant d'autres explications, celle-ci trouve son origine chez Charles Darwin, qui s'est inspiré du travail de précédents naturalistes. Le corail ne s'épanouit qu'à environ cinquante mètres de profondeur sous la surface, mais plutôt que de partir du principe que le corail s'élève régulièrement tout en haut d'un volcan sous-marin en pleine expansion, comme on le croyait à son époque, Darwin a émis la théorie que le corail se constitue au fur et à mesure que le volcan se dissout. Tandis que la terre située loin sous la surface se rétracte progressivement vers des profondeurs toujours plus grandes, des polypes de corail surgissent de ses versants, cherchant le soleil, s'élevant pour devenir d'abord une barrière de récifs ; ensuite, à mesure que le volcan continue de se désagréger en s'affaissant très lentement vers sa base, un atoll se forme, crête vivante en équilibre au-dessus des couches de corail mort et, loin au-dessous, du volcan proprement dit.

Bien sûr, il a fallu pas mal de temps pour prouver la justesse de cette théorie, car il était nécessaire de creuser bigrement profond pour dégotter le volcan tout en bas. Diverses tentatives ont été faites, mais ce n'est qu'en 1952, plus de cent ans après que Darwin a fait connaître son hypothèse, qu'un foret s'est enfoncé sur une profondeur de mille quatre cent cinq mètres dans l'atoll Enewetak, qui fait partie des îles Marshall, et qu'il a trouvé de la roche volcanique, prouvant ainsi que Darwin avait raison. Cette confirmation, cependant, n'était qu'accessoire. Si l'on avait creusé Enewetak, c'était pour évaluer si l'endroit se prêtait à des essais nucléaires, et le forage a indiqué que cet atoll pouvait être détruit. Peu après, le 1er novembre 1952, une bombe à hydrogène, baptisée Mike, a explosé, et une île, un territoire, un écosystème ont volé en éclats, irradiés, empoisonnés, en incitant plus d'un à se demander à quoi ça servait d'avoir le Nevada sous la main.

Cet événement apocalyptique n'a pas été le seul dans son genre aux îles Marshall, loin s'en faut. Si j'en parle, c'est juste parce que j'adore cette étrange symbiose entre la découverte de la nature d'un atoll et sa destruction immédiate. Il y a eu des douzaines d'essais nucléaires dans les années 1940, 1950 et 1960, et l'on aurait pu croire qu'après ces bombardements répétés, quelqu'un se serait dit qu'en ce qui concernait notre époque, les îles Marshall avaient assez souffert comme ça ; mais non, ce n'était pas du tout l'avis du ministère américain de la Défense. Chaque année, les États-Unis expédient là-bas des missiles balistiques intercontinentaux. Ces tirs sont effectués depuis la Californie, en utilisant des missiles choisis au hasard, afin d'être sûr que si jamais le feu vert est donné pour la destruction finale, tout se passera sans anicroche. Les MBIC visent l'atoll Kwajalein, une espèce de ramasse-miettes, où l'on effectue aussi des recherches sur les systèmes de défense antimissiles, y compris, depuis plusieurs années, l'Initiative de défense stratégique et, plus récemment, un système un peu plus modeste (la Défense du théâtre en haute altitude) pour les besoins duquel des missiles doivent être expédiés depuis deux autres atolls des îles Marshall. L'accès aux deux tiers de Kwajalein est strictement réservé aux soldats américains et à ceux qui leur fournissent des armes, ce qui s'ajoutant aux quatre îles déjà contaminées par les radiations — Bikini, Enewetak, Rongelap et Utrik — donne un total de cinq îles escamotées par l'industrie militaire américaine. Depuis que le gouvernement Bush (II) a pris la décision de renoncer au traité limitant les missiles antibalistiques, le nombre d'essais effectués aux îles Marshall est en hausse. Pour un pays dont la superficie totale est à peine supérieure à trois cents kilomètres carrés, la perte de cinq îles n'était pas anodine. Il a donc fallu offrir un dédommagement financier.

Au cours des dix années ayant précédé notre arrivée, les îles Marshall avaient reçu huit cents millions de dollars « d'aide » de la part des Américains, soit quatorze mille trois cents dollars pour chaque homme, femme et enfant du pays. La plus grande partie de cet argent avait été envoyée directement au gouvernement des îles, ce qui est bien évidemment le meilleur moyen d'inoculer à tous les gouvernements du Tiers-Monde, où que ce soit, la corruption, l'inefficacité et une mentalité d'assisté. Toute cette « aide » s'est non seulement révélée incapable d'améliorer de manière visible la santé et le bien-être des insulaires, mais elle a en plus introduit de nouvelles calamités. L'hypertension et le diabète représentent désormais de sérieux problèmes, du fait que les produits locaux ont été supplantés par des aliments importés des États-Unis. L'alcoolisme et le suicide ont pris racine dans cette société que n'unissent plus les liens traditionnels, surtout parmi les jeunes. Et Majuro, un atoll qui ne fait même pas deux cents mètres de large, est gangrené par les embouteillages, les montagnes de détritus, une jeunesse inoccupée vêtue à la dernière mode des ghettos de l'est de Los Angeles et une population qui, dans son ensemble, est déjà passée au-delà du désespoir pour aller se figer dans un ennui apathique. C'est un endroit lamentable d'où les cocotiers ont disparu, remplacés par le béton et la tôle.

Et n'oublions pas les cafards. Des blattes gigantesques. J'ai commencé à me poser des questions. Pour quelle raison précise les cafards de Majuro étaient-ils devenus si démesurés ? Ils déambulaient, tels de sinistres vestiges du Pléistocène, une ère où tout était plus grand, plus méchant et, d'une manière générale, plus vorace (ou alors, attendez, ce n'était pas le Cambrien, ça ?). Et, du fait que j'étais assez bien informé quant aux activités d'une certaine superpuissance dans ces îles, je me suis aussitôt mis à songer aux retombées radioactives. Où étaient-elles passées au juste, celles-là ? Dans quelle direction soufflait le vent dans les années 1940, et 1950, et 1960 ? Parce que je peux vous dire qu'à Majuro, il y avait des cafards qui faisaient peur à voir. À l'arrière du taxi, ils nous filaient sur les pieds. Ils sortaient de tous les coins et recoins de notre chambre d'hôtel. Dans un restaurant, ils ont foncé sur notre table pour nous demander si vraiment nous allions bouffer ce qu'on nous avait servi.

Ils n'ont pas plu à Sylvia. Elle est parfaite avec les araignées, indifférente aux serpents, à l'épreuve des souris. Mais les cafards, me direz-vous ? Je cite sa réaction dans le texte : « *Beuurk !* »

Enfin quand même, avons-nous pensé, il doit y avoir à Majuro d'autres curiosités que l'impressionnante population de cancrelats. Nous étions descendus au Robert Riemer Hotel, un modeste refuge ouvert aux consultants, et j'ai fait savoir à la femme corpulente qui s'occupait plus ou moins de nous que nous avions envie d'aller nous promener, donc, comme nous n'avions qu'une journée à passer sur l'île, pouvait-elle nous recommander une destination. Un endroit intéressant, digne d'être vu, même envahi de touristes, aucun problème.

« Vous voulez aller à pied ? » s'est-elle exclamée, visiblement épouvantée. Elle a frémi dans sa robe en tissu fleuri. « Il n'y a rien à voir. » Un cafard a traversé le comptoir au petit trot.

Beuurk !

Nous sommes sortis de l'hôtel et nous avons tourné à gauche, apprenant par la même occasion qu'en matière de direction, c'était un des deux choix inéluctables sur un atoll, mais après avoir passé quelques instants à marcher, force nous a été de reconnaître que cette femme avait raison. Il n'y a vraiment rien à voir, à Majuro. D'un côté, s'étend une frange de plage répugnante qui se fond dans une étendue de vase gluante avant de disparaître dans un lagon d'où la vie est absente. Et de l'autre, du côté de l'océan, on peut voir un banc de récifs gris et nus, souillés par ce qu'on prend de loin pour de grands polypes blanchâtres et brunâtres, avant de constater, en allant y regarder de plus près, qu'il s'agit de couches-culottes usagées qui reposent là, sous le soleil de plomb, en attendant la prochaine marée. Sur la terre ferme s'élèvent des immeubles décrépis de deux étages et d'atroces maisons préfabriquées. La route n'était qu'un long encombrement, avec sur les bas-côtés les personnes les plus grosses que j'aie jamais vues de ma vie, apathiques et molles, mâchonnant le contenu de paquets géants de biscuits au fromage. En réponse aux saluts de la tête que nous leur avons adressés en passant, nous n'avons eu droit qu'à un paisible mépris, et il ne m'a pas fallu longtemps pour me sentir à l'unisson de l'expression atrabilaire des Marshallais. Il n'émane de cette île-ghetto aucune espèce d'atmosphère de dissolution romantique, comme on peut en trouver dans d'autres zones urbaines sous les tropiques, lorsqu'elles succombent à l'âge et à l'usure. Majuro n'a pas été édifié pour tomber en ruines avec une majestueuse lenteur. L'endroit a été bâti avec toute l'ambition qui préside à l'apparition d'un centre commercial, c'est un lieu où l'Amérique fait le trafic de camelote à l'intention d'un peuple qui, en l'espace d'une génération, a troqué trois mille ans d'histoire et de culture contre des cochonneries à sequins et de la bière *light*. Nous avons vu passer des camionnettes *pick-up* neuves. Chaque ministre du gouvernement avait sa Lexus avec chauffeur. Un magasin proposait des lave-linge dernier cri. Une boutique de vidéos affichait en vitrine les films les plus récents de Steven Seagal et Jean-Claude Van Damme. Des ados traînaient en *sneakers* à cent dollars la paire et short ample à la mode. Il y avait de l'argent à Majuro, mais on avait pourtant une écrasante impression d'immense pauvreté.

Nous n'étions pas heureux. Nous étions même tout près du désespoir. En effet, Tarawa était censée être assez semblable, mais en plus pauvre. Nous nous sommes dit soudain que notre idée n'était peut-être pas si bonne après tout, qu'aller vivre sur un atoll au bout du monde revient en réalité à se laisser abuser par une illusion romanesque, et il nous a paru tentant de sombrer dans une humeur négative, mais nous avons résisté et cédé plutôt à une colère frémissante contre les États-Unis, qui s'étaient permis d'anéantir une nation, comme ça, juste pour s'entraîner, et aussi contre les Marshallais qui se comportaient comme des drogués avilis, prêts à faire n'importe quoi pour obtenir une nouvelle dose de tout-puissants dollars. Prêts notamment à déplacer la population d'une de leurs îles, afin qu'une station balnéaire coréenne et son casino puissent fonctionner sans être gênés par le spectacle des miséreux à peau sombre, qui inhibent, semble-t-il, les instincts de joueur des touristes ; prêts aussi à permettre à une firme américaine de stocker sur une île inhabitée les déchets radioactifs produits par des réacteurs au Japon et en Corée du Sud. Pour un pays déjà traumatisé et pollué par les radiations, la volonté d'encourager l'importation d'un surcroît de déchets atomiques ne peut être qualifiée que de pathologique.

Pour nous, cependant, la situation s'est bel et bien détériorée. Dans notre chambre, qui à tout prendre n'était pas une vilaine chambre, j'ai passé une grande partie de la nuit à me ruer d'un mur à l'autre, tel un singe que l'on fait enrager dans sa cage, en frappant de mes sandales des créatures insidieuses, et lorsque j'ai dénombré à mon tableau de chasse cinq défunts cancrelats (oui, cinq !), j'ai cru que je pouvais en toute sécurité tâcher de m'endormir. Mais alors, je l'ai senti. Il crapahutait le long de mon dos, remontant de la taille, à petits pas piquants, tandis que la peau me cuisait sous l'effet d'une fourrure tranchante comme un rasoir. J'ai su que ce cafard allait bientôt s'enfoncer dans mon oreille. L'instinct a pris le dessus. Poussant un hurlement primitif, j'ai bondi hors du lit. Sylvia en a fait autant. Elle n'aime pas être réveillée en sursaut. Je lui ai calmement expliqué la situation et elle s'est montrée assez pondérée pour invoquer, sur un ton d'urgence relative, plusieurs des personnalités les plus haut placées de la théologie chrétienne. Nous avons découvert la bestiole, tapie derrière la tête de lit, et aussitôt j'ai poussé ce meuble à toute force contre le mur, si bien que le cafard est resté là et qu'il y est probablement toujours, émettant désormais une douce lueur verte.

4

Où l'auteur pose enfin le pied sur la lointaine Tarawa, pour y être piloté par la méchante Kate qui cherche à le convaincre que cette île n'est pas telle qu'elle paraît. Après quoi, s'apercevant qu'il fait en effet très, très chaud sous l'équateur, il surmonte avec courage sa peur des requins et se trouve confronté à quelque chose d'infiniment pire.

Nous aurions dû être réveillés à 5 h 30 du matin par le personnel du Robert Riemer Hotel, qui avait promis avec beaucoup d'amabilité de nous appeler à cette heure-là ; toutefois, leur respect des règles de l'hôtellerie à l'américaine n'était pas encore assez poussé pour tenir cette promesse, si bien que nous avons ouvert les yeux à 6 h 10, soit dix minutes après l'heure de départ prévue du minibus qui devait nous conduire à l'aéroport. D'où une très légère mauvaise humeur de notre part. Nous avons quitté l'hôtel au pas de course, pliés en deux, comme des coolies affamés, sous le poids de toutes nos possessions, et nous nous sommes engouffrés dans le minibus attardé, à l'intérieur duquel était installé un Australien aussi maigre que blond : « Putain, c'est pas trop tôt », a-t-il gargouillé d'une voix qui laissait supposer que son larynx n'était pas en parfait état. J'ai rendu à Sylvia le coup d'œil qu'elle m'avait aussitôt adressé, tout en prenant la résolution d'arrêter de fumer d'ici très peu de temps, puis nous avons tous les deux foudroyé l'Australien du regard. Il portait des chaussures en cuir blanc verni.

Nous devions nous présenter à l'aéroport deux heures avant le départ de notre vol, ce qui me paraissait inexplicable. Ce n'était pas comme si l'aéroport international de Majuro avait été la plaque tournante d'un trafic aérien trépidant, nécessitant une organisation complexe pour être sûr que les passagers et leurs bagages arriveraient et partiraient comme prévu. Il n'y avait qu'une seule et unique piste, construite sur un récif. Plus un bâtiment délabré de plain-pied, où étaient logés les services de douane et d'immigration, et un trou dans le mur à travers lequel on balançait les bagages. Et le trottoir, dehors, faisait office de salle d'attente. C'est là qu'au cours des cent dix-sept minutes qui nous restaient à tuer, une fois accomplies les formalités d'enregistrement à bord de l'avion d'Air Marshall, nous avons fait la connaissance d'une charmante Marshallaise qui a commencé par remarquer que nous avions une impressionnante quantité de bagages. Nous avons expliqué que nous allions emménager à Tarawa.

« Tarawa, ça ressemble à Majuro il y a trente ans. Il n'y a rien là-bas », a-t-elle dit, laissant percer dans sa voix un ton évident de supériorité, à croire qu'une île qui ne croulait pas encore sous les détritus du mode de vie américain devait être d'un primitif vraiment exacerbé. C'est la première fois du voyage où nous avons enfin éprouvé une espèce de griserie, l'espoir que nous trouverions à Tarawa sinon un paradis terrestre, du moins un endroit qui ne serait pas encore trop éloigné du monde tel qu'il devait être juste après la chute d'Adam et Ève — notre optimisme n'étant que légèrement douché à la vue de l'avion que nous allions prendre : un de ces appareils où on ne peut pas se tenir debout et où le pilote prend le temps de redistribuer les passagers pour des raisons de poids et d'équilibre. Vous voyez le genre. Cela dit, il allait au moins nous emporter ailleurs, en dehors de la zone américaine du Pacifique, de la périphérie sinistrée et oubliée de notre empire, et c'était tout ce qui comptait.

La journée était très bleue, pas de ce bleu cassant de l'automne, mais d'un bleu tropical et lointain, langoureux, intemporel. Les îles Gilbert septentrionales, notre premier aperçu des Kiribati, sont passées au-dessous de nous, et on aurait dit non pas des îles, mais des semblants d'îles, des croissants d'émeraude surgis des profondeurs, dont l'existence paraissait revêtir un caractère provisoire. Et puis Tarawa est apparue. Nous avons survolé le nord de l'île, un ruban de terre couronné de palmiers et entaillé par des chenaux qui laissaient passer dans le lagon les eaux de l'océan. C'était marée haute et le lagon paraissait incandescent, une surprenante fusion de verts et de bleus. Du côté de l'atoll bordé par l'océan, les banderoles blanches des vagues qui se brisaient filaient à toute allure vers des plages nues. Des villages de chaume apparaissaient et s'estompaient. Nous volions à présent très bas. À côté de nous, ce n'était plus le ciel, mais une muraille de cocotiers. À tout moment, nous nous attendions à l'atterrissage, au choc des roues rebondissant sur la piste. Et puis... quelque chose clochait. Mon oreille interne pataugeait. Mon estomac s'est noué. Les moteurs ont hurlé. La main de Sylvia s'est crispée sur mon bras, cherchant un réconfort qu'elle n'a pas trouvé. Nous avons foncé au-dessus du tarmac, comme un aéroglisseur qui fait des embardées, sans jamais entrer vraiment en contact avec le sol. Nous volions toujours. Et soudain nous avons commencé à remonter. Plus de Tarawa. L'océan tout bleu. Le ciel assorti. Une fois de plus. Le pilote a pris la parole. « Ah... je suis vraiment désolé. Il y avait des cochons sur la piste. Je vais juste faire virer l'appareil et recommencer. »

Sa voix ne trahissait rien. Pas le moindre trémolo. Pas un hoquet. Pas un coup de glotte indiquant que nous avions été à deux doigts d'une fin pathétique, engloutis dans un vide inconnu grâce à l'aimable concours de quelques pourceaux vagabonds. Nous avons fait une deuxième tentative, cette fois couronnée de succès, et au cours de notre passage éclair nous avons entrevu sur le côté de la piste un groupe d'enfants ; on aurait dit qu'ils jouaient dans un cul-de-sac de banlieue et s'étaient écartés pour laisser passer une voiture. J'ai intégré cette vision. Nous venions de quitter un pays où l'on barde les bambins de casques et de protections molletonnées avant de les laisser faire de vagues acrobaties à bord d'une mini grande roue posée sur la moquette du salon pour un pays où les gosses jouent sur une piste d'atterrissage en pleine activité.

Dès notre sortie de l'avion, la chaleur nous est tombée dessus. C'était ahurissant, un miracle de la nature, une force embrasée qui nous a laissés pantois. Tandis que nous foulions le tarmac — ou plutôt que nous rampions dessus, que nous fondions lentement, haletants —, des centaines de personnes, vêtues dans les couleurs les plus vives, nous observaient derrière une grille d'acier séparant les deux espèces de granges où étaient logées les aires de départ et d'arrivée de l'aéroport international de Bonriki. À l'évidence, cette grille était là uniquement à titre décoratif. Les gamins qui jouaient au football avaient repris possession de la piste d'atterrissage. Un homme à vélo, torse nu, l'a traversée d'une allure sereine avant d'être avalé par un fouillis de cocotiers. Un chien pourchassait avec beaucoup d'intensité cinq petits cochons qui couinaient. Vas-y, le chien !

Il y avait sur le tarmac deux autres avions. Sans doute s'agissait-il de la flotte d'Air Kiribati. Avec son fuselage maigrichon — c'était du fer-blanc ou quoi ? — et ses ailes chétives, le premier ressemblait à une libellule maladive. Chaque passager avait sa porte individuelle. Les hublots étaient des feuilles de plastique fixées au moyen de boutons pressions. Franchement, on l'aurait plutôt vu dans un parc d'attractions, cet appareil. Qui sait si les pilotes n'étaient pas des forains ? Quant à l'autre avion, c'était sûrement l'avorton de l'industrie aéronautique. On remarquait sa forme géométrique complexe, un peu comme une boîte à sept côtés, et ses ailes qui paraissaient incapables de s'aligner. Des hommes, torse nu, probablement des mécaniciens, étaient assis à l'ombre sous les ailes bancales, occupés à observer l'appareil d'Air

Marshall, un Saab 2000 à turboréacteurs, qui paraissait soudain gigantesque, alors qu'il ne l'était vraiment pas. Un des gars le montrait du doigt, comme pour dire : *Vous voyez ? Je savais bien que les ailes devaient être en face l'une de l'autre.* Je ne parvenais à imaginer qu'une seule et unique circonstance m'obligeant à emprunter Air Kiribati. Je me suis demandé s'il y avait du crack sur cet atoll.

Non sans inquiétude, nous nous sommes dirigés vers le bureau de l'immigration. Nous n'avions pas de visas. Sur le plan diplomatique, on ne peut pas dire que la république des Kiribati soit particulièrement bien représentée à l'étranger. Elle ne possède pas d'imposantes ambassades. Ni de flottilles de limousines noires autorisées à se garer où bon leur semble. Elle n'envoie pas dans le reste du monde des escadrons de linguistes experts, maniant les acronymes avec maestria. À vrai dire, les Kiribati n'étaient même pas membre des Nations unies. On ne savait pas où aller pour obtenir un visa. Il y avait toutefois des procédures que nous avions suivies au pied de la lettre. Nous avions des documents fournis par les services de police du District of Columbia, certifiant qu'après des recherches poussées on avait pu constater que nos casiers judiciaires étaient vierges. Et nous avions des lettres de divers médecins assurant qu'après des examens non moins poussés on avait établi que nous ne souffrions pas de maladies contagieuses. Comme on m'avait mis *grosso modo* au courant des conditions sanitaires régnant aux Kiribati, j'avais imaginé que ce pays cherchait des organismes sains par le biais desquels transmettre un peu de lui-même au reste du monde.

Nous avons tendu nos lettres et nos passeports au préposé du bureau de l'immigration, en expliquant que nous souhaitions vivre dans son pays et que jusqu'à présent, nous le trouvions vraiment ravissant. Le préposé avait des tatouages sur le front. Il a regardé nos papiers et demandé si nous avions des billets d'avion pour ailleurs. « Non », avons-nous dit. « D'accord, pas de problème », a-t-il répondu. J'étais ravi, mais abasourdi. Il y a toujours un problème, toujours. Il a sorti une cigarette. Je la lui ai allumée. J'ai appris à me montrer déférent dans ce genre de situation. J'ai songé à faire une remarque agréable sur ses tatouages, dont les traînées vertes se fronçaient et rebondissaient sur son front plissé. Mais sans me laisser le temps de m'enquérir de l'allégeance du préposé envers les gangs locaux, une grande Américaine maigre comme un clou s'est matérialisée à nos côtés. Notre Kurtz[1] était arrivé.

« Vous êtes Sylvia, j'imagine, a-t-elle dit, en dévisageant froidement celle qui allait lui succéder. Et vous êtes sans doute son mari. »

Ah oui, c'est vrai ! J'avais oublié. Pour diverses raisons bureaucratiques, liées principalement à des problèmes d'assurance, et aussi parce que nous ne savions pas trop comment une simple union libre, du genre concubinage, serait acceptée aux Kiribati, nous avions décidé de pousser plus loin la fable du couple marié. C'était, cependant, la première fois que je m'entendais traiter de mari, et je

1. L'auteur fait allusion au personnage quasi mythique que doit retrouver le héros et narrateur de la longue nouvelle de Joseph Conrad, *The Heart of Darkness* (*Au cœur des ténèbres*), 1903.

me suis soudain senti un peu plus vieux, plus mûr, plus satisfait, même s'il me manquait encore le bonheur d'avoir des enfants. J'ai tapoté Sylvia d'une main affectueuse.

Cette femme anguleuse, c'était Kate, la personne que Sylvia était venue remplacer. Elle devait avoir une cinquantaine d'années et, sur la photographie d'elle que nous avions vue à Washington, elle paraissait, comme de juste, beaucoup plus jeune. Toutefois, une année à Tarawa lui avait donné un sacré coup de vieux, sans doute parce qu'elle souffrait de malnutrition. Son visage dur faisait penser à un oiseau de proie. Tout cela, Kate le reconnaissait volontiers. Selon ses calculs, un an à Tarawa, c'était l'équivalent de cinq ans ailleurs. Et si elle quittait l'atoll, alors qu'elle n'avait rempli que la moitié de son contrat, c'était parce que, comme elle l'a confié de manière laconique à Sylvia : « Je n'en peux plus. »

Elle s'est adressée au fonctionnaire du bureau de l'immigration : « J'ai ici des lettres du ministère des Affaires étrangères et du ministère de la Santé publique précisant que Sylvia va prendre la direction locale du FSP et que son visa et son permis de séjour doivent être traités immédiatement. On avait fait suivre ces lettres au service de l'immigration, mais j'ai cru comprendre que vous ne les aviez pas reçues. » Elle l'a regardé fixement.

« D'accord, pas de problème, a dit le fonctionnaire.

— Et moi, euh… je suis le mari de Sylvia », ai-je ajouté plein d'empressement.

Le type a tamponné nos passeports. J'ai été content de constater qu'il s'agissait d'un petit tampon discret, ce qui nous changeait de la plupart des pays en voie de développement, qui paraissaient avoir décidé que, s'ils ne pouvaient pas être de grandes puissances, ils pouvaient au moins avoir de grands tampons, des témoignages de leur grandeur, surchargés d'ornements, occupant une page entière d'un passeport ordinaire, quand ce n'était pas deux. Plus le pays était insignifiant, houleux, dictatorial, plus le tampon était maousse. Donc la petite traînée d'encre laissée par notre préposé me paraissait prometteuse, comme si les Kiribati nous déclaraient : *Nous sommes petits. Nous nous en satisfaisons. Nous n'avons pas d'illusions.*

Mais nous, en revanche, nous en avions encore quelques-unes, et personne, surtout pas Kate, véritable crache-bile ambulant, n'allait nous priver de ce que nous voulions voir. Nous avions fait un long voyage, nous nous étions déracinés, nous étions partis pour le bout du monde, et nous ne voulions à aucun prix reconnaître que nous avions fait une erreur. Aujourd'hui, le verre proverbial serait à moitié plein. Nous avons rassemblé nos bagages et franchi la porte qui nous séparait de Tarawa proprement dite, où nous nous sommes aussitôt retrouvés environnés de gnomes surexcités. Des douzaines de gamins, les yeux écarquillés, pouffaient et gazouillaient sur notre passage, nous montrant du doigt et répétant indéfiniment le même mot : *I-Matang*.

« Qui veut dire quoi ? ai-je demandé à Kate.

— Quelqu'un qui vient du pays des dieux », a-t-elle sifflé entre ses dents, à la Brando.

Ouais, super.

Tout autour de nous, des familles au grand complet étaient assemblées sur des nattes en feuilles de pandanus. On aurait dit qu'elles habitaient là, au milieu d'un véritable tourbillon de couleurs. Les femmes étaient vêtues d'un confondant kaléidoscope de teintes primaires s'étalant sur les *lavalavas* dont elles s'entouraient ; il s'agissait de grossiers sarongs, où se bousculaient des fleurs orgasmiques et des couchers de soleil en pleine fusion, portés, avec des juxtapositions de couleurs particulièrement mal choisies, sur des hauts sans manches qui donnaient l'impression qu'elles avaient toutes une poitrine des plus avantageuses. Les hommes, incroyablement affûtés et tannés par les éléments, étaient tout en muscles saillants, rides profondes, tatouages et bobos scrofuleux. Il s'agissait d'habitants des îles extérieures, attendant l'avion qui devait, à en croire la rumeur publique, les ramener chez eux. Une femme d'une grosseur prodigieuse faisait d'excellentes affaires en vendant des noix de coco. J'ai cru comprendre qu'elle était, en quelque sorte, la buvette de l'aéroport.

Nous avons placé nos bagages à l'arrière d'une camionnette pick-up et nous sommes partis avec Kate, ne quittant pas des yeux le lagon chatoyant et les îlots surmontés de palmiers qui s'alignaient à perte de vue, jusqu'au moment où ils étaient absorbés par un horizon ambigu où le lagon, l'océan et le ciel se rejoignaient et se fondaient sans démarcation en un tout bleu-vert ; le tableau était si joli, dans sa calme tranquillité, que je n'ai pas pu m'empêcher de m'extasier sur la beauté du lagon, en bafouillant que nous avions sous les yeux tout ce qui faisait le romantisme des mers du Sud.

Il est pollué, a lancé Kate.

Les maisons devant lesquelles nous sommes passés étaient des constructions traditionnelles en bois et chaume, de petits édifices montés sur des estrades avec des murs de nattes qui battaient au vent. Elles paraissaient bien conçues, fonctionnelles et fraîches.

Oui, si vous n'avez rien contre les rats, les chiens et les rôdeurs.

Des villages que nous avons traversés dans un grondement de moteur, émanait une vraie vitalité plutôt que l'immobilité maussade que nous avions trouvée sur Majuro ; c'était une douce familiarité, un sentiment d'espièglerie que nous devinions dans les sourires et les rires des gens occupés à marchander et à papoter.

Les I-Kiribati sont de vrais enfants et c'est comme ça qu'il faut les traiter.

L'île était cernée par les poissons. Le long de la route, des femmes vendaient la pêche du jour, entreposée dans de grandes glacières.

La plupart des poissons sont toxiques.

Des gamins grimpaient à plus de quinze mètres du sol, dans des cocotiers croulant sous les fruits, où ils chantaient et s'affairaient pour en extraire le *toddy*, la sève nourrissante.

Ils devraient être à l'école.

Des petits marmots s'amusaient avec des jouets fort ingénieux faits de bâtons et de ficelle.

La plupart des enfants souffrent de diarrhée chronique, et certains symptômes laissent penser que le choléra est de retour.

Tarawa était le plus ravissant endroit de ma connaissance. L'eau, les plages, les palmiers, les couleurs, le ciel et les nuages d'un bleu argenté qui planaient, coupés en deux par l'horizon.

Tarawa, ce n'est pas un désastre qui pourrait arriver d'un instant à l'autre. C'est un désastre tout court.

Nous avons poursuivi notre route. J'espérais qu'il serait possible de nous faire déposer devant notre nouvelle demeure, où qu'elle soit, et d'y siroter une tasse de café, tout en passant une heure ou deux à absorber l'atmosphère de l'atoll. Mais il n'y avait pas le temps, nous a-t-on fait savoir. Nous aurions aujourd'hui un programme chargé.

Et d'ailleurs, il n'y a pas de café sur cette île.

Mon œil a été agité par un tic immédiat.

Notre première mission serait d'obtenir des permis de conduire au poste de police de Bikenibeu, humble bâtiment de parpaings, coiffé de tôle. Un policier, pieds nus, roupillait dehors, sur un banc. Devant le poste était garée une camionnette pick-up délabrée, sur le plateau de laquelle était installée une cage. Le panier à salade, sans doute.

« Vous avez un permis de conduire, j'imagine ? m'a demandé Kate.

— Oh oui… sauf qu'il est un petit peu périmé. »

Regard foudroyant. Nous n'étions pas faits pour nous entendre. Je trouvais qu'elle avait l'esprit de contradiction.

Le policier, cependant, n'a pas semblé plus gêné que ça d'apprendre que je n'étais pas légalement habilité à conduire un véhicule où que ce soit sur la planète. Il a ouvert une main courante poussiéreuse, qui paraissait dater d'avant le XXe siècle. Il y a inscrit nos noms d'une écriture appliquée, puis il est allé s'installer devant une machine à écrire qui aurait sans doute récolté une coquette somme dans une vente aux enchères, à titre d'antiquité. Lentement, il a pilonné le clavier, imprimant nos permis de conduire sur un papier rose. Ils étaient aux noms de Mrs Sylvia et Mr. Maarten, respectivement.

La police est incompétente.

Mais bon enfant.

Et en route pour la centrale électrique, qui n'était autre qu'un générateur marchant au diesel, au fond d'un petit entrepôt en tôle, capable d'assurer les besoins en électricité de trois Américains moyens (estimation optimiste), du moment qu'ils ne branchaient pas le réfrigérateur en même temps que le séchoir à cheveux. Nous avons patiemment attendu que le préposé, allongé de tout son long sur le comptoir, sorte de son sommeil. Il est resté étendu là comme une offrande jusqu'à ce qu'une symphonie de raclements de gorge lui ait fait reprendre une conscience dépourvue d'embarras.

Kate a levé les yeux au ciel. *Vous voyez à quoi on a droit, ici.*

Ils sont relax.

Kate voulait faire mettre à notre nom la facture d'électricité pour la maison que louait le FSP. L'opération s'est révélée impossible. La facture était classée à la lettre M, comme Mary. Donc seule Mary était habilitée à changer le nom figurant sur la facture. Kate nous a expliqué que Mary était une ancienne directrice du FSP, qui avait quitté le pays quatre ans auparavant.

« Écoutez, elle n'aura qu'à faire changer le nom quand elle reviendra », a conclu l'employé, avec beaucoup de patience, m'a-t-il semblé.

Et ainsi de suite. Nous avons continué de foncer dans tous les coins de l'atoll, en voiture, décrivant de périlleuses embardées autour d'enfants, de cochons et de chiens, dans notre quête épique pour mener à bien nos diverses missions. Je comprenais Kate. Cette femme était la ville de Washington personnifiée : une bureaucrate dépourvue d'humour, faite pour mener les gens à la baguette, orientée exclusivement vers les résultats, forte de sa longue expérience à l'Agence américaine pour le Développement international, dont les fonctionnaires sont surtout connus pour leur aptitude à passer d'ambassade en ambassade, à bord de luxueuses limousines, afin d'assister à une succession de cocktails mondains, et à faire pleuvoir des chèques de plusieurs millions de dollars sur les dictateurs malléables. Kate était habituée à de longues journées de travail, occupées à rédiger des mémorandums et des résumés d'analyses, suivies d'un gin tonic ou deux dans la véranda du Club. À Tarawa, hélas, elle avait trouvé un petit enfer grossier et privé de raffinement, une île qui ne désirait pas grand-chose et qui n'était prête à lutter pour rien, ce qui l'avait poussée bien au-delà de l'exaspération pour la mener à deux minuscules doigts de la folie. Je n'étais pas aveugle. Je voyais bien que Tarawa était un endroit brut de décoffrage. Ainsi, pour prendre un exemple, il n'y avait pas un grain de café sur l'atoll. Kurtz, disons-le, avait cela de bon qu'il s'adaptait. Certes, il ne s'adaptait pas particulièrement bien, mais au moins il essayait. Kate, me semblait-il, refusait tout accommodement et j'en ai pris bonne note. J'ai décidé de me mettre au thé.

Nous avons fini par nous engager dans une allée en terre battue, constellée de nids-de-poule béants, qui menait à l'océan. Nous nous sommes immobilisés devant une « maison permanente », comme on les appelle pour les distinguer des maisons « locales » dont l'espérance de vie est d'environ cinq ans, voire moins si le vent se met à souffler sérieusement. C'était notre future demeure. Peinte en vert acide, on aurait dit un de ces bungalows comme on en voit dans les zones rurales de l'Oklahoma, avec des débris de voiture dans le jardin de devant, le genre d'habitat qui se situe un cran au-dessus du mobile home. Mais pas plus d'un. À Tarawa, toutefois, il s'agissait d'un logement de bonne qualité, une maison de catégorie B selon les instances gouvernementales à qui appartenaient la majorité des maisons permanentes de l'île, classées dans des catégories allant de A à F. Elle était coiffée d'un toit en tôle, envoyait l'eau de pluie se déverser dans des gouttières d'où elle descendait dans de grandes citernes en ciment, qui se dressaient, muettes et massives sentinelles, devant la maison. Une pompe, vissée à un bloc de ciment, expédiait l'eau dans les canalisations. Au lieu de vitres, les fenêtres étaient équipées de lattes en plastique horizontales et d'un treillis de fil de fer, pour des raisons de sécurité. Quelqu'un s'était jadis donné la peine de planter des fleurs et d'entretenir le jardin devant la maison, mais cela faisait bien longtemps que celui-ci était à l'abandon, si bien qu'on ne voyait guère qu'une agréable luxuriance, à mesure que le bush gagnait du terrain, petit à petit, et que les feuilles restaient là où elles étaient tombées. Il y avait de grands palmiers, des casuarinas majestueux et de sveltes papayers, ainsi que des fougères et un buisson trapu qui paraissait produire des pommes de terre remplies de fossettes. À l'intérieur du bâtiment, le sol était couvert d'un linoléum gris et les meubles tout simples étaient en rotin, mais ce qu'il y avait de plus frappant, c'était la vue qu'on avait de l'autre côté de la maison. Notre jardin de derrière n'était autre que l'océan Pacifique, que beaucoup de gens considèrent comme un océan extrêmement vaste et que beaucoup d'autres estiment plutôt mal nommé, et je trouvais sa présence derrière chez nous intimidante. Nous n'étions guère qu'à une trentaine de centimètres au-dessus du niveau de la mer et ce n'était même pas marée haute. Depuis la maison, le récif de corail s'étendait sur moins de cent mètres avant de rencontrer l'eau profonde dont les vagues avaient franchi des milliers de kilomètres, afin de pouvoir se dresser en abruptes murailles verticales et s'abattre sur notre fragile petit atoll. Il s'agissait de déferlantes, description aussi adéquate que succincte. Un rugissement régulier envahissait la maison, de même qu'une fine brume salée dégagée par les vagues qui se brisaient. Dans chaque pièce, les murs étaient auréolés des postillons de rouille qu'expédiaient avec violence les ventilateurs fixés aux plafonds et rongés par la corrosion.

Kate nous avait laissé plusieurs bouteilles d'eau bouillie et quelques boîtes de limonade et, tout en étanchant ma soif, j'ai regretté toutes les vilaines pensées que j'avais nourries à son égard. Elle nous a expliqué qu'il fallait faire bouillir l'eau que nous allions boire au moins vingt minutes, à cause des rats dans la gouttière et de je ne sais quels parasites dans les citernes. Il y avait une douche, mais uniquement d'eau froide ; cela dit, moi qui, dans des circonstances ordinaires, trouverais l'absence d'eau chaude tout à fait consternante, sous ce climat je m'en souciais comme d'une guigne. Ce qui m'inquiétait davantage, c'était qu'à en croire Kate il n'avait pas plu du tout pendant l'année qu'elle venait de passer à Tarawa et qu'il n'y avait donc que très peu d'eau dans les citernes, si bien qu'il fallait soigneusement réfléchir avant d'en consommer une seule goutte.

Elle nous a conseillé aussi d'embaucher sa « soubrette ». Aussitôt, la vision d'une jeune personne aussi fine et ondulante qu'une liane, vêtue peut-être d'un simple pagne, occupée à parcourir la maison dans un éternel balancement de hanches, en me jetant des regards aguicheurs, m'a traversé l'esprit, et pendant quelques brèves secondes, j'ai été tenté par cette idée, jusqu'au moment où l'absurdité du projet s'est fait sentir. Nous avions à peine plus de vingt-cinq ans, nous étions tout juste solvables, nous étions venus accomplir de bonnes œuvres, ou du moins un de nous deux était là pour ça, donc le fait d'avoir une soubrette ne ferait qu'attiser notre culpabilité. Avec beaucoup d'urbanité, j'ai exprimé nos réserves.

« Bah, ai-je dit, nous n'avons pas besoin de domestiques. »

Kate m'a enfoncé ses crocs directement dans la jugulaire. « Bon, très bien. J'espère que ça ne vous gênera pas de passer vos journées à laver les habits de Sylvia à la main et d'essuyer la poussière et les embruns qui envahissent cette maison jour après jour. Parce que Sylvia n'aura sûrement pas le temps. »

Manifestement, cette perspective était loin de déplaire à Sylvia. « N'oublie pas de laver le blanc et les couleurs séparément », m'a-t-elle dit avec un sourire jusqu'aux oreilles.

Fort heureusement, Kate a continué. « Et je suis sûre aussi que ça ne vous fera ni chaud ni froid si, une fois de plus, une fillette doit quitter l'école parce que sa mère n'a pas de quoi lui payer des études. »

Attendez, de quel droit aurais-je refusé à une fillette l'occasion de s'instruire ? « Alors, elle viendra une ou deux fois par semaine ? » ai-je demandé, en notant par-devers moi qu'en sa qualité de mère d'enfants fréquentant l'école, notre « soubrette » ne serait sans doute pas jeune et svelte, et encore moins ondulante.

Sylvia et Kate sont parties pour le bureau du FSP et je suis resté seul à méditer sur l'immensité de l'océan et les requins géants qui traînaient à coup sûr derrière la maison, attendant qu'un abruti d'étranger décide d'aller se baigner. Des requins tigres, fort probablement. Et puis des requins à pointes noires et des requins corail, bien sûr. Et peut-être aussi des requins-marteaux, des requins bleus et des requins bouledogues, même si c'est surtout du requin tigre qu'il fallait se méfier. Je me suis demandé si les requins avaient l'habitude de venir nager près du récif. J'ai scruté l'eau avec attention. Je me suis mis à imaginer des choses. Des choses atroces.

Mais cette eau paraissait pourtant incroyablement attrayante. Il faisait — je tiens à le réitérer, à insister, à souligner la réalité, à ne laisser planer aucun doute là-dessus — très chaud. Une chaleur accablante. Elle jaillissait d'un soleil méprisable ; elle surgissait, alors qu'on ne lui avait rien demandé, du sable de corail blanc ; elle flottait vers nous sur des vagues d'humidité. La brise légère n'apportait rien d'autre que la puanteur de la décomposition et l'odeur ténue, âcre, d'un feu de feuilles mortes quelque part à proximité. Quand je suis sorti, j'ai vu que rien ne bougeait, ou presque, en dehors des mouches qui se sont massées sur mes jambes, ma chemise dégoulinante, ma figure, cherchant à se nourrir du sel que je ne cessai de produire en transpirant. J'aurais tant voulu être au Canada. Je m'imaginais des toundras. Je pensais aux journées d'hiver de mon enfance, quand je rentrais à la maison après avoir creusé la neige, les mains si gelées que ce n'était que grâce à d'habiles coups de coude que je parvenais à tourner le robinet d'eau froide et à redonner un semblant de sensibilité à mes doigts en laissant l'eau couler dessus. Mais ça n'a servi à rien. La force de l'esprit était incapable de terrasser la réalité du soleil équatorial. Il fallait donc faire un choix. Je pouvais soit fondre, goutte à goutte, pour former une flaque poisseuse — ce qui serait une mort lente et douloureuse, à coup sûr — soit alléger mes souffrances en allant nager dans la plus grande piscine privée du monde, ce qui m'obligerait à risquer de laisser ma vie et diverses parties de mon anatomie entre les crocs des bancs de requins qui, j'en avais la ferme impression, tournait en rond autour du récif, dans l'espoir d'un repas au menu duquel figurerait une nouvelle variété de viande blanche.

J'ai décidé d'aller me baigner. Si elle venait, ma mort serait rapide et elle aurait, en outre, l'avantage d'être précédée par une délicieuse sensation de fraîcheur. M'étant mis en caleçon, je me suis approché de l'eau. Vingt dieux, ce qu'il faisait chaud sous le soleil. Je sentais mon dos entier se transformer en une gigantesque brûlure. J'ai vite remis mon tee-shirt, en me disant qu'à partir de maintenant j'allais me spécialiser dans le plus beau bronzage de cycliste du monde.

Le récif proche du rivage formait trois grandes marches sculptées par l'eau et, au pied de chacune, des crabes crapahutaient au milieu de l'écume que créaient les vaguelettes en se brisant.

Sous l'effet du soleil, l'eau peu profonde était désagréablement chaude, mais dès que l'on s'éloignait un peu, elle devenait plus fraîche, sinon revigorante. Les grandes lames de l'océan, réduites à l'état de simples vagues, dont certaines formaient une crête, déferlaient à mesure que la marée commençait à descendre et que l'eau se retirait plus près du bord du récif. J'ai nagé un peu plus loin, à moitié entraîné par la force de la marée. J'avais l'impression d'être à l'intérieur d'un arc-en-ciel. Devant moi, l'océan avait pris le bleu des grandes profondeurs, reflété avec un éclat métallique par de curieux nuages cotonneux. Tout autour de moi, le bleu pommelé de soleil évoquait la lumière tranchante d'un ciel matinal. Près du rivage, il virait au turquoise, puis au vert pâle et limpide. Une masse de cocotiers suivait les courbes serpentines de l'atoll. Des nuages au ventre vert dérivaient au-dessus du lagon. Je me suis soudain rendu compte que je voyais là le bleu authentique, le vert le plus pur, l'essence du jaune, et que tout ce que j'avais vu jusqu'à présent n'était guère qu'un semblant de couleur.

Au bord du récif, l'eau bouillonnait dans un tourbillon de liquide chaotique. Les lames paraissaient colossales, se dressant loin au-dessus de moi, et dans ces murailles vertigineuses se reflétaient les saillies des crêtes de corail et l'ombre translucide des poissons. J'entendais un rugissement agité, puis à mesure que chaque vague se gonflait et s'élevait pour acquérir une force impressionnante, ce rugissement était suivi par un craquement tonitruant et des torrents d'eau qui giclaient. Là où je me trouvais, à vingt mètres de l'endroit où les lames se brisaient, je percevais la force de succion de la marée m'entraînant de plus en plus près du bord et de l'abîme profond de plusieurs milliers de mètres. J'avais de l'eau jusqu'à la poitrine et je sentais le fond s'élever sous mes pieds, si bien que je me suis laissé aller en arrière et que j'ai poussé avec mes jambes comme si je marchais à reculons contre un vent violent.

Entre les crêtes des vagues qui approchaient, j'ai regardé un vieux bonhomme qui se reposait dans sa pirogue. L'embarcation était petite, trois mètres de long environ, et n'avait qu'un seul balancier. Lorsque cet homme s'élevait sur la houle, on aurait dit qu'il faisait partie du ciel. Chaque fois qu'il trouvait une série de vagues à son goût, il pagayait dur, se juchait sur la crête d'une muraille d'eau haute de deux mètres et déferlait avec elle en direction du rivage sur une longue distance. Au moment où la vague commençait à se creuser et à bouillonner, il se laissait retomber dans le creux et pagayait avec une furieuse dextérité dans le ressac. La pirogue bondissait en avant. Derrière elle, une autre vague arrivait comme une ombre, se gonflant d'eau au fur et à mesure de son approche. Elle se cambrait en une abrupte muraille, formait sa crête, puis se brisait. L'eau bouillonnante fonçait devant elle, et cet homme aux muscles sinueux, torse nu, cuit par le soleil, coiffé d'un ridicule galurin en fibres végétales, qui n'était pas sans rappeler un chapeau pointu de magicien, filait avec elle, chevauchant l'eau blanche tandis qu'elle se cambrait de nouveau pour former une autre déferlante, propulsant sa pirogue vers le rivage.

Je l'ai suivi, pataugeant dans le torrent d'eau, me laissant porter par la vague chaque fois que c'était possible. Tout en me rapprochant de la plage, où le sable blanc et le corail gris et dur s'entremêlaient, je le voyais décharger sa pêche de la journée. Il passait les poissons à des enfants qui s'étaient réunis sur les hauts-fonds. Puis il a soulevé sa pirogue, l'a posée en équilibre sur son épaule, et il a disparu le long d'une piste étroite qui fendait le fouillis de végétation devant notre maison.

J'avais trouvé le Pacifique Sud de mes rêves. Une étourdissante beauté naturelle. Tous les défis nécessaires pour me permettre de faire mes preuves de vrai dur. Des requins ! Une chaleur écrasante ! Des vagues gigantesques ! De nobles indigènes vaquant à leurs occupations quotidiennes avec un paisible héroïsme. J'ai senti que j'allais m'épanouir dans cet environnement.

Et puis, j'ai vu ce qui se dressait sur mon chemin, s'interposant directement entre moi et le rivage. Énorme. Jamais je n'avais rien vu de pareil. J'ai aussitôt senti sa puissance. Et j'ai commencé à avoir très, très peur.

C'était un gigantesque postérieur brun.

Son propriétaire, un véritable géant, était accroupi dans les hauts-fonds, cramponné à un rebord de corail pétrifié. Il a poussé. Et il a remis ça. On aurait dit un pétrolier fracassé, laissant échapper sa merde brunâtre. Quand il a eu fini, il s'est essuyé avec des bâtons. Non, pas des feuilles. Des bâtons. Des rameaux. Des branchages, quoi.

Et puis voilà qu'ils se sont dirigés vers moi. Portés par la marée descendante, les branchages fonçaient droit sur moi. Je suis devenu l'étoile Polaire de ces bâtons enduits de caca. Où que j'aille, et j'y allais pourtant très vite, les bâtons me suivaient. Ils me rattrapaient. Je me suis mis à jurer. En hollandais. Ce qui n'arrive que lorsqu'un vieux fond primitif est atteint.

« *Polverdomme !* »

J'ai couru parallèlement au rivage. J'aurais été plus vite en nageant, mais je n'osais pas plonger. Pas dans cette eau. À marée descendante. Lorsque j'ai estimé que je m'étais suffisamment éloigné de la merde qui flottait à mes trousses, je suis reparti vers la plage avec de l'eau à mi-mollet. Deux petits garçons se sont accroupis juste devant moi. J'ai calculé les angles, la direction exacte et la vitesse de la marée, la position de la lune, si elle était croissante ou décroissante. J'ai déterminé un cap et j'ai regagné la terre ferme, marchant en diagonale par rapport au rivage, entre les deux effluents, évitant tout contact oculaire avec les petits qui se soulageaient.

Il y avait une leçon à tirer de cette affaire. Laquelle, je n'en savais fichtre rien, mais, à l'évidence, des ajustements s'imposaient. Nos espérances devraient être revues à la baisse. Il faudrait reconsidérer notre façon de voir les choses. Nous n'étions plus à Washington. C'est souvent la merde à Washington, mais plutôt au sens figuré du terme. À Tarawa, c'était au sens propre (si l'on peut dire). Peut-être les critiques de Kate étaient-elles justifiées. Peut-être cette île était-elle en effet un désastre, ni plus ni moins. Mais elle donnait aussi l'impression d'être un paradis. C'était l'un ou l'autre, sublime ou lamentable, jamais ni l'un ni l'autre. J'ai décidé que la survie à Tarawa dépendrait de nos réactions face à l'absurde. Donc, tout bien considéré, il ne fallait pas tenir compte de la merde. Faire semblant qu'elle n'existait pas et se concentrer sur la poésie, sur l'humour, sur les couchers de soleil en Technicolor et *tutti quanti*. Parce que, à Tarawa, la merde pouvait vous rendre fou. Vraiment fou.

5

Où l'auteur suspend la continuité de l'espace-temps et se contente d'aller de l'avant, en suivant de vagues thèmes, à commencer par un récit totalement dépourvu d'autorité des commencements de son île.

Il y a très, très longtemps, Tarawa est née par la volonté de Nareau le Créateur. Celui-ci était une araignée, et il vit tout ce qu'il avait fait et pensa que cela était très bon. Peut-être parce qu'il était une araignée. Nareau le Créateur jeta alors dans le vent des graines de Tarawa, et de ces graines, d'autres îles naquirent et on les appela, toutes ensemble, Tungaru. Il créa des demi-dieux et de simples mortels, lesquels procréèrent tous, mais le gène des demi-dieux semble avoir disparu, donc assez vite il ne resta plus que de simples mortels. Il créa des pays lointains et il envoya Nareau le Sage prendre soin de la contrée des esprits à peau blanche, le monde des *I-Matang*, et Nareau le Rusé gouverner les terres des esprits à peau noire. Le mélange n'était pas conseillé.

Il m'arrivait de regretter que Nareau n'ait pas été un peu plus démesuré dans ses ambitions. En tant que source de vie primordiale, Tarawa pèche un peu par excès de modestie. Quelle était donc la graine d'où est issu le continent eurasien ? Pourquoi n'avoir pas gardé celle-là pour nous ? me suis-je demandé. Ou même la graine de Bora Bora ? Nareau n'aurait-il pas pu garder au moins une ou deux graines qui se seraient transformées en collines, voire en montagnes, en quelque chose susceptible de rompre la monotonie d'une île au ras des flots ? Tout en multipliant mes allées et venues sur l'atoll, juché sur un VTT de troisième main qui, en fait de tout-terrain, ne verrait jamais une montagne, ni une colline, ni même la moindre éminence m'obligeant à changer de vitesse, j'ai compris que Nareau, à la différence de la grande majorité des déités, était un dieu humble, enclin à l'économie et à la frugalité, et, même si j'estime que c'est là un trait de caractère qu'il convient d'encourager chez toutes les déités, où qu'elles soient, j'avoue que je soupirais parfois après un dieu dont la résidence aurait été un peu plus grandiose. Non pas d'ailleurs que Tarawa soit dépourvue de grandeur — c'est quand même une île tropicale, ne l'oublions pas —, mais c'est juste qu'elle est très, très petite.

La superficie totale de Tarawa est d'un peu plus de trente kilomètres carrés, soit à peu près celle de l'allée menant de la grand-route à la maison dans certaines propriétés de l'Illinois. Cependant, cette image fait illusoin, car elle produit l'impression d'une vaste étendue de terres, et rien ne pourrait être plus différent de Tarawa. Ses trente kilomètres carrés de corail sont divisés en languettes de corail fines et allongées, en étroits îlots couronnés de touffes de palmiers, que des myriades de chenaux reliant l'océan au lagon empêchent de former un tout cohérent, l'ensemble s'étirant au-dessus d'un récif qui fait une bonne soixantaine de kilomètres de long. Le récif lui-même a la forme d'un L inversé quelque peu tremblotant, son côté occidental étant ouvert à l'océan. Nous habitions près du creux de l'atoll, dans le village de Bikenibeu, ce qui me plaisait, parce que du côté lagon, nous pouvions voir des terres en face de nous. Cela me réconfortait car, ayant passé mes années de jeunesse sur des continents, je me suis accoutumé à la présence de terres à proximité. Dans les autres villages de notre île, cependant, on ne voyait que l'océan, le lagon et le sol qu'on avait sous les pieds, qui ne paraissait jamais être en quantité suffisante ; d'ailleurs, tous les jours, je m'estimais heureux de savoir que les tsunamis et les cyclones étaient rares par ici, même si je gardais un œil prudent sur les vagues lointaines et les nuages menaçants, parce qu'on ne sait jamais, pas vrai ?

Bientôt, j'ai commencé à me poser des questions sur les premiers habitants de Tarawa. S'installer sur un atoll de corail, ce n'est pas tout à fait comme de se fixer en Californie, où l'on a l'avantage d'un sol fertile, d'un climat tempéré et d'autoroutes pour faciliter les explorations. Tarawa est un endroit rébarbatif. Le sol, un sédiment de grès poreux, est déplorable et ne convient à rien en dehors des plantes les plus résistantes. Les cocotiers qui aujourd'hui dominent l'île ont tous été plantés et il est vraisemblable que les premiers habitants ne pouvaient compter que sur les humbles pandanus ; il est certes fort utile d'avoir cet arbre dans les parages, mais on ne peut pas dire que ses fruits insipides et farineux flattent le palais. On ne risque pas de les prendre pour des mangues. Le seul mammifère endémique des Kiribati est le rat de Polynésie. Jadis, un cheval a été introduit sur Butaritari, dans le nord des îles Gilbert, mais il n'a pas tardé à mourir de faim. Les sécheresses peuvent durer des années. La lentille d'eau douce qui, dans la plupart des cas, ne mesure pas plus de deux à trois mètres de profondeur, est bien souvent saumâtre. À propos, j'ai dit qu'il faisait très, très chaud ?

Il n'y a guère eu de recherches sur les premières peuplades qui se sont installées aux Kiribati. Ces îles forment le milieu de l'Océanie, mais à cette différence près, par rapport aux autres lieux occupant une situation analogue, qu'être au milieu de quoi que ce soit dans l'océan Pacifique, c'est être au milieu de nulle part. Les Kiribati se situent *grosso modo* à mi-distance entre l'Australie et le Canada, entre la Russie et le Chili. Si vous êtes orienté vers le sud, comme nous l'étions dans notre maison, il n'y a rien entre vous et l'Antarctique, à l'exception, bien entendu, d'un océan qui couvre la moitié de la planète. Loin vers le sud-ouest se trouvent les îles noires de la Mélanésie — les îles Salomon, Vanuatu, les îles Fidji, la Nouvelle-Calédonie, la Nouvelle-Guinée. Vers le nord et le nord-ouest, on tombe sur le cœur de la Micronésie, pour ce qu'il vaut — les îles Marshall, les Carolines, Nauru, Palau, Guam. Le voisin le plus proche, c'est Tuvalu, un pays de la Polynésie. Plus loin vers le sud-est, on rencontre d'autres îles polynésiennes, Tonga, Samoa et Tahiti.

Les rares érudits *I-Matang* qui se sont penchés sur l'ethnographie des Kiribati sont enclins à croire que les premiers hommes arrivés sur les lieux, voici quelque quatre mille ans, étaient des Mélanésiens, sans doute originaires des îles Salomon ou des îles septentrionales de Vanuatu. Quant à savoir pourquoi ils croient une chose pareille, c'est en grande partie un mystère pour moi. Il n'existe assurément aucun vestige archéologique laissant penser qu'il y a quatre mille ans les Kiribati ont été occupées par des Mélanésiens. Il n'y a pas non plus de preuve linguistique incontestable. Dans leur aspect, les I-Kiribati présentent des différences marquées par rapport aux Mélanésiens. Étant donné les énormes disparités existant entre les réalités environnementales des divers atolls et celles des (relativement) grandes îles luxuriantes et accidentées qui constituent la majeure partie de la Mélanésie, on ne sera pas surpris d'apprendre qu'il n'existe aucune manifestation durable de la culture mélanésienne sur les îles Kiribati d'aujourd'hui. Quand quatre pêcheurs de Papouasie-Nouvelle-Guinée ont fini par s'échouer sur Tarawa, après avoir dérivé pendant plusieurs mois sur un bateau ouvert, personne n'a eu le sentiment qu'ils faisaient partie de la famille. Ayant recouvré la santé, grâce à l'aide de communautés religieuses, les malheureux naufragés ont dû se résigner à voir les I-Kiribati s'arrêter pour montrer du doigt *te black man* chaque fois qu'ils mettaient le nez dehors. Ayant moi-même été salué par une infinité de bouches ouvertes et d'yeux écarquillés, j'ai eu l'impression d'avoir plus de choses en commun avec les rares Mélanésiens qui s'aventurent de temps à autre à Tarawa qu'avec les autochtones.

Il est fort probable que nous ne saurons jamais avec certitude d'où sont venus les premiers

I-Kiribati, ce qui a incité les partisans des croyances *new age* à penser qu'ils étaient arrivés d'une autre galaxie. La chose me paraît peu crédible. Il suffit de penser à Air Kiribati. Quiconque a passé plusieurs mois coincé sur une des îles extérieures, en attendant que le *wanikiba* (« pirogue volante ») soit réparé, trouvera inconcevable que le peuple responsable d'Air Kiribati ait jadis su maîtriser les voyages intergalactiques. Cependant, l'absence de preuves engendre des hypothèses. Or, en dehors de quelques îles polynésiennes, où se dressent encore des structures en pierre appartenant à des ères révolues, et de l'énigmatique poterie Lapita, que l'on a trouvée aussi bien en Mélanésie qu'en Polynésie, les preuves archéologiques ne fourmillent pas sur les îles du Pacifique, et particulièrement sur les atolls, où presque tout est fait de bois et de chaume, lesquels matériaux survivent rarement plus de dix ans dans ce climat chaud et humide. Alors vous pensez, quatre mille ! Ajoutez à cela qu'aucune espèce d'écriture n'existait avant l'arrivée de missionnaires, vers la fin du XIXe siècle, et vous comprendrez que l'histoire des Kiribati ne figure que dans les contes qui se sont transmis de génération en génération. C'est vraiment trop dommage, bien sûr. Les mythes et les légendes sont changeants, ils varient par le ton, le sens et même la substance, afin de refléter les préférences du conteur ou de s'adapter aux temps qui changent. Pour me parler du passé, j'ai toujours préféré les éclats de poterie, les monnaies de bronze, la terre noircie, l'ancien reçu et les statues évocatrices des déesses de la fertilité. En ce qui concerne les I-Kiribati, cependant, l'histoire entière de leur pays réside dans les récits racontés par quelques vieux bonshommes. Fort heureusement, ces récits, quelqu'un les a enregistrés.

En 1914, le British Colonial Office, ou « ministère britannique des Colonies », nomma dans le lointain territoire des Kiribati un remarquable jeune élève officier. On pourrait croire qu'à l'aube de la Grande Guerre de nombreux candidats eussent postulé pour être envoyés dans une des colonies les plus isolées de l'Empire, mais il n'y en eut pourtant qu'un seul. Il s'appelait Arthur Grimble et le Colonial Office fit la sourde oreille à ses demandes ultérieures d'être envoyé sur la Somme, aubaine inespérée pour les quelque deux spécialistes de l'histoire des Kiribati. Grimble resta donc dans les îles, s'élevant peu à peu jusqu'au rang de résident général, c'est-à-dire Dieu le Père en idiome colonial. Il se prit d'une grande affection pour les I-Kiribati et aujourd'hui des centaines d'insulaires peuvent faire remonter leur lignée jusqu'à lui. Lorsqu'il n'était pas occupé à dispenser la justice et à promouvoir la civilisation, occupation qui le mettait surtout aux prises avec des missionnaires écumants et des négociants perfides, Grimble entreprit de noter les généalogies et les nuances de la mythologie des îles, car il avait compris que l'histoire qui n'était pas écrite tombait inévitablement dans l'oubli.

La mythologie des Kiribati est fortement orientée du côté des Samoa. Les recherches de Grimble laissent penser qu'aux environs de l'an 1250 de notre ère, une féroce tribu polynésienne s'est trouvée expulsée des Samoa et que ses membres sont alors partis pour les Kiribati. Il s'agissait de ces Polynésiens qui avaient colonisé Tahiti et la Nouvelle-Zélande, et lorsqu'ils débarquèrent sur les îles d'Arorae, Nikunau, Beru, Tabiteauea, Nonouti, Butaritari et Tarawa, ils firent ce qu'ils faisaient d'habitude en arrivant quelque part : ils mangèrent les hommes qui s'y trouvaient.

Les Polynésiens adoraient le dieu Rongo, lequel raffolait de la chair humaine. Les voiles de leurs pirogues de guerre étaient artistement ornées du dessin d'un crâne humain qu'ils appelaient le *tebou-uoua*. Il y avait un autre motif qui portait le nom de *tim-tim-te-rara*, c'est-à-dire « coule-coule-le-sang », par allusion aux têtes coupées fichées sur des poteaux que Rongo aimait à voir éparpillées dans tous les coins, à titre de bibelots. Vous voyez d'ici le tableau : alors que vous vous prélassez sur la plage, en scrutant distraitement l'horizon, vous apercevez soudain des centaines de guerriers, arrivant à bord de pirogues ornées de l'image d'une tête coupée. Vous sentez aussitôt que la journée ne va pas être bonne.

Mais qui étaient donc les gens qu'ils ont trouvés sur place ? Un soir, je suis allé le demander à Bwenawa, un *unimane*, ou « ancien », chargé de superviser le jardin témoin du FSP, emploi qui, à Tarawa, était l'équivalent de celui d'alchimiste. Aux Kiribati, les *unimane* et les *unaine* (« anciennes ») sont considérés comme les gardiens de la culture, un trait de civilisation qui distingue ces îles des États-Unis, où l'arbitre suprême de tout ce qui touche à la culture est l'adolescent de sexe masculin, ce qui explique la vogue, autrement incompréhensible, de la Fédération mondiale de catch, du *gangsta rap* et de Pamela Anderson. Bwenawa, un homme trapu à la peau très sombre, avec de vilaines dents et une forêt de poils dans les oreilles, mais dont l'aspect était racheté par la douceur de sa physionomie et son opulente chevelure façon Elvis Presley, nourrissait, comme la grande majorité des I-Kiribati, un profond manque de curiosité envers le monde extérieur. Il ne faisait aucune distinction entre les Australiens, les Allemands et les Russes, ni entre les langues qu'ils parlaient. Ils étaient tous des *I-Matang*. En revanche, quand on se penchait sur les menus détails de la vie insulaire, il n'existait pas un seul spécialiste et enseignant mieux informé et plus enthousiaste que Bwenawa. Si on lui parlait des utilisations médicinales d'un buisson qui poussait sur l'île de Beru, il devenait lumineux. Il s'émerveillait de la solidité d'une corde en fibres de cocotier fabriquée sur place. Lorsqu'il dansait les danses traditionnelles aux rythmes endiablés, il était hilare. Lorsqu'il chantait des chansons mélancoliques, il tremblait au bord du désespoir. Il était sans doute impossible de trouver un meilleur guide pour vous expliquer tout ce qui venait des Kiribati. Donc, lorsque j'ai fait sa connaissance dans un *maneaba*, une espèce de salle des fêtes en bois de cocotier, dont le toit de chaume descendait presque jusqu'à terre, il a paru très heureux de répondre à mes questions sur les origines de Tarawa.

« C'est une histoire très intéressante », a-t-il commencé. Ses yeux se sont éclairés, il a paru entrer en transe, mais, hélas, lorsqu'il a voulu traduire en langue anglaise l'histoire de la Création, j'ai aussitôt été totalement largué. Il y avait Nareau le Créateur, Nareau l'Ancien, Nareau le Jeune, Nareau le Rusé et Nareau le Sage, et aussi Nareau le Grincheux, Nareau l'Atchoum, Nareau le Simplet et Nareau le Dormeur. Il semble d'ailleurs qu'à l'origine on passait beaucoup de temps à dormir, jusqu'à ce que Nareau l'Ancien, ou bien le Jeune, ou peut-être même le Simplet, réveille l'esprit de la terre, qui avait été mis au tombeau (« Où çà ? » avez-vous envie de demander, mais moi pas du tout) et réuni à l'esprit de l'air, lequel errait sans but, à la dérive, ce qui n'est pas rare dans le cas de l'air. Il y avait le vent du Nord, le vent du Sud, le vent d'Est et le vent d'Ouest, lesquels soufflaient respectivement du nord, du sud, de l'est et de l'ouest. Il y avait des anguilles, des chauves-souris et des raies, qui ont toutes mal fini. Et on peut en dire autant d'une pieuvre.

« Vois-tu, c'était comme le mouvement d'une tortue de mer », m'a confié Bwenawa. Non, je ne voyais pas vraiment. J'avais saisi les membres tranchés, la chair malmenée et l'idée générale que la création du monde était due en grande partie au fait que les dieux s'ennuyaient, mais la poésie de cette création — le mouvement de la tortue marine — m'échappait et je n'étais pas assez passionné par la mythologie pour aller chercher plus loin. Moi, je veux juste les faits, s'il vous plaît. Ce que j'ai bel et bien trouvé intéressant, cependant, c'était la permanence implicite de l'océan. Avant tout le reste, il y avait cette énorme masse d'eau bleue. Je n'ai pas été étonné d'apprendre que les I-Kiribati ne parvenaient pas à concevoir un monde ou un état de l'existence privé de l'immuabilité, de la permanence de l'océan. Quand on voit la vie depuis un atoll, où la terre ferme et tout ce qui se trouve dessus paraissent d'une impermanence criante, cela vous incite à considérer l'océan comme les autres cultures, plus enracinées, perçoivent l'univers. Vu d'un atoll, l'océan paraît vraiment infini : le jour, il se fond dans le ciel bleu ; la nuit, il s'étend jusqu'aux étoiles, sans le moindre accroc. De même que de nombreux Occidentaux sont incapables d'imaginer Dieu sans le mettre à l'intérieur de quelque chose — le vide noir de l'espace, un nuage blanc duveteux, la salle du trône dans une reconstitution américaine de la Renaissance — les I-Kiribati ne pouvaient pas concevoir la vie autrement qu'immergée dans le contexte de l'océan. Mais il avait bien fallu que quelqu'un le traverse, cet océan, pour être le premier à poser le pied sur les îles Kiribati. J'ai donc pressé Bwenawa de questions.

« Parmi les gens instruits, il y en a qui pensent que les I-Kiribati sont venus d'un autre endroit. Mais la plupart croient que nous avons toujours été ici, que nous sommes des descendants des esprits. »

Nous étions assis sur des nattes. Une lampe à kérosène nous dispensait sa lumière tamisée. Des ombres couraient en travers des poutres du *maneaba*. L'océan fournissait son habituel fond sonore. Il était facile de croire que ce qui était avait toujours existé. Pourtant, les grandes migrations du Pacifique, qui ont répandu des peuples asiatiques à travers cet océan, n'étaient que changement et mouvement. Depuis déjà plusieurs millénaires, bon nombre des îles de l'Océanie ont été atteintes par des gens dont les exploits de marins et de navigateurs n'ont jamais été égalés, ni par Colomb, ni par Magellan, ni même par Cook. On reste pantois à l'idée qu'ils se sont lancés sur les mers à une époque où les Européens en étaient encore à se demander comment utiliser au mieux les morceaux de fémur, et on ne peut que s'interroger sur ce qui a bien pu les inciter à mettre ainsi les voiles, car ces voyages n'avaient pas pour but l'exploration mais bien la colonisation.

D'où venaient-ils donc, ces colons ? Et quels ont été les premiers à aborder aux rivages des Kiribati ?

Bwenawa a paru amusé par mes tentatives pour imaginer des commencements auxquels un dieu araignée n'aurait eu aucune part. Il était beaucoup plus enclin à s'étendre sur la famille de Nareau.

« … et alors Nareau a tué son père, puis avec son couteau il lui a sorti un œil et l'a lancé au ciel, où il est devenu le soleil.

— Tu le crois vraiment, Bwenawa ?

— Maintenant, nous sommes tous chrétiens… Et ensuite, Nareau a sorti l'autre œil et l'a lancé au ciel, où il est devenu la lune… »

Je lui ai demandé s'il existait la moindre légende faisant référence à des îles autres que les Samoa.

« Certaines légendes parlent d'îles élevées vers l'ouest. Elles sont là pour nous protéger des vents d'ouest. » Ces vents sont ceux qui amènent les tempêtes.

Et puis, il a chuchoté, comme s'il me révélait un savoir ancien et secret : « Il y en a qui disent que les premiers I-Kiribati sont venus de l'ouest. »

J'ai eu l'air content. Bwenawa aussi.

« De quelle partie de l'ouest, Bwenawa ?

— On dit que c'est Sumatra. »

Là, ça devenait intéressant.

« Ils sont venus avec le cocotier, l'arbre à pain et le cochon, a-t-il précisé, citant deux essences qui ne sont pas indigènes aux Kiribati, mais qui le sont dans le Sud-Est asiatique. Et puis, il y a peut-être un millier d'années, des hommes sont venus des Tonga et ils ont tué tous les hommes des Kiribati, mais pas les femmes. Et puis, il y a peut-être sept cents ans, des hommes sont venus des Samoa, et dans certaines de nos îles, ils ont tué encore une fois tous les hommes, mais pas les femmes. Alors, tu vois, a-t-il ajouté avec un sourire béat, c'est pour ça que tous les I-Kiribati sont si différents les uns des autres. »

C'était une histoire qui faisait chaud au cœur. Et qui était peut-être vraie. Grimble avait noté les similitudes entre les voiliers des I-Kiribati et ceux que l'on trouvait dans les îles Moluques en Indonésie. La langue I-Kiribati, comme toutes les langues d'Océanie (sauf certaines qui subsistent dans diverses parties de la Nouvelle-Guinée), fait partie de la sous-famille malaise-polynésienne du centre-est appartenant à la famille des langues austronésiennes, originaires de Taïwan. Et même si la distance est en effet énorme entre l'Indonésie et les Kiribati, il existe dans cette région du Pacifique, comme l'ont démontré les pêcheurs de Papouasie-Nouvelle-Guinée, un fort courant d'ouest en est. Bien que les vents dominants des Kiribati soient les alizés, soufflant de l'est, un puissant vent d'ouest souffle, en général, de novembre à février. Il serait sûrement possible de couvrir de longues distances maritimes avec vent arrière dans les grandes pirogues à balancier qu'utilisaient les marins des temps anciens.

Le plus probable, cependant, c'est que des habitants du Sud-Est asiatique se sont d'abord fixés dans des îles mélanésiennes assez proches de chez eux, se sont peut-être mélangés à la population locale, puis ont fini par s'aventurer plus loin dans le Pacifique, peut-être jusqu'aux Kiribati. Il est fort possible aussi que le récit que m'a fait Bwenawa de l'arrivée amicale des Tonguiens sur ces îles soit véridique. On a récemment reconnu que les Tonga avaient pu être une « colonie fondatrice », c'est-à-dire un endroit d'où sont parties une expansion et des explorations ultérieures dans l'océan Pacifique.

Hélas, nous ne savons pas grand-chose concernant les I-Kiribati d'antan. S'il existait des preuves de l'installation de tribus pré-samoanes, cela fait longtemps qu'elles ont disparu. Nous pouvons émettre des hypothèses, chercher des liens entre les groupes d'îles et même tenter des analyses d'ADN, mais au bout du compte, nous n'en saurons guère plus long. Bwenawa a raison. Il existe une variété remarquable dans l'aspect des I-Kiribati ; ce n'est ni par la couleur de la peau (brune) ni par la chevelure (raide et noire), mais par les traits faciaux. On peut discerner le faciès aigu des Asiatiques, la rondeur des Polynésiens et même parfois les couleurs d'yeux des Européens, comme si chacune des intrusions du monde extérieur s'était inscrite de manière indélébile sur le visage des I-Kiribati. Lorsque des étrangers arrivaient dans ces îles, ils s'adaptaient inévitablement aux exigences du lieu. Peut-être les Samoans se sont-ils repus de la chair des I-Kiribati, mais très vite ils sont devenus eux-mêmes des I-Kiribati, ne changeant presque rien à la culture qu'ils avaient trouvée sur place. C'est parce qu'on ne peut pas conquérir un atoll. L'atoll, c'est l'atout maître.

6

Où l'auteur, au cas où quelqu'un se demanderait ce qu'il faisait précisément à Tarawa, pendant que sa tendre et chère s'échinait, explique de quelle manière il comptait tirer un parti fructueux de son séjour sur un atoll.

Tous les matins, Sylvia partait travailler au volant d'une camionnette pick-up, forte de la conviction que ses entreprises ne tarderaient pas à rendre la vie des I-Kiribati un peu plus joyeuse, un peu plus saine et un peu plus longue. Après le départ de Kate, Sylvia est devenue la seule et unique *I-Matang* du FSP. Elle était à la tête d'une équipe de dix employés, tous plus âgés qu'elle, et ensemble, ils géraient des programmes cherchant à améliorer la santé des enfants et de leurs mamans, à combattre les effets du manque de vitamine A, à développer la conscience de l'environnement et à promouvoir la cause de l'hygiène, notamment en construisant des toilettes écologiques, appelées ici Atollettes, car, comme je l'ai mentionné plus haut, à Tarawa, il fallait vraiment faire quelque chose pour résoudre le problème de la merde et, sur ce point, Sylvia était la femme providentielle. « C'est vraiment chouette, m'a-t-elle dit, ce qui ne lui ressemblait pas. On va s'en servir pour fertiliser le jardin témoin. » Génial, ai-je pensé. Encore une nouvelle raison de redouter la dysenterie. Pourtant, elle a bel et bien mis le caca à contribution et, tous les quelques mois, une puanteur nauséabonde défiant toute description envahissait l'île, lorsque Bwenawa mélangeait le compost à des entrailles de poisson et du lisier de porc, avant de l'étaler sur tout le jardin, dans l'espoir de donner vie aux tomates et aux choux. Sylvia jubilait. Elle était dans son élément.

Moi aussi, j'étais très occupé. À penser. J'avais décidé d'écrire un roman. J'envisageais un gros livre, tolstoïen par son volume, joycien par ses ambitions, shakespearien par son lyrisme. Dans trente ans, cet ouvrage donnerait lieu à des séminaires universitaires et à des thèses de doctorat. Il serait admis au canon de la Littérature (avec un grand L). Les étudiants en parleraient avec révérence, échangeant des murmures émerveillés. Dans les journaux, les articles commenceraient par : *J. Maarten Troost, ce géant de la littérature qui mène une vie de reclus...* Car j'avais d'ores et déjà décidé d'être une énigme, un mystère. On citerait Salinger, Pynchon et Troost. Je me demandais s'il n'y avait pas moyen de profiter de mes origines multinationales pour faire attribuer au même livre à la fois le Booker Prize et le Pulitzer.

Afin de me mettre dans de bonnes dispositions, je lisais de gros volumes — *Les Enfants de minuit* de Salman Rushdie, *Infinite Jest* de David Foster Wallace, *Ulysse* de James Joyce (celui-là, j'en ai survolé certaines parties). J'ai lu *Le Roi Lear*. Allez savoir pourquoi, Sylvia a vu là de la procrastination.

Donc, un jour, j'ai branché mon ordinateur portable. J'ai ouvert un nouveau document. Le curseur s'est mis à clignoter. J'ai regardé par la fenêtre. Contemplé l'océan et sa houle. C'étaient des dauphins, là-bas ? Peut-être des thons. J'ai observé quelques nuages qui passaient — un cheval, un cuirassé, le nez de ma tante, des nichons. J'ai fait bouillir une marmite d'eau. C'est quoi ce machin qui flotte ? Sans doute quelque chose de mort. Bon, dans ce cas, ça va. Je suis revenu à mon ordinateur. Le curseur clignotait toujours. Et alors... rien. L'angoisse de la page blanche.

Je ne me suis pas affolé. J'ai lu quelque part qu'il avait fallu plusieurs mois à Gabriel García Márquez pour trouver sa première phrase, et ensuite tout s'est enchaîné, sa vision d'écrivain s'est répandue comme un sirop. Sylvia m'a suggéré de mettre noir sur blanc les grandes lignes de mon projet. « Les grandes lignes, c'est bon pour les empêchés de la création », ai-je expliqué. Il a tracé des grandes lignes, Kerouac ? Bien sûr que non. L'important, c'était d'atteindre un certain état d'âme, une conscience transcendantale de la vie, et ensuite les mots, les mots magiques, apparaîtraient tout simplement, et l'écrivain n'aurait plus qu'à les retranscrire. Sylvia m'a fait remarquer que Kerouac était abruti par la drogue et l'alcool et, de ce fait, tout à fait mort. « Écoute, l'écriture, c'est une activité qui frôle l'abîme », ai-je déclaré.

J'en suis revenu à ma première phrase. Les

heures ont passé. Les jours aussi. Sans parler des semaines. Et puis enfin… une phrase. Je l'ai lue. Je l'ai relue. Je l'ai remaniée. Je l'ai effacée.

Le curseur clignotait.

7

Où l'auteur s'attarde sur le thème de l'absence, et en particulier sur celui de la rareté des options alimentaires, et propose un compte rendu de la Grande Crise de la Bière, le jour où la cargaison entière destinée à l'île de Tarawa a inexcusablement été envoyée par erreur vers l'île de Kiritimati, loin, loin, très loin de ceux qui en avaient le plus besoin.

Il est, bien sûr, tout à fait possible qu'il existe quelque part sur notre planète une gastronomie plus lamentable que celle que l'on trouve aux Kiribati. C'est une possibilité que j'accepte, de même que je veux bien croire qu'il y a peut-être une forme de vie intelligente ailleurs dans l'univers. Moi, je ne l'ai jamais rencontrée. Je suis incapable de l'imaginer. J'accepte simplement l'existence d'une possibilité statistique. Une toute petite possibilité, minuscule et infinitésimale.

Comment cela se peut-il, vous direz-vous, alors

que les Kiribati ne sont en réalité rien d'autre qu'un immense habitat réservé aux poissons ? Aux bons poissons. Aux poissons délicieux. Envoyez une ligne avec six hameçons munis d'appâts par-dessus le bord du récif (une ligne d'un peu plus de cent mètres), tirez-la à vous au bout d'une minute ou deux et vous aurez six gros et succulents vivaneaux campèches. Vous avez comme une petite envie de poulpe ? Éloignez-vous donc un peu de la plate-forme du récif, un jour de morte-eau, et regardez sous les rochers. Vous songeriez plutôt à ces crevettes qu'on appelle crevettes-mantes ? Fouillez donc les hauts-fonds du lagon à marée basse en quête du petit trou révélateur, insérez un fragment d'anguille et vous n'avez plus qu'à tirer la crevette à vous. Un peu de soupe d'aileron de requin ? Ouvrez en deux quelques poissons volants, jetez-les sans mégoter autour de votre bateau, appâtez votre hameçon avec un foie de raie, secouez une crécelle dans l'eau, mais attention à votre bras, hein, attendez l'inévitable arrivée d'un requin déchaîné, arrangez-vous pour qu'il morde, attachez votre ligne au bateau et laissez-vous agréablement remorquer jusqu'à ce que votre proie soit épuisée. Puis, coupez son aileron. Et la tortue de mer, vous en voulez ? Eh bien, c'est très mal.

Partout ailleurs dans le monde, les gens sont prêts à payer un bon prix pour se procurer les poissons que l'on trouve aux Kiribati. Et ils le paient, d'ailleurs. De temps à autre, un navire chinois délabré parvient à gagner péniblement les lieux, afin de récolter les centaines d'ailerons de requin découpés par les pêcheurs des îles extérieures. Les Chinois prennent aussi à bord des poissons de lagon vivants — plus les poissons sont bariolés, plus les

Chinois sont contents — et les transportent jusqu'à Hong Kong, où un repas n'est pas un repas digne de ce nom si l'on n'y consomme pas une espèce menacée d'un animal ou d'un autre. Les pieuvres et les bêches-de-mer, ou holothuries, des créatures qui ressemblent à des étrons et dont la fonction est de nettoyer les récifs, sont ramassées à l'intention des Japonais, les gens les plus maniaques de la planète sur le plan de l'hygiène, lesquels à l'évidence ne se rendent pas compte de ce que nettoie précisément un animal qui nettoie les récifs aux Kiribati.

Ce qui est véritablement prisé, cependant, c'est le thon, et les Kiribati possèdent les zones de pêche au thon les plus riches du monde. Des douzaines de bateaux de pêche industrielle venus du Japon, de Taïwan, de Corée du Sud, d'Espagne et des États-Unis sillonnent les plus de cinq millions de kilomètres carrés d'océan qui constituent la zone économique exclusive des Kiribati. Il est fort probable que ces colonies flottantes de chalutiers et d'embarcations mères, qui reçoivent et traitent la pêche — autant d'*Étoile de la Mort* pour la communauté des poissons —, sont justement les bateaux qui ont vidé de leur vie l'Atlantique Nord et la mer de Chine méridionale. Si on leur ajoute un nombre indéterminé de bateaux de pêche illégaux — chinois, taïwanais, coréens, russes —, on commence à comprendre que la pêche industrielle est une activité bien différente de la pêche que chantent sur un ton lyrique les volumes pondus avec une inquiétante régularité par les écrivains des grandes villes, qui passent l'été dans le Montana. Les grands pays excellent dans l'art d'offrir des mots doux, des odes charmantes à la sensibilité environnementale, des hommages aux récoltes durables, des haïkus à la gloire de la nature — mais les appétits refusent de se laisser décourager.

Au cours d'une année moyenne, on prend dans le Pacifique une quantité de thons qui rapportera dans les deux milliards de dollars. Ce qui fait une coquette somme, surtout pour des pays où porter des tongs passe pour une preuve de consumérisme effréné. Cependant, on pouvait s'y attendre, les nations insulaires du Pacifique ne reçoivent chaque année qu'environ soixante millions de dollars sous forme de droits de pêche. Et la part des Kiribati, faut-il s'en étonner, est d'une petitesse disproportionnée. La raison de cet état de choses, c'est — voyons, comment rester poli ? —, c'est que dans le Pacifique le tout-venant des ministres de la Pêche est : a) abruti, b) corrompu, c) les deux à la fois. Et le fait que les droits de pêche sont directement liés à l'aide étrangère n'arrange évidemment rien. Le Japon, par exemple, rechigne à payer plus de quatre ou cinq pour cent de la valeur de sa pêche sous forme de droits, faisant valoir qu'il offre une compensation plus que suffisante sous forme d'aide. Mais en quoi consiste cette aide ? Aux Kiribati, elle prend la forme du Centre de formation à la pêche, où les jeunes I-Kiribati (de sexe masculin) apprennent à devenir marins sur les bateaux japonais pour un salaire qu'aucun Japonais n'accepterait, et de la construction d'un nouveau port destiné à l'entretien des… oui, c'est ça, vous avez deviné, des navires de pêche japonais. Pas mal trouvé, hein ?

Bien sûr, il n'y a pas que des étrangers avides qui pêchent aux Kiribati. Le pays survit au simple niveau de subsistance, et cette subsistance est assurée presque entièrement par le produit de la pêche.

Prenez-en bonne note : aux Kiribati, la consommation annuelle de poisson par habitant est de plus de deux cents kilos. Faites une petite pause et efforcez-vous d'intégrer cette vérité surprenante. La moyenne des habitants des Kiribati — hommes, femmes et enfants confondus — mange plus de deux cents kilos de poisson par an. Autant dire : poisson au petit-déjeuner, poisson au déjeuner et poisson au dîner. Et sachez qu'aux Kiribati, il n'y a guère que deux manières d'ingurgiter son poisson : cru ou bouilli. La nouvelle, inutile de vous le dire, nous a paru décourageante. Le poisson cru a sa place dans mon univers gastronomique, mais le poisson cru consommé ici sous l'Équateur et sans aucune réfrigération possible constitue, vous pouvez me croire, une excellente méthode amaigrissante. Quant au poisson bouilli, ma foi, je pense qu'on peut se permettre d'affirmer sans médire que c'est de la faute des Anglais. Ce n'était pas la première fois que je regrettais que les Kiribati n'aient pas plutôt été colonisées par les Français, surtout après avoir demandé à Bwenawa s'il y avait des épices locales sur l'île.

« Des épices ? a-t-il répété.

— Oui. Tu sais, des trucs genre sel, poivre, safran, tout ça.

— Ah, oui… comme le poisson salé.

— Le poisson salé ? »

Bwenawa a attiré mon attention sur deux planches de bois fixées à environ un mètre vingt du sol. Dessus, on avait posé des poissons du lagon, ouverts en deux, pour les laisser sécher au soleil ; on apercevait tout juste les dépouilles à travers un véritable blizzard de mouches. « Tu vois, a dit Bwenawa, l'eau s'évapore au soleil, pour ne laisser que le sel. C'est *kang-kang* [goûteux]. On appelle ça le poisson salé.

— Ah bon ? ai-je répondu. Chez moi, on appelle ça le poisson pourri. »

Étant donné que j'avais « davantage de temps », comme aimait à me le faire remarquer Sylvia, c'était à moi qu'il incombait de trouver du poisson pour notre repas du soir. Vers la fin de l'après-midi, après une dure journée passée à réfléchir, j'allais faire de la bicyclette. Tantôt je tournais à gauche pour aller à une extrémité de l'atoll, tantôt je tournais à droite pour aller à l'autre extrémité, mais le plus souvent je regrettais de ne pas avoir d'autres balades à vélo en perspective, parce que, franchement, ce ne sont pas les allées et venues d'un bout à l'autre de l'atoll qui peuvent vous soulager de l'enfermement insulaire. La quête de denrées comestibles donnait à mes errances aux deux coins de l'atoll une raison d'être bienvenue.

Comme je n'ai pas tardé à le découvrir, dénicher à Tarawa des aliments disponibles possédant des qualités à la fois gustatives et nutritives n'est pas une mince affaire. Après avoir parcouru l'île à vélo d'un bout à l'autre, je me suis rendu compte qu'elle était composée en réalité de deux endroits distincts. La zone où l'unique route de l'atoll le parcourt le long de son axe méridional s'appelle Tarawa Sud ; celle où une étroite piste au milieu du bush relie le village de Buota à l'extrémité de l'atoll, à Na'a, laquelle est sinistrée par le vent et l'océan, porte le nom de Tarawa Nord, et les différences entre les deux crèvent les yeux. Tarawa Nord, qui officiellement est considérée comme une île extérieure, possède un charme indéniable. Elle est protégée de tout semblant de modernité.

Il n'y a pas d'électricité, ni d'eau courante, pas de villes et pas même de route. Avec la luminosité et l'océan, sans parler des sternes blanches voletant au milieu des casuarinas, on peut avoir l'impression d'être au paradis, sauf qu'il y fait beaucoup trop chaud, bien sûr. Nous y allions presque tous les week-ends, nous laissant tenter par les longs rubans dorés des grèves, que nous arpentions comme des ramasseurs d'épaves, passant en revue les curiosités laissées par la marée, tandis que nos regards scrutaient le récif, dans l'espoir d'apercevoir des tortues de mer. Pour atteindre Tarawa Nord, nous traversions le chenal séparant Tanaea et Buota — à marée haute, un villageois propulsait sa pirogue dans le courant à l'aide d'une godille — et nous suivions un sentier au milieu d'un bosquet de cocotiers jusqu'au pont Brisé, fort bien nommé, à savoir une plaque de ciment qui fonctionnait comme une bascule au-dessus d'un chenal où les poissons grouillaient. De l'autre côté de ce pont se trouve l'îlot d'Abatao, premier de vingt-neuf îlots similaires à Tarawa Nord, éternellement ciselés par un océan qui déferle et repart deux fois par jour ; plus on s'avance, plus les îlots paraissent élémentaires. La mer est toujours là, la lumière aveuglante aussi, mais le vent commence à devenir étrangement puissant, et très vite, on comprend pourquoi les trois mille habitants de Tarawa Nord se rendent très rarement à Na'a, l'extrémité septentrionale de l'atoll. Na'a est un endroit hanté. Quand on se trouve au milieu de cette désolation, où la sécheresse a réduit la plupart des arbres à l'état de moignons sans vie, où l'océan vous domine, où d'énormes vagues martèlent le récif avec une majestueuse indifférence, on ne peut que réprimer un sentiment de malaise qui vous pousse à faire demi-tour pour repartir au plus vite, en passant devant les tombes des dix derniers soldats japonais morts à Tarawa — tous par suicide — afin de regagner le village de Buariki, qui donne sur le lagon amical et sur quelques sympathiques mangroves ; là, on s'assoit dans le *maneaba*, pour siroter avec gratitude la noix de coco qu'on vous tend aussitôt et demander à l'*unimane* de service quelle est exactement l'expression I-Kiribati qui traduit « chair de poule ».

Ici, la pêche n'est ni un boulot ni un mode de vie. C'est, à l'instar de l'eau, un élément essentiel à la vie et, comme il convient à une force élémentaire, elle s'accompagne de magie et est régie par des tabous, À Tarawa Nord, de même que sur d'autres îles des Kiribati, chaque famille pourvoit à ses propres besoins, et le savoir-faire du pêcheur — les bons endroits, les bonnes méthodes — constitue un secret jalousement gardé, et qui ne l'est pas moins de nos jours, malgré l'apparition d'hameçons en métal pour remplacer ceux en os, et celle de la ligne et des filets de qualité industrielle à la place de la fibre de cocotier. Entre les marées, des pièges à poissons sont construits avec des pierres, les flaques que laisse la marée sont nettoyées, les rochers sont soulevés et l'on s'assure de sa pitance pour la journée à venir. On se procure de l'eau dans des puits peu profonds. On fait pousser le *babai*, ou taro géant des marais, dans des fosses. Les maisons sont en bois et chaume. L'alcool est interdit. Les querelles sont réglées au *maneaba*.

Tarawa Sud est un endroit très différent. Dans la lumière veloutée du début de soirée, à marée haute, au moment où les hommes grimpés très haut dans les arbres coupent le *toddy* et chantent des ballades narrant la manière dont une belle ou un poisson leur a échappé, il est possible de croire que tout va bien, qu'ici, très loin, à Tarawa Sud, à bonne distance des continentaux et de leur arrogance, c'est la belle vie qui a prévalu. L'endroit est vraiment ravissant au soleil couchant, et avec un ciel d'une beauté aussi ostentatoire, venant mettre un terme délicieux à chaque journée, à toutes les journées, les illusions en tous genres sont tolérées. Mais à marée basse, sous l'éclat aveuglant de midi qui éclaire le vide désolé de la plate-forme que constitue le récif, quand le lagon bat en retraite et que son eau est remplacée par un désert, quand les couchers de soleil et la marée haute n'exercent plus leur magie, Tarawa Sud apparaît pleinement dans sa misère criante, bien souvent impossible à distinguer de celle d'un camp de réfugiés oubliés de tous. De Bonriki à Bikenibeu et au-delà, passant devant le grand *maneaba* d'Eita, traversant les digues qui mènent à Ambo, à Bairiki et pour finir à Betio, l'unique route de Tarawa se déroule et d'idyllique le monde devient rude, avant de virer à l'enfer malthusien.

C'est qu'il y a, tout simplement, trop de gens à Tarawa Sud, surtout sur l'îlot de Betio, l'endroit possédant la plus forte densité démographique du monde, encore plus forte que celle de Hong Kong. Mais à la différence de la ville chinoise, qui monte à l'assaut du ciel, il n'y a pas à Betio un seul édifice de plus de deux étages. Or quelque dix-huit mille personnes, soit près du quart de la population du pays, vivent sur cet îlot fracassé, c'est-à-dire sur deux kilomètres carrés et demi de désolation, relié au reste de Tarawa par une digue d'un kilomètre et demi de long. Au début, avant que ne s'installe l'inévitable accoutumance, la misère tangible de leurs existences nous a infligé un véritable choc. Le plus souvent, l'habitat était une étrange fusion de bois de cocotier, chaume, tôle ondulée, contreplaqué et sacs de riz, et il nous a fallu un certain temps pour savoir distinguer les endroits où logeaient les gens de ceux où vivaient les cochons. Les plages de Betio, bordées à la fois par le lagon et par l'océan, étaient une véritable mine de matière fécale. À marée basse, quand les déchets humains et autres grésillaient au soleil, les effluves étaient répugnants, à croire qu'on avait fait éclater en même temps dix-huit mille boules puantes. Sur la plage, à marée basse, vous aviez l'impression que votre corps absorbait la puanteur, assimilait les immondices, jusqu'au moment où vous éprouviez vous aussi le besoin de vous soulager d'une manière quelconque. L'eau propre était introuvable. La plupart des gens comptaient sur l'eau des puits. Ils n'avaient pas loin à creuser. La lentille d'eau se situe à un mètre cinquante seulement au-dessous de la surface, ce qui serait commode si seulement le corail n'était pas si poreux, permettant à tout ce qui est lâché ou répandu, par exemple la pisse ou le diesel, d'être rapidement absorbé par l'eau du sol, laquelle devient ainsi l'harmonieux foyer de tas d'intéressants parasites. Faire bouillir l'eau était une règle essentielle, mais peu de gens avaient des réchauds ou de quoi se payer des bouteilles de gaz. Il y avait encore quelques cocotiers à Betio qui assuraient la provision de noix de coco et de *toddy*, mais il n'y restait pas le moindre buisson pour fournir du bois, lequel de toute façon n'est pas une bonne source de chaleur. Tout le monde avait des vers. Tous les enfants souffraient d'hépatite A. La tuberculose faisait des ravages. Il y avait des lépreux. Le choléra rôdait. Il avait déjà frappé une fois. Il refrapperait un jour ou l'autre. Betio fonctionnait encore comme un village, mais ce n'en était plus un. C'était un bidonville. Et le reste de Tarawa Sud se traînait derrière.

Dans cet environnement, curieux mélange d'un isolement digne de Robinson Crusoé et des *favelas* de Rio de Janeiro, la bonne chère était des plus rares. À Tarawa Sud, tout ce qui était pêché du côté intérieur — les poissons, poulpes, crevettes-mantes, vers de mer du lagon — déclenchait à coup sûr chez le malheureux convive des désastres gastriques garantis. Plus consternant encore, les intoxications par *ciguatera* étaient communes. C'est un phénomène qui survient lorsque des eaux usées non traitées — terme technique derrière lequel se cache la merde pure et simple — empoisonnent les algues, qui sont alors mangées par les poissons, lesquels sont à leur tour consommés par des gens qui très vite éprouvent dans la bouche des picotements, suivis d'un engourdissement, premier signe de l'effondrement imminent du corps tout entier. Les mains et les pieds se paralysent. La peau donne l'impression d'être parcourue par un courant électrique. Les os grincent. Et si vous êtes soit très vieux soit très jeune, ou bien si votre système immunitaire laisse à désirer, vous risquez fort d'y laisser votre peau. Le conseil le plus raisonnable que nous ayons reçu, donné par un enseignant volontaire sur une des îles extérieures, qui avait été victime d'une telle intoxication après avoir mangé du vivaneau campèche contaminé lors d'un repas donné pour le premier anniversaire d'un petit enfant — festin qui, au bout du compte, a coûté la vie à trois enfants et un vieillard —, c'est qu'il fallait dès le premier picotement se fourrer les doigts au fond de la gorge et dégobiller jusqu'à ce qu'il ne vous reste plus rien dans l'estomac. Et même alors, ce serait peut-être trop tard.

Nous n'aurions pas demandé mieux que d'éviter entièrement les poissons du récif et du lagon, mais pour nos menus le choix était très réduit. Il ne pousse à peu près rien sur Tarawa. La sécheresse, s'ajoutant au corail, auquel manque toute qualité nourricière, n'est pas franchement propice à la culture des fruits et des légumes. Les I-Kiribati sont peut-être le seul peuple du monde qui ne possède aucune tradition de jardinage. Résultat : le FSP avait établi un jardin témoin où l'on apprenait au public à faire pousser autre chose que des cocotiers. Ce jardin faisait l'orgueil et la joie de Bwenawa, même s'il ressemblait plutôt à un dépotoir envahi par la végétation. On y avait répandu et enterré des boîtes en fer-blanc pour augmenter la teneur en fer du sol. On déversait régulièrement dans les tranchées des pelletées d'entrailles de poisson et de lisier. Et le compost sorti tout pimpant des Atollettes de Sylvia était disposé autour des bananiers où, comme le soutenait le personnel, il ne toucherait rien de comestible. Chaque jour, le jardin était entretenu avec le plus grand soin, mais le rendement n'en restait pas moins bien médiocre pour les efforts consentis. Les tomates étaient grosses comme des boules de billard électrique. En dépit des cajoleries, les aubergines ressemblaient à des crayons de couleur. Une tête de chou chinois n'aurait pas suffi à nourrir un lapin normal. Les bananiers refusaient de faire des bourgeons en l'absence de pluie.

Découragé par l'insigne pauvreté de l'univers culinaire de notre île, j'ai décidé de cultiver moi aussi mon jardin. Comme beaucoup d'écrivains, plutôt que d'écrire bel et bien quelque chose, j'ai préféré m'en aller défricher le bush sous le soleil équatorial. Donc, la machette à la main, j'ai délimité ce qui deviendrait notre jardin. À vrai dire, il s'agissait plutôt d'une espèce de réhabilitation, car bien des années plus tôt, la parcelle ombragée commodément située pour profiter de toute fuite dans les citernes était, d'après tous les témoignages, un jardin particulièrement fertile, abondance à laquelle le fait qu'il y avait eu de la pluie à cette époque n'était sûrement pas étranger. J'espérais vivement qu'un jour prochain nous pourrions dîner de salades légères et revigorantes et grignoter des fruits délicieux. J'ai questionné Bwenawa au sujet du compost, de l'eau, de l'ombre et de toutes sortes d'autres problèmes de jardinage d'une haute technicité, mais il a fait fi de toutes mes questions et m'a déclaré que l'important pour qui voulait jardiner à Tarawa, c'était de prévoir une robuste clôture. « Les chiens, les cochons, les poulets et les crabes, a-t-il expliqué. Il faut les arrêter. » Fort heureusement, j'avais sous la main les vestiges de l'ancienne clôture et je me suis mis en devoir de construire ce que Bwenawa appelait une clôture « locale ». Elle était constituée de piquets reliés, à des intervalles très rapprochés, par une corde en fibres de cocotier. L'effet recherché était d'enclore le jardin à l'intérieur d'un semblant de fort colonial. Si je dis un « semblant », c'est parce qu'au plus profond de moi, je savais que si un cochon se donnait la peine de souffler un tant soit peu dessus, tout s'écroulerait, mais l'ensemble avait fière allure et m'a donné le sentiment passager d'avoir réussi mon coup. Sylvia, elle aussi, s'est montrée assez impressionnée par ma clôture, mais sa confiance dans mes talents de bâtisseur, et peut-être aussi dans mes facultés de discernement, en a pris un sacré coup quand elle a examiné le portillon d'un peu plus près.

« Où as-tu trouvé ça ? a-t-elle demandé.

— Quoi ?

— Ça, a-t-elle insisté en montrant du doigt le fin tube en plastique que j'avais utilisé comme loquet.

— Ah, ça ? Je l'ai trouvé sur le récif. »

Elle a écarquillé les yeux, le visage grimaçant. Elle était horrifiée. J'avais, m'a-t-il semblé, fait une grosse boulette.

« C'est une éprouvette de l'hôpital. Elle est pleine de sang. »

C'était vrai, ma foi. C'est drôle comme les choses peuvent vous échapper. Cela faisait des années que l'incinérateur de l'hôpital ne marchait plus et, de ce fait, les ordures de l'établissement, comme une grande partie des détritus qui se créaient sur Tarawa, étaient jetées sur le récif où, chaque jour, la marée les emportait pour les redistribuer un peu plus loin le long de l'atoll. J'ai dégagé l'éprouvette — mais enfin, comment était-il possible que je n'aie rien remarqué ? — et je l'ai jetée dans le récipient où nous brûlions nos propres ordures. « Il vaut peut-être mieux que je me lave les mains. »

Mes expériences de jardinier n'ont pas tardé à capoter. Un matin, j'ai découvert que la clôture avait disparu. J'ai su aussitôt ce qui s'était passé. Tous les soirs, les gamins du voisinage déferlaient chez nous en quête de bois pour alimenter leur feu et de *te non*, un fruit à l'odeur nauséabonde, utilisé pour nourrir les cochons et dans les remèdes traditionnels. Au début, ils ont été très polis. Quelques garçons ont timidement demandé s'ils pouvaient prendre les *te non* qui tombaient et que nous ne ramassions pas et, si possible, rassembler tout le petit bois qui gisait sur le sol. Bientôt, cependant, des hordes d'enfants ont pris d'assaut ce qui restait du monde naturel autour de notre maison. Une douzaine de gamins grimpaient dans le casuarina et cisaillaient les branches à l'aide de grands couteaux. Les *te non* étaient arrachés de leur buisson, après quoi c'était le buisson tout entier qu'ils emportaient. Quand j'ai vu les gosses commencer à abattre l'unique arbre qui nous fournissait un peu d'ombre, j'ai décidé que le moment était venu d'imposer certaines limites. « Hé, dites donc, les mômes, me suis-je surpris à brailler, en me sentant soudain très vieux. Ne coupez pas l'arbre, vous serez bien gentils. » Le lendemain, nous avons retrouvé notre camionnette pick-up enduite de *te non* écrasés, l'équivalent local du vandalisme. Aux Kiribati, comme ailleurs, rien n'est plus destructeur qu'un garçon de onze ans. Ma clôture, comme je l'avais toujours pressenti, a fini dans les flammes. Le jardin et le manguier que j'avais prévu de cultiver, dans un esprit de défi, sont restés à l'état de rêve non réalisé.

Ce qui fait que nous avons dû mettre tous nos espoirs dans le navire d'approvisionnement. Toutes les six semaines environ, il revenait déposer sur notre île des aliments jugés impropres à la consommation par les Australiens : des boîtes rouillées de légumes en conserve, du corned-beef dont la teneur en lipides devait déclencher une crise cardiaque dans les secondes qui suivaient l'ingestion, des charançons avec un peu de riz ou de farine autour, du caoutchouc que l'on cherchait à faire passer pour de la viande, des « morceaux » de poulet préemballés qui avaient été congelés et décongelés si souvent que chaque emballage présentait des angles droits, des produits alimentaires dont la plupart avaient excédé leur date limite depuis trois à douze mois, le tout vendu à des prix situés bien au-delà des moyens de la majeure partie de la population, hormis les gens prêts à tout pour pouvoir grignoter autre chose que du poisson. Fort heureusement, les Australiens ne lésinaient pas sur la bière, ce qui était une bonne chose, parce que Tarawa Sud avait un prodigieux appétit de bière. En quelques rares occasions, on pouvait se procurer des pommes de terre, des oranges et du fromage, mais il fallait être vif comme l'éclair, parce que certaines épouses d'étrangers, venus aux Kiribati après avoir signé des contrats lucratifs ayant trait à l'aide humanitaire, épouses que nous ne nommerons pas, étaient des accapareuses-nées (oui, vous savez très bien que c'est de vous que je parle). Nous les appelions « les épouses de Bonriki », par allusion au quartier où vivaient la plupart d'entre elles, dans leurs maisons de catégorie A. Néanmoins, parmi les *I-Matang* de Tarawa, une joyeuse pagaille éclatait chaque fois qu'un navire arrivait et que des rumeurs balayaient l'île concernant les sensationnelles denrées comestibles qui attendaient dans les magasins généralement vides.

« Il y a des brocolis au One-Stop ! » Sylvia m'appelait de son bureau pour me communiquer la nouvelle.

« Chut ! Ne dis pas des choses pareilles.

— File immédiatement, je te dis ! »

Et je pédalais comme un furieux, et j'arrivais, inévitablement, pour voir une des épouses de Bonriki — des femmes qui appelaient les I-Kiribati « les noirs », des mégères dures à cuire que l'on n'aurait jamais dû autoriser à quitter la banlieue d'Adélaïde — sortir d'un pas décidé du One-Stop avec la cargaison entière de brocolis, les dernières pommes de terre, les seules oranges et tous les paquets de cheddar australien qui n'étaient pas encore moisis. Et moi, je restais à mariner dans ma bile, les mains vides une fois de plus. Je leur souhaitais tout le mal que je pouvais.

C'était le navire — ou plutôt Le Navire, avec des majuscules — qui vous permettait de survivre à Tarawa-Sud, sinon toujours grâce à ce qu'il apportait, en tout cas grâce à ce qu'il promettait. Bien souvent, nous souffrions d'authentiques disettes de produits de base — riz, farine, diesel — et seule l'assurance qu'à un moment donné, dans un futur prévisible, nous serions réapprovisionnés nous aidait à tenir le coup. En attendant, je traquais les bonnes surprises dans notre magasin de proximité, la supérette Angirota, qui, en dépit de sa modeste façade en parpaings, représentait à elle toute seule le système de la libre entreprise aux Kiribati. Il y avait à Tarawa cinq *I-Matang*, des résidents à long terme, mariés à des épouses I-Kiribati, qui avaient monté leurs propres affaires — le One-Stop, la quincaillerie de Betio, un marchand de voitures d'occasion, le garage Yamaha Motors, et une entreprise de peinture d'enseigne et de réparations électriques —, mais la supérette Angirota était la seule affaire, la seule véritable affaire, gérée par des I-Kiribati. Toutes les autres boutiques de Tarawa étaient des coopératives dirigées par le gouvernement, où l'on avait autant de chances de trouver sur les étagères un rat mort qu'une denrée comestible, même si, de temps à autre, on pouvait faire au Nanotasi des trouvailles étonnantes : par exemple, un mur entier consacré à une exposition d'adoucissants pour le linge, ce qui ne manquait pas de sel, vu qu'il n'y avait pas un seul sèche-linge à Tarawa. Pas un. J'ai vérifié.

En revanche, à la supérette Angirota, on pouvait trouver sept enregistrements différents de *La Macarena*, ce qui pourrait à vrai dire fournir un argument contre le capitalisme, mais je dois dire que j'admirais cette attitude du genre « Si les gens aiment ça, ils en auront ». Aux Kiribati, c'était une attitude subversive. Cela dit, même à la supérette Angirota, il existait des limites à ce qu'on pouvait faire pour améliorer la gastronomie locale. L'endroit était équipé d'un comptoir derrière lequel étaient présentés les aliments disponibles — thon en boîte, thon sauce tomate en boîte, corned-beef en boîte, curry de poulet Ma-Ling en boîte, « biscuits secs », boisson énergétique en poudre, lait en poudre, beurre de cacahuète de la marque Sanitorium. C'était, en somme, assez peu différent des victuailles que l'on aurait pu trouver sur un navire anglais aux alentours de 1850. Il y avait un réfrigérateur avec une porte en verre, où étaient entreposées des cannettes de bière Victoria Bitter, du lait UHT, du jus de fruits pomme-canneberge et, de temps à autre, des choux fanés. Dans une espèce de garde-manger en bois, muni d'une porte grillagée, on pouvait voir six miches de pain blanc vaguement sucré. Outre la collection d'enregistrements de *La Macarena* mentionnée plus haut, on pouvait aussi acheter *A Techno Christmas*, *Chansons d'amour de la Mélanésie*, *Big Band Celebration* et ce qui m'a paru être les œuvres complètes de Wayne Newton.

La routine ne variait pour ainsi dire jamais. La femme qui tenait la boutique était affalée sur le comptoir, dans une posture qui me rappelait les assommants jours de classe d'antan, où l'ennui s'infiltrait sournoisement et où lentement je me penchais en avant, m'étirais pour renifler l'odeur d'ammoniaque de mon pupitre, rêvassant, jusqu'au moment où le morceau de craie ou le tampon effaceur qu'un enseignant pondéré avait expédié dans ma direction atteignait son but. J'entrais dans le magasin en lançant un cordial « *Mauri* » (« salut ») et, déployant une énergie colossale, elle se soulevait du comptoir et haussait les sourcils. L'anglais était une des langues officielles des Kiribati, si bien que je continuais dans la foulée mon petit laïus. « Il y a des fruits aujourd'hui, pommes, oranges, fraises, quelque chose, n'importe quoi ? » Son front se ridait, ce qui voulait dire non. « Et du pain, un bâtard rustique, une miche de pain de campagne, du pain de seigle juif, peut-être ? » Elle fronçait le nez et indiquait de la tête le garde-manger où étaient entreposées les miches, infestées de charançons, qui passaient pour du pain à Tarawa. Il s'agissait, au mieux, d'un étouffe-chrétien. Je demandais du beurre de cacahuète et elle haussait les sourcils en signe d'acquiescement. Du jus de pomme-canneberge ? Les sourcils étaient de nouveau mis à contribution. Bien entendu, une fois rentré à la maison, je découvrais que la date limite du jus était dépassée depuis trois mois et que le pot de beurre de cacahuète contenait une colonie de fourmis embaumées dans une espèce de bourbier poisseux agrémenté de morceaux d'arachides. Le jus serait bu, les fourmis seraient extirpées tant bien que mal du bourbier, les charançons arrachés du pain, le sandwich au beurre de cacahuète serait mangé et je serais fier comme Artaban à l'idée que j'avais su trouver un casse-croûte où le poisson n'avait aucune part.

Il était difficile, cependant, de passer une journée entière sans en consommer. C'était presque toujours du thon, soit de la bonite à ventre rayé, soit, de préférence, de l'albacore ou thon jaune. Un poisson, disons d'une soixantaine de centimètres, coûtait *grosso modo* cinquante *cents* américains, et cet achat constituait le summum de mes pérégrinations à bicyclette. À ce moment-là, parce que j'avais tendance à pédaler sur un rythme soutenu et parce qu'il faisait toujours chaud — ça, je ne le soulignerai jamais assez —, j'étais généralement en nage, pas en nage comme peuvent l'être les Occidentaux après une bonne petite séance dans un gymnase climatisé, mais baigné de sueur façon Humphrey Bogart dans *The African Queen*, ruisselant, et la raison pour laquelle j'en parle, c'est qu'il est vraiment difficile, pour ne pas dire quasi impossible, de naviguer à vélo le long d'une route encombrée de cochons, poulets, piétons et minibus, tout en tenant un grand poisson mouillé dans une main qui transpire. Mes efforts amusaient les femmes qui me vendaient le poisson. Au début, j'étais novice dans l'art d'acheter ces bestioles et je passais beaucoup de temps à piétiner de glacière en glacière, tâtant le poisson du doigt, étudiant les yeux, humant l'odeur marine, autant de choses qui déchaînaient l'hilarité et les caquètements des marchandes de poisson, dont c'était quand même le métier. En outre, le fait que je restais là trempé de sueur de la tête aux pieds, parce que j'avais fait de l'exercice, concept tout à fait inconcevable aux Kiribati, confirmait que j'étais un imbécile qui méritait amplement qu'on se paie sa tête. Quand je les accusais d'être *tokonono* (coquines), elles hurlaient de rire.

Une fois mon poisson choisi et payé, fort de la conviction que mon existence à Tarawa faisait la joie d'une infinité de gens, je me remettais en selle, un thon pendant au bout d'une de mes mains, les nageoires caudales prises en tenaille entre mon index et mon majeur, et je partais en zigzaguant de façon précaire jusqu'au moment où j'avais pris assez d'élan pour continuer en ligne à peu près droite, m'armant de courage pour franchir les fourches caudines. En effet, il était toujours tout à fait palpitant de passer à vélo devant plusieurs centaines de chiens furieux, affamés, émaciés, galeux, en brandissant un poisson devant leur museau. Le secret, c'était de pédaler très, très lentement, avec sournoiserie, surtout lorsqu'on avait affaire à une meute. En aucun cas, il ne fallait établir un contact oculaire. Et ne jamais les laisser sentir votre peur. Ce savoir n'a, bien sûr, rien d'intuitif. J'ai dû abandonner trois poissons aux crocs écumants de ces démons de l'enfer avant de comprendre qu'une meute de chiens affamés avancera toujours plus vite qu'un cycliste tenant son guidon d'une main et se servant de l'autre pour balancer un poisson comme une massue, tactique qui s'est révélée d'une remarquable inefficacité, même si elle laissait les spectateurs pliés en deux d'un rire tonitruant. Je suis sûr qu'ils en parlent encore aujourd'hui.

Une fois en sécurité à la maison avec un poisson intact, je me mettais en devoir de le préparer. Crac, je faisais sauter la tête. Puis la queue. Le couteau éventrait ensuite la bête. J'arrachais la peau. Je parais de mon mieux la chair sombre et sanguinolente, je sondais les trous laissés par les vers et si je n'y trouvais aucune bestiole, je me farcissais un petit casse-croûte de thon cru. Venait ensuite la question : que vais-je faire de mes pavés de thon ? Comment les accommoder sur l'assiette, si l'on veut ? Sylvia risquait de demander si la mayonnaise que j'avais achetée pour une salade de thon était vraiment sans danger, compte tenu du fait que la date limite avait expiré six mois auparavant. Elle la reniflait et supputait les différentes possibilités : « Je n'arrive pas à décider si elle est mauvaise parce qu'elle est périmée ou parce qu'elle est australienne. » C'était une de ses grandes haines, la mayonnaise australienne, mais si elle n'était pas rance, nous finissions par la manger. Si j'avais pu me procurer deux ou trois tomates, je faisais une tortilla dans les règles, puis je grillais le thon et nous dégustions des tacos au poisson. Lorsque nous avons enfin réussi à obtenir du yaourt à partir d'un ferment que se transmettent les *I-Matang* entre eux, comme s'il s'agissait d'une force de vie sacrée, j'enduisais le poisson de yaourt, puis je le parsemais de la poudre de curry que nous avions découverte dans les profondeurs du placard de la cuisine. Nous mangions le thon sauté, frit, grillé, bouilli, cru. Nous avions même du carpaccio de thon. La seule question qu'on ne posait jamais, c'était : « Qu'est-ce qu'on mange au dîner ? » Jusqu'au jour où…

Le thon a disparu. Comme ça. J'ai parcouru Tarawa Sud à vélo sur toute sa longueur, en quête de thon. Mais il n'y avait rien. Rien d'autre que le redoutable et redouté poisson salé et quelques requins. On aurait dit que des filets géants s'étaient soudain abattus pour prendre jusqu'au dernier thon de la zone de pêche de Tarawa. Et on l'aurait dit parce que c'était justement ce qui s'était passé. La flotte de pêche coréenne s'était rassemblée dans le lagon de Tarawa afin de charger ses prises à bord d'énormes navires-usines. Une fois vides, les chalutiers s'étaient aussitôt mis en devoir de nettoyer les eaux autour de Maiana et d'Abaiang, c'est-à-dire dans les zones de pêche qui approvisionnaient Tarawa. Je les voyais de la maison, des machines à pêcher géantes, aux silhouettes industrielles ; la dernière fois que j'en avais vu de pareilles, c'était dans le New Jersey et j'imaginais sans peine l'effet de leur sillage sur les pirogues du lagon. Il était abject de la part du gouvernement des Kiribati d'autoriser de tels agissements. Dans la zone économique exclusive de ces îles, il y a plus de cinq millions de kilomètres carrés d'océan où peuvent venir pêcher les chalutiers, et on les autorisait à venir piller les cinquante kilomètres carrés d'où la moitié de la population du pays tirait sa subsistance, ce qui démontrait une fois de plus, s'il en était besoin, la nullité et la lamentable corruption des dirigeants. Les marchandes de poisson étaient maussades. Tous les jours, elles arrivaient avec quelques poissons du récif ou du lagon ; c'était tout ce que leurs maris, frères et pères avaient pu prendre, à présent que les poissons d'eau profonde, les poissons que l'on pouvait consommer avec une confortable probabilité de ne pas se bousiller l'estomac, avaient été capturés et emportés vers les conserveries de Corée. D'ordinaire, nous parvenions à surmonter ces convergences périodiques de l'imbécillité et de la malchance, mais au cours de ces semaines où le thon est venu à manquer, un événement d'une ampleur cataclysmique nous est tombé dessus, un événement qui a mis en danger notre envie de vivre. Notre source de bière s'est tarie.

Le choc a été rude. Tarawa Sud était tout à fait dépendante de la bière. Et ce parce qu'une importante proportion de la population masculine souffrait de ce que les gens un peu trop enclins à juger leur prochain appelleraient volontiers un problème d'alcoolisme. Le vendredi, jour de paye, il était impossible de circuler en voiture à Tarawa, pas simplement parce que tous les conducteurs étaient beurrés, mais parce qu'un fort pourcentage de la population masculine gisait en plein milieu de la route, reprenant son souffle ou, pour ceux qui préfèrent appeler un chat un chat, ivre mort. Ces soirées étaient en général très animées et je veillais à avoir toujours un grand coutelas à portée de main. J'étais désormais beaucoup plus mesuré dans ma façon de penser à Kate et à son expérience aux Kiribati. La charpente de contreplaqué qui donnait sa pente au toit de notre maison était littéralement criblée d'énormes trous ; autant de vestiges de toutes les tentatives d'entrée par effraction qu'elle avait subies. La plupart des moustiquaires avaient été fendues par des voyeurs qui sans faire de bruit introduisaient un bâton pour écarter les rideaux. Cela n'arrivait plus si souvent, à présent qu'un homme, en l'occurrence moi, s'était installé dans la maison, mais il y avait quand même des rechutes et, de temps à autre, quand je sortais fumer tranquillement une cigarette, je découvrais un abruti le nez à la fenêtre, regardant avec concupiscence Sylvia en train de lire. Ça me rendait dingue, et sous l'effet d'une giclée d'adrénaline et de colère, je donnais souvent la chasse, en balançant avec fureur des pierres et des invectives, pour compenser la lenteur de mes pieds, encombrés de tongs, qui m'empêchaient de rivaliser avec les pieds nus et calleux du pervers que je venais de surprendre. Personne n'aurait osé rôder autour de la demeure d'un I-Kiribati, mais nous autres, *I-Matang*, passions pour des proies légitimes, privés que nous étions de la protection de notre famille et de notre clan. J'espérais vivement rattraper un de ces sagouins, mais si je sentais qu'ils étaient saouls, je regagnais la maison sans insister, fermais la porte à clef et empoignais la machette. Sobres, les I-Kiribati du sexe fort sont dans l'ensemble doux et timides, de braves gars s'il en est, mais dès qu'ils ont un coup dans le nez, on dirait qu'une barrière cède — appelons cela leur raison — et ils deviennent les créatures les plus terrifiantes de tout le Pacifique.

Les gens du dehors semblent penser que les Samoans sont les insulaires qu'il y a lieu de craindre le plus. Demandez donc aux habitants du Pacifique et ils vous diront que l'insulaire le plus méchant, le plus coriace, le plus effrayant, est l'I-Kiribati pris de boisson. Il existe même un mot pour définir ce qui advient lorsqu'un I-Kiribati perd la tête et tout semblant de retenue : c'est le mot *koko*, qui, à mon avis, correspond parfaitement à l'état de folie pure que déclenche l'alcool parmi les I-Kiribati. Donc, le vendredi soir, jour de paye, j'adoptais ce que j'avais de mieux en guise d'expression sous-entendant « Faut pas me faire chier » et je m'assurais que l'aérosol de défense au poivre de Sylvia fonctionnait bien. Ces soirs-là, les chiens du voisinage travaillaient dur.

Cependant, en dépit de tels excès, je me suis aperçu que j'aimais bien l'atmosphère bon enfant qui régnait à Tarawa, du genre « pourquoi se gêner, si on se prenait une autre bière ? ». Elle était agréablement différente du côté prout-ma-chère qui caractérise la vie dans les quartiers nord-ouest de Washington. Aux Kiribati, les dirigeants politiques affichaient des dispositions qui n'avaient rien à voir avec celles des ogres de la capitale américaine. Lors d'une réception officielle, j'ai demandé au ministre de la Santé pourquoi les cigarettes étaient si bon marché aux Kiribati. Nous avions chacun une cigarette dans une main et une cannette de Victoria Bitter dans l'autre. « C'est parce que autrement, les gens ne pourraient pas se les payer », m'a-t-il confié, une réponse qui m'a beaucoup plu. Ce jour-là aussi, le secrétaire à la Santé, médecin de formation et politicien de tempérament, nous a pressés d'emporter avec nous quelques bières pour le trajet du retour. « J'ai toujours plaisir à boire un petit coup en route », a-t-il précisé, en agitant la main. D'aucuns trouveraient peut-être la chose répréhensible, mais moi, je trouve que cette attitude « et puis merde, pourquoi pas, après tout ? » reflétait une certaine joie de vivre. La consommation quotidienne de plusieurs cannettes de Victoria Bitter a fini par faire partie intégrante de mon bien-être, ce que l'on peut imputer au fait que je suis d'ascendance mi-hollandaise mi-tchèque, et donc forcément bien disposé envers la bière, mais aussi au fait qu'il est tout à fait délicieux d'engloutir des bières avec la femme de sa vie, assis au bord d'un récif pour contempler les couchers de soleil les plus spectaculaires du monde. En plus de quoi, la bière est, en règle générale, dépourvue de parasites et amplement pourvue de calories, deux caractéristiques fort utiles à Tarawa.

On imagine donc mon désespoir lorsque je me suis pointé à la supérette Angirota pour acheter un pack de six cannettes et que je me suis retrouvé devant un réfrigérateur où la bière brillait par son absence. « *Bia ?* » ai-je demandé avec espoir, en me servant du vocable I-Kiribati, lequel sonne tout à fait comme son homologue australien, *beer*. « *Akia* », m'a-t-on répondu. *Akia* est le mot le plus employé de toute la langue I-Kiribati et on peut le traduire, en gros, par l'adjectif « introuvable ». Les mots *akia te bia* sont les plus douloureux que j'aie jamais entendu prononcer. Le propriétaire du magasin, Buorere, un solide gaillard qui pouvait se vanter de posséder les plus chouettes rouflaquettes de ce côté-ci de la ligne de changement de date, était aussi abasourdi que moi. En sa qualité d'unique capitaliste de l'île, il avait sans doute conscience des ravages que le manque de bière allait exercer sur sa marge bénéficiaire.

« Qu'est-ce qui s'est passé ? lui ai-je demandé.

— L'île de Kiritimati, a-t-il grommelé d'un air sombre. Ils ont envoyé la bière à Kiritimati. »

Cette île se trouvait approximativement à cinq mille et quelques kilomètres à l'est de Tarawa. L'espoir de voir ses habitants nous renvoyer notre bière était des plus minces. À l'occasion d'un de ces coups foireux qui paraissaient typiques de la vie aux Kiribati, la cargaison de bière à destination de Tarawa avait été livrée par mégarde dans un coin encore plus isolé du pays. Laissant tomber ma loyauté envers la supérette Angirota, j'ai aussitôt foncé dans toutes les coopératives de l'île en quête de bière. Il n'était quand même pas possible que le gouvernement n'ait pas constitué des réserves de bière, cachées et bien gardées, susceptibles d'être aussitôt mises en circulation en cas de crise aiguë. *Akia te bia*, m'a-t-on répondu, encore et encore. Il n'y avait pas à dire, il fallait sérieusement revoir la planification.

Je me suis rabattu sur l'Otintaii Hotel, où tous les vendredis les volontaires européens et australiens se réunissaient à l'occasion de la soirée TTR (Tarif Très Réduit), pour une consommation immodérée de boissons fortes.

Akia.

C'était monstrueux. Il ne pouvait pas ne pas y avoir de bière quelque part sur l'île, me suis-je dit. Tarawa sans bière n'avait pas de sens commun. Sans bière, la vie sur cet atoll ne valait pas la peine d'être vécue.

« Tu as essayé le Betio Saloon ? » m'a demandé Sylvia. Avant d'arriver à Tarawa, elle n'était pas une grosse buveuse de bière, mais après quelques mois de présence, elle s'était adaptée aux mœurs locales. Désormais, elle avait appris à écraser les cannettes vides contre son front. Non, attendez, là, je vous raconte des craques, mais elle avait acquis un certain goût pour la bière blonde et, même si elle n'était pas aussi traumatisée que moi à la perspective de vivre à Tarawa sans bière, il ne faisait aucun doute pour elle que l'absence de bière représentait une baisse sensible de la qualité de la vie sur notre île. S'il restait une goutte de bière à Tarawa, elle se trouverait sûrement chez les pochetrons du Betio Saloon, une cabane en tôle d'une seule pièce, au cœur même de Betio, où l'on pouvait compter retrouver la lie des *I-Matang*.

« Putain, mon pote, tu parles d'une tragédie », me dit Big John, un des propriétaires.

Akia. Putain, oui, une tragédie, ai-je acquiescé.

« Va falloir qu'on fasse venir quelques caisses par avion », a-t-il repris. Big John, qui vivait à Tarawa depuis vingt et quelques années, était un homme d'action. C'était une qualité que j'admirais. Bientôt l'île entière parlait de Big John, qui avec son mètre quatre-vingt-seize était de loin le plus grand habitant de l'île : *Big John va faire venir trois cents caisses de Nauru par avion.*

Nous avons attendu. Cinq semaines allaient passer avant le retour de la bière à Tarawa, par l'entremise d'un avion d'Air Nauru chargé jusqu'à la gueule. Sombres journées que ces journées-là. Paisibles aussi, certes, mais c'était loin de suffire à compenser la sourde douleur d'une soirée sans bière.

Assise devant un bol de riz, d'où elle extirpait les charançons un par un, Sylvia a lancé de but en blanc : « De l'avocat. »

J'avais horreur de ces petits jeux ; ils déclenchaient tant de désirs.

« Des myrtilles, ai-je dit.

— Des bagels, a-t-elle continué.

— Avec du saumon fumé et du fromage à la crème.

— De la soupe pomme-poireau.

— Des asperges.

— Des *antipasti*.
— Du risotto.
— De la salade. Une vraie salade.
— Un steak. Grillé, cuit à point.
— De la bière.
— Anchor Stream.
— Harp.
— Bitburger.
— Duvel. »

Un soupir.

« Tu veux encore un peu de riz ? »

8

Où l'auteur continue de creuser le thème de l'absence, lequel constituera d'ailleurs le fil rouge tout au long du récit, car c'est un sujet sur lequel il y a vraiment beaucoup à dire, mais ici l'accent sera mis sur l'eau et l'électricité (vues sous l'angle de l'absence).

Avant de partir m'installer aux Kiribati, je n'avais jamais passé beaucoup de temps à me pencher sur les infrastructures. Si l'on m'avait demandé d'où venait l'eau potable, j'aurais répondu du robinet, bien entendu. Et la provenance de l'électricité restait aussi un mystère. La foudre, je ne sais trop comment, y jouait un rôle, ainsi qu'un cerf-volant, une clef et des hommes en habits qui emmagasinaient fort commodément la force électrique à l'intérieur des murs. Tout cela a changé lorsque j'ai remarqué, non sans inquiétude, que l'eau ne coulait plus du robinet. J'avais hésité à regarder à l'intérieur des citernes, redoutant de savoir ce qui nous attendait, mais un jour le bruit sec et rauque de notre pompe à eau m'a contraint à faire le point. À l'intérieur des citernes, le fond était recouvert d'une épaisse couche de boue, avec des vestiges de feuilles d'ortie et d'insectes. Sur les parois, j'ai vu plusieurs silhouettes de geckos se détacher en relief, telles que les avait laissées leur lente décomposition dans notre provision d'eau. Ne sachant pas quoi faire, mais éprouvant néanmoins le besoin de me rendre utile, je me suis introduit tant bien que mal à l'intérieur d'une des citernes, avec une pelle et un seau, et j'ai entrepris de la nettoyer. Cette initiative occupe un rang extrêmement élevé dans la liste des conneries inimaginables que j'aie pu faire dans ma vie. Il était presque midi et le soleil avait transformé la citerne en four, où j'ai été cuit et même biscuit, jusqu'au moment où j'ai fini par suffoquer et par me hisser hors de cet enfer, avec le peu de forces qui me restait, pour me mettre à vomir. J'ai titubé jusqu'à la douche, en me disant que l'eau froide me ferait du bien. J'ai tourné le robinet et rien n'est arrivé, bien entendu, si ce n'est le bruit lugubre de l'air circulant dans la pompe à eau et ma brusque prise de conscience : jusqu'à présent, ai-je songé, les tropiques ne m'avaient pas été salutaires, ni pour le corps ni pour l'âme.

Je me suis aperçu dans le miroir. J'étais repoussant de saleté. Non seulement j'étais enduit d'une épaisse couche de crasse remontant à la nuit des temps, sans doute le genre de merde tropicale qui passionne les détenteurs de diplômes es sciences de la vie et de la Terre, mais je voyais aussi, attachés à mon épiderme, les sombres vestiges de plusieurs geckos. Mais que fabriquaient-ils donc dans nos citernes, tous ces geckos ? Ah oui, ils mangeaient, bien sûr. Ils mangeaient quoi ? Des insectes, pardi ! Et qu'est-ce qui se passe, quand des geckos bouffent des insectes ? Ils font des crottes. Mais qu'est-ce qui avait bien pu tuer tous ces geckos ? Là, je séchais complètement. Au bord de l'épuisement consécutif à un gros coup de chaleur, la seule pensée que je suis parvenu à formuler, une fois de plus, c'était : Et nous, pourquoi on est venus ici ?

La seule chose à faire, c'était d'aller me tremper dans la mer. La marée descendait, mais il restait encore assez d'eau sur le récif pour se baigner, une flaque peu profonde que le soleil avait portée à une température proche de l'ébullition. J'ai parcouru une quarantaine de mètres, jusqu'à être immergé presque jusqu'à la taille, même si l'eau n'était guère plus fraîche qu'au bord, puis je me suis lancé à la nage, savourant le contact de l'eau salée et le sentiment que la sueur et la saleté quittaient ma peau. Après quoi, je me suis retourné vers le rivage. Deux grosses femmes marchaient en direction de la mer. *Ah, non, s'il vous plaît !* Elles tenaient des bâtons à la main. *Ah, non, je vous en prie, pas ça, pitié !* Elles se sont dirigées vers la plate-forme de corail que j'avais baptisée « La plate-forme de corail derrière chez nous où de grosses personnes dont je n'ai aucune envie de voir les fesses vont déféquer ». *Peut-être qu'elles y vont juste pour parler du joli garçon qu'elles viennent d'apercevoir dans le cocotier.* Elles se sont accroupies. *Nooooon.* Et hop, que je relève mon *lavalava*. *Pouah.*

Lorsque je suis enfin rentré chez moi, je me suis aussitôt aspergé avec la moitié du contenu d'une bouteille d'antiseptique, puis, histoire de parachever la catastrophe, j'ai bu notre dernier litre d'eau bouillie. Ensuite, je me suis efforcé de réfléchir de manière constructive au problème de l'eau. À court terme, il faudrait que je trouve de l'eau, n'importe quelle eau ne contenant pas trop de sel, ni de parasites, pour nos besoins courants. À moyen terme, il faudrait que je trouve une quantité d'eau suffisante pour remplir, ne serait-ce qu'en partie, une de nos citernes. Quant au long terme, il faudrait que j'apprenne une des danses qu'on pratiquait sur l'île pour faire venir la pluie. J'ai songé aussi à offrir des sacrifices. Les dieux accepteraient-ils un chien ? J'étais prêt à sacrifier une bonne quantité de chiens du quartier pour avoir de l'eau.

Armé de deux grands jerricans en plastique, je suis parti. Le long de notre petite route se dressaient quelques maisons de bord d'océan, semblables à la nôtre, et de l'autre côté du chemin, on pouvait voir des maisons permanentes plus petites, décrépites, qui me donnaient l'impression d'être fatiguées, épuisées même, par la tâche d'abriter chacune une quarantaine de personnes. Entourant chaque maison, comme des satellites, il y avait les abris coutumiers en bois et chaume, surélevés sur des estrades et en partie fermés par des nattes. Ces abris, à la différence des maisons permanentes et de leurs murs croulants, étaient toujours bien ordonnés et en parfait état. Chacun contenait des corps au repos, la plupart endormis, mais quelques-uns éveillés, occupés à m'observer, à chuchoter avec leurs voisins, à pouffer et à sourire. Deux toutes jeunes filles, vêtues de *lavalava* et de corsages tressés sans manches, de fabrication locale, étaient assises sur le perron d'une maison ; l'une d'elles épouillait la longue cascade de cheveux noirs de l'autre et elle a eu un sourire radieux en me voyant passer. Il y avait des chiens partout, galeux et tachetés, les os faisant saillie sous leur peau marbrée et chauve, dormant dans des trous peu profonds qu'ils venaient de creuser, recherchant la fraîcheur de la terre au-dessous de cette surface qui paraissait crépiter et siffler au soleil.

J'ai hésité à demander de l'eau à qui que ce soit, car je savais que la plupart des gens comptaient sur l'eau des puits et que cette eau était saumâtre et grouillait de parasites, ce qui expliquait sans doute pourquoi tout le monde n'en finissait plus de venir chier sur le récif. Et, en plus, je savais aussi qu'en raison de la sécheresse les puits eux-mêmes étaient souvent presque à sec.

Il existait à Tarawa, je dois le noter, une espèce de système de distribution d'eau. Deux fois par jour, pendant une vingtaine de minutes, de l'eau était pompée à Bonriki et expédiée par canalisation en direction de Betio. La canalisation en question avait été offerte par les bonnes gens d'Australie. Elle était crevée en de si nombreux endroits qu'il était bien rare de voir une seule goutte d'eau arriver jusqu'à Betio. Dans l'absolu, il était illégal de crever la canalisation, mais comme Tarawa était un endroit très surpeuplé et que fort peu de foyers étaient bel et bien reliés au système d'eau courante, les habitants n'avaient pas d'autre solution que de crever la canalisation pour satisfaire leurs besoins d'eau les plus fondamentaux. Cela s'organisait, en général, de façon très méthodique. J'avais même vu des policiers faire la queue avec leurs seaux, attendant leur tour. Quelques *I-Matang*, confrontés à leurs réservoirs vides, avaient pris la décision de relier des pompes à eau portatives au système central, afin d'être bien sûrs qu'au cours de la vingtaine de minutes durant laquelle un filet d'eau circulait dans la canalisation, la presque totalité de ce filet finirait dans leurs propres citernes. Comme la plupart des maisons, la nôtre n'était pas reliée au système d'eau courante, ce qui valait sans doute mieux, car, tout en reconnaissant qu'il est mal, mal, très mal d'accaparer la provision d'eau communale pour satisfaire ses propres besoins, j'aurais sans doute été affreusement tenté de le faire.

Au lieu de quoi, j'ai décidé d'aller me renseigner chez les voisins immédiats qui, comme nous, possédaient des citernes pour l'eau de pluie. La plupart des maisons côté océan étaient gérées par le ministère de la Santé. Nos voisines étaient donc deux Chinoises, toutes deux médecins, l'une psychiatre et l'autre gynécologue. Je m'étais risqué une fois à engager la conversation dans un esprit de bon voisinage — *on dirait qu'il va faire beau aujourd'hui* —, mais je n'avais pas reçu de réponse. J'en avais parlé à Sylvia qui avait fait sa propre tentative. À son retour, elle paraissait perplexe.

« Elles ne parlent pas anglais, m'avait-elle dit.

— Tu crois qu'elles parlent l'I-Kiribati ?

— Non. »

Nous avions réfléchi un moment. La psychiatre constituait à elle seule la totalité des services de médecine mentale dans les Kiribati. On savait qu'elle était en faveur des tranquillisants puissants, à la différence de son prédécesseur qui avait eu, quant à lui, un penchant pour les camisoles de force. Sa camarade était la seule gynécologue du pays.

« Bon, avait dit Sylvia, il est réconfortant de savoir que si jamais une schizophrène parlant le mandarin et souffrant d'une sévère infection vaginale débarque sur Tarawa, elles seront en mesure de lui venir en aide. »

Ça, c'est une des grandes forces de Sylvia : elle est toujours très positive.

J'ai frappé à leur porte. Je m'étais entraîné à mimer ma demande. Pas de réponse. Leur voisin de l'autre côté, chinois lui aussi, était chirurgien. J'ai frappé à sa porte. Pas de réponse. Bien sûr, me suis-je dit, ils travaillent, eux. Au moment où je me détournais pour partir, cependant, la porte s'est ouverte et un chirurgien ensommeillé et chiffonné, vêtu en tout et pour tout d'un caleçon, est apparu, clignant des yeux sous le soleil éclatant.

« Je suis tout à fait désolé de vous déranger ainsi, mais nous vivons juste de l'autre côté de la maison voisine et… enfin, nous n'avons plus d'eau, alors… »

Sans même me laisser finir, il a empoigné mes jerricans, s'est approché d'un lavoir, sur le côté de sa maison, et les a emplis d'eau. « Chaque fois que vous avez besoin d'eau, prenez donc. Pas de problème. » La gentillesse des voisins est une bien belle chose. Malheureusement pour le chirurgien, sa gentillesse n'était pas passée inaperçue et bientôt tout le voisinage allait se servir d'eau chez lui, ce qui explique pourquoi, quelques jours plus tard, son lavoir s'est retrouvé enfermé derrière une clôture grillagée qui allait du sol au toit. J'ai cru comprendre que j'allais devoir trouver d'autres sources.

Fort heureusement, Sylvia avait découvert que l'on pouvait bel et bien acheter de l'eau. Le service public la vendait pour trois dollars le mètre cube. Je suis passé à leurs bureaux et j'ai acheté cinq mètres cubes d'eau, soit de quoi remplir nos deux citernes. J'étais rudement content. Nous avions maintenant assez d'eau pour une année entière, ce qui n'est pas un mince exploit sur un atoll. Le problème, c'était de transporter l'eau du château d'eau, situé à l'aéroport, jusqu'à nos citernes. Quelqu'un aurait-il une idée ? J'ai questionné l'employé du service public. Il a pris son téléphone et, au bout de quelques minutes, il m'a annoncé que, malheureusement, je ne pouvais pas employer pour cette tâche le camion des pompiers. Il était toujours en panne, hélas.

Le camion des pompiers ? Voilà qui allait bien au-delà de mes espérances. C'était comme d'appeler un vétérinaire pour savoir comment traiter les puces de votre chat et de découvrir tout à coup une ambulance accompagnée d'une escorte policière, prête à transporter le minou à l'hôpital. Ma curiosité était piquée, cependant.

« Euh… c'est quoi exactement cette panne ?

— Son réservoir d'eau est hors de service. »

C'était un problème intéressant, s'agissant d'un camion de pompiers sur une île où les bouches d'incendie n'existaient pas. L'unique camion de pompiers de Tarawa n'était plus, depuis longtemps déjà, de la première jeunesse. Il résidait à l'aéroport, lui aussi, où, pour satisfaire aux règlements, on le conduisait jusqu'au bord de la piste à chaque atterrissage et chaque décollage. Le fait qu'il était dans l'incapacité de juguler le moindre incendie n'entrait pas en ligne de compte. Air Marshall et Air Nauru, les deux compagnies dont les vols aboutissaient parfois à Tarawa, tenaient absolument à ce qu'un véhicule de pompiers soit présent, afin d'intervenir en cas d'accident. Or, les autorités des Kiribati étaient l'obligeance même.

L'employé du service public a passé un autre coup de téléphone. J'ai été impressionné par la bonne volonté de tous ces gens. À Tarawa, rien ne marche en dehors du téléphone, lequel, comme Kate ne s'était pas fait faute de le remarquer, était géré par les *I-Matang*, et pourtant tout le monde semblait tout à fait disposé à s'occuper des problèmes d'autrui, ce qui menait à une question étonnante : si tout le monde était prêt à aider, pourquoi l'île de Tarawa était-elle un pareil foutoir ?

L'employé m'a demandé où j'habitais. Il n'y a pas d'adresses à Tarawa. Il n'y a qu'une seule route, qu'on appelle la grand-route, laquelle serpente le long de la moitié de l'atoll, sans le moindre feu rouge, ni même le moindre panneau de signalisation. J'ai décrit l'endroit où j'habitais, et l'employé m'a demandé si c'était la maison verte ou la rose. La verte, ai-je répondu, information qu'il a transmise à la personne, quelle qu'elle soit, à qui il parlait au téléphone. Il a raccroché et m'a dit qu'un camion équipé d'un réservoir à eau allait venir me chercher et transporter l'eau dont j'étais désormais l'heureux propriétaire. Il m'en coûterait soixante-dix dollars.

Le camion était un camion plateau avec un réservoir bleu, du genre qu'on voit souvent dans les zones rurales pour y entreposer les fertilisants, les pesticides et autres substances qu'on ne souhaite pas mélanger à l'eau potable. Sa contenance était d'un mètre cube, si bien qu'il faudrait faire cinq voyages. Le conducteur a grogné. « Peut-être deux voyages aujourd'hui. Trois, une autre fois ».

Je m'en fichais. Tous les matins, j'allais trouver un voisin pour mendier, mes jerricans et seaux vides à la main, et je savais que chaque goutte que je leur prenais les amenait un peu plus près d'une situation pareille à la nôtre. Notre vaisselle restait désormais à peine nettoyée. Nous faisions notre toilette à l'éponge. Il était hors de question de nous laver les cheveux. Nous jetions dans les toilettes des seaux d'eau de mer. Nous continuions de faire bouillir l'eau que nous buvions, mais une minute seulement, pour en perdre le moins possible par évaporation. Et j'étais un désastre ambulant. Tous les insignifiants petits bobos que je me faisais s'envenimaient. Sylvia, elle aussi, s'est retrouvée avec une piqûre de moustique infectée d'où s'est mis à suinter un liquide d'un vert de plus en plus sombre. Il était impossible de lutter contre la faune microscopique de Tarawa sans eau. Nous avions besoin d'eau.

J'ai sauté dans l'habitacle du camion. Nous sommes partis à la recherche d'Abato, le gardien du château d'eau. Il vivait dans le village de Bonriki, où nous l'avons trouvé endormi sur son *kie-kie* (un endroit pour dormir). Le passage du travail au sommeil se faisait tout seul à Tarawa, m'a-t-il semblé. Abato nous a emmenés au château d'eau, il a ouvert la grille, tiré un tuyau entre l'édifice et le camion et brusquement de l'eau a jailli dans le réservoir. Mon eau. Attention, n'en renversez pas une goutte, avais-je envie de lancer entre mes dents, tandis que le conducteur s'efforçait de diriger le jet à l'endroit adéquat. Le réservoir n'avait pas de couvercle et, tandis que nous retournions chez moi, chaque nid-de-poule, chaque virage, tout ce qui pouvait faire couler le précieux liquide hors de son habitacle me faisaient frémir.

« Vous avez une pompe ? m'a demandé le conducteur.

— Hein ?

— Une pompe à eau. Il va falloir pomper l'eau.

— Vous n'avez pas de pompe, vous ? en ai-je déduit aussitôt.

— Non. »

Nous en avions une, de pompe, mais elle était solidement fixée à sa place et raccordée aux tuyaux qui alimentaient la maison à partir de nos citernes. Nous l'avons contemplée.

« Vous ne pensez pas... ? ai-je commencé.

— Non, je ne pense pas », a dit le conducteur.

Plantés là comme des piquets, nous avons parcouru des yeux à d'innombrables reprises la distance entre le camion et les citernes. Nous étions si près du but. Il nous a fallu tout l'après-midi pour trouver une pompe que l'on pourrait emprunter ou louer, et quand nous l'avons enfin dégotée, à la seule quincaillerie de Tarawa, il faisait déjà presque nuit. Et puis, au moment où nous mettions en route la pompe portative et où l'eau commençait à couler dans notre citerne, une ombre est passée au-dessus de nous, le ciel s'est obscurci, j'ai senti une goutte d'eau, puis une autre, et bientôt un véritable déluge s'est abattu, une de ces averses tropicales comme l'île n'en avait pas vu depuis plus d'un an. Je me suis transformé en être primitif — homme besoin eau, homme avoir eau — et j'ai foncé tout autour de la maison pour examiner la gouttière qui allait déverser cette belle eau de pluie bien propre et douce dans nos citernes ; avec une profonde horreur, je me suis aperçu qu'elle était trouée par la rouille et que toute cette eau si précieuse s'écoulait sur le sol. J'ai couru à l'intérieur, attrapé une chaise et un cahier, et pendant les huit minutes qu'a duré l'averse, je suis resté sous la gouttière contre laquelle je pressais le cahier, afin de combler le vide, reconnaissant que lorsqu'on réduit la vie aux besoins essentiels, c'est l'eau qui vient en premier.

Quand la pluie a cessé, le conducteur souriait. « Peut-être que demain il pleuvra encore. »

Mais il n'a pas plu le lendemain, ni le surlendemain, ni au cours des semaines suivantes. Il n'a pas plu pendant des mois. Tarawa est restée assoiffée. Le camion a été mis en indisponibilité permanente et nous n'avons jamais vu les quatre autres mètres cubes d'eau. Nous suivions le cours de notre eau comme d'autres suivent celui de leur argent. Et c'est alors, bien sûr, que l'électricité s'est mise à foirer.

Au début, ce n'était pas épouvantable. Tous les deux jours, pendant quelques heures, les ventilateurs au plafond s'arrêtaient de tourner, la pompe à eau s'immobilisait, et mon ordinateur restait éteint, ce qui n'était pas plus mal, d'ailleurs ; vous imaginez un peu le drame si l'inspiration était venue frapper à ma porte et que j'eusse terminé mon roman en un mois ou deux. Qu'est-ce que j'aurais trouvé à faire, alors ? Non, il valait mieux prendre mon temps.

Mais bientôt, l'électricité a cessé de fonctionner pendant plusieurs jours de suite, et pour y voir la nuit, nous dépendions de lampes tempête à kérosène, lesquelles sont extrêmement utiles et faciles à faire marcher, sauf quand vous tournez l'espèce de petite molette dans le mauvais sens et faites ainsi disparaître la mèche dans le réservoir à kérosène ; et comme il fait noir, bien sûr, vous ne voyez pas ce que vous faites et votre petite amie, c'est inévitable, se tient auprès de vous et s'écrie : « Comment, encore ? », et vous lui rappelez que dès le début de vos relations, vous avez été d'une parfaite honnêteté sur le chapitre de vos compétences de bricoleur.

Ce qui était plus perturbant que les questions de lumière et plus irritant que de charrier des seaux d'eau de la citerne jusqu'à la maison, c'était d'essayer de dormir sans le ventilateur, que nous étions en temps normal obligé de mettre en mode ouragan si nous voulions qu'il fasse assez frais pour dormir. Une maison en parpaings est peut-être fort utile dans les steppes de Sibérie, mais c'est moins vrai quand on habite un atoll entièrement privé d'électricité sous l'équateur. La chaleur nous rendait fou. Des ruisseaux de transpiration coulaient le long de nos corps. Quand je me tournais, Sylvia s'écriait : « Non, tu es trop près. Ne me touche pas. » Tout au long de la nuit, que n'adoucissait plus le ronron d'un ventilateur en marche, les vagues, le vacarme que faisaient les vagues en se brisant, du genre tremblement de terre, nous donnaient des palpitations. Et pendant ce temps, en l'absence de nos courants d'air nocturnes, les moustiques se payaient quelques petits vols de reconnaissance, nous obligeant à nous asséner des claques si fréquentes que nous étions au bord du K.-O., jusqu'au moment où ils commençaient à s'alimenter et où, à mesure que la nuit avançait, un certain tempo était établi — *bzzz-clac-gratte, bzzz-clac-gratte*.

Et ensuite, les fourmis sont arrivées en rangs serrés. À ce qu'il semble, elles se sont trouvées à l'étroit dans le mortier extérieur de la maison, où elles avaient pris leurs quartiers, si bien qu'elles ont creusé de leur mieux et qu'à un moment donné nous nous sommes aperçus qu'il fallait partager la maison avec un milliard de fourmis. Lors de cette aube fatale, je me suis réveillé en hurlant, piqué par des centaines de bestioles qui m'escaladaient de partout, mais qui curieusement laissaient Sylvia tranquille, ce qui en dit peut-être long sur l'état physique dans lequel je me trouvais alors. Mais au moment même où Sylvia commençait à se dire que l'évident magnétisme que j'exerçais sur le monde des insectes allait la sauver des visites de toutes ces créatures de la nuit, elle s'est aperçue qu'elle avait un scarabée dans l'oreille. Elle a voulu aussitôt m'annoncer la nouvelle, quoi de plus naturel, et je dois dire qu'elle l'a fait avec un sang-froid remarquable : « Tiens, j'ai un insecte dans l'oreille », a-t-elle dit, ce qui était parfaitement vrai. C'était un scarabée rhinocéros, qui creusait en direction de son cerveau, si bien que Sylvia m'a prié de l'évacuer au plus vite. Mais ça n'a pas été simple. J'ai essayé de projeter de l'eau qui l'entraînerait en ressortant de l'oreille, mais le petit salopard s'est cramponné, donc il a fallu procéder à la pince à épiler et je suis à peu près sûr d'avoir sorti à peu près tous les bouts. Quand je me suis mis à me demander s'il avait eu le temps de pondre, Sylvia n'a pas trouvé ça drôle du tout.

Cependant, tout n'était pas catastrophique. J'ai noué une solide amitié avec Buebue, qui était l'électricien en chef de Tarawa. Aux États-Unis, quand on appelle… ma foi, à peu près n'importe quelle entreprise pour n'importe quelle raison, on pique inéluctablement une crise de nerfs au bout de trois tentatives qui vous mettent aux prises avec le service clientèle téléphonique automatisé (« pour mieux vous servir »), avec ses dix-huit heures d'attente au bout du fil (« votre appel est très important pour nous »), à l'issue desquelles on finit par être mis en relation avec les abrutis mal embouchés que le monde des entreprises américaines aime à employer pour assurer ses relations avec la clientèle. Et chacun sait que l'expérience endurée lorsqu'on cherche à joindre un service public du gouvernement américain est la principale raison qui incite les gens à soutenir la milice du Montana et d'autres organisations paramilitaires du même acabit. À Tarawa, en revanche, un simple appel à la centrale électrique pour savoir s'il y aurait bientôt un peu d'électricité parvenait directement à l'homme qui savait tout, c'est-à-dire Buebue, même pendant ses jours de congé, puisqu'on me disait alors de l'appeler chez lui. Buebue était une espèce d'oracle. S'il disait que la lumière serait, eh bien, la lumière était. Et s'il disait que tout resterait dans le noir, l'obscurité persistait. Et il ne racontait pas n'importe quoi, en plus. Il disait les choses exactement comme elles étaient, ce qui au début m'a laissé éberlué, par exemple le jour où il m'a dit qu'il n'y aurait pas d'électricité ce soir-là parce qu'on avait oublié d'apporter le diesel, ou celui où les techniciens étaient trop saouls pour qu'on leur confie le générateur, ou celui où il ne savait absolument pas pourquoi le générateur ne marchait pas, mais il était à peu près sûr qu'il ne remarcherait pas de sitôt, ou encore le jour où — événement pénible entre tous — la centrale électrique de Betio a pris feu, réduisant de moitié les capacités électriques de Tarawa, et où on a su que les pièces détachées n'arriveraient pas avant 2012. Mais très vite, j'ai trouvé que sa brutale franchise avait son charme.

Et en plus, c'était un type adorable, qui demandait toujours des nouvelles de Sylvia et qui me remerciait du fond du cœur de m'inquiéter de ses enfants ; si bien que je me suis fait l'effet d'être un véritable Judas la seule fois où j'ai abusé de sa gentillesse innée. À l'époque, nous étions soumis à des black-out tournants, les divers quartiers de l'île restant chacun son tour dans l'obscurité ; or nous avons appris, nouvelle ô combien excitante, que des amis australiens, travaillant à Tarawa en tant que volontaires, venaient de recevoir par la poste un paquet dans lequel se trouvait une vidéo de l'enterrement de la princesse Diana, dont la mort avait profondément attristé notre île. Je ne saurais, je crois, donner trop d'importance à ce que représentait ce vestige de notre propre univers — vous pensez bien, Elton John, et tout ça —, d'autant plus que nous nous sentions alors particulièrement isolés des grands événements mondiaux. Donc, nous nous sommes aussitôt mis en quatre pour nous procurer un téléviseur et un magnétoscope et pour organiser une soirée à laquelle ne manqueraient ni les scones, ni la confiture, ni une bouteille de xérès hautement prisée ; certains trouveront peut-être l'idée morbide, mais à nos yeux cette vidéo était une espèce de talisman qui nous reliait aux gens que nous aimions, et il fallait fêter ça. Bien entendu, l'électricité a été coupée juste au moment où je m'apprêtais à appuyer sur le bouton de mise en marche, ce qui nous a causé une amère déception et m'a incité à appeler Buebue. Je lui ai expliqué que la communauté *I-Matang* se trouvait réunie chez nous, où elle s'était ainsi massée pour pleurer la princesse Diana, et serait-il possible, s'il te plaît, je t'en conjure, d'avoir un peu d'électricité, surtout que nous attendions le résident général d'Australie ; ce n'était pas vrai du tout, car celui-ci était un imbécile cul-serré qui faisait autant de foin que s'il avait été en poste à Londres plutôt qu'à Tarawa, affectation qui, entre nous soit dit, annonce sans équivoque à un diplomate la fin de sa carrière. Cela ne m'a pas empêché de prononcer son nom, cependant, parce que le budget du gouvernement des Kiribati est presque entièrement constitué par l'aide des Affaires étrangères australiennes et il me paraissait donc probable que le service public pourrait se laisser intimider si je mentionnais le résident général australien et son besoin d'une soirée fonctionnant à l'électricité. Je ne me trompais pas, semblait-il, et nous avons pu regarder, pleurer et hasarder des hypothèses concernant Dodi, tandis que le reste de l'île restait dans le noir. Depuis, la culpabilité me ronge.

9

Où l'auteur cherche à apprendre de Tiabo comment aborder avec sagesse les mœurs en vigueur à Tarawa.

Dans mon jeune temps, je me trouvais souvent embringué dans des conversations commençant par la phrase : *Si t'étais coincé sur une île déserte, quels seraient les dix...* Et ensuite on passait des heures à faire la liste des dix meilleurs disques, ou livres, ou — ayant découvert les illusions de l'adolescence — filles, dont nous aurions besoin pour faire de ce séjour sur une île déserte une expérience agréable ; il s'agissait d'éléments absolument essentiels, du genre « on ne peut pas vivre sans ». À mesure que les années passaient, les listes changeaient. Iron Maiden, finalement, on pouvait s'en passer, mais pas The Smith, lesquels ont pourtant été bientôt délaissés pour faire de la place à Massive Attack. Après avoir éliminé Elizabeth, puis Carla, puis Becky, j'ai choisi la femme avec laquelle je voulais vivre sur une île déserte, ce qui ne laissait plus à sélectionner que les livres et les CD. En faisant mes bagages, j'avais une conscience aiguë de l'importance que revêtait la mise au point d'une sélection parfaite, car je voulais être sûr d'avoir avec moi, quelles que soient mes envies musicales ou littéraires, juste ce dont j'aurais besoin, là-bas, sur mon île déserte. Tarawa n'était pas vraiment déserte, je vous l'accorde. À vrai dire, l'endroit était plutôt surpeuplé. Mais il n'y avait ni librairie ni magasin de disques, donc j'ai fait mes bagages comme si je partais sur Pluton. Pour les livres, il s'agissait d'un panachage d'auteurs qui avaient des chances de nous plaire à tous les deux (Philip Roth), avec quelques livres que nous ne lirions sans doute jamais à moins d'être coincés sur une île déserte (*Ulysse*), sans oublier un ou deux auteurs faisant office de compromis (la romancière Anne Tyler pour Sylvia, le journaliste polonais Ryszard Kapuscinski pour moi). Comme les CD pèsent moins lourd, j'ai fait un lot d'une grande trentaine de disques, susceptibles, me semblait-il, de satisfaire tous mes désirs musicaux. Je me sentais bien dans ma peau ? En avant pour Sly Stone ou les Beastie Boys. J'avais envie de lever le pied et de me détendre ? Mazzy Star était là pour m'y aider. J'aurais voulu être à Paris, marchant sur des pavés luisant de pluie dans une petite rue, sous le crachin d'une soirée d'octobre ? Miles Davis pouvait m'y emmener. Le moment était-il venu de broyer du noir ? Salut, les nocturnes de Chopin. Ou alors, j'avais une petite crise de romantisme, de mélancolie ? Cesaria Evora m'inviterait à approcher ma chaise et à fumer un clope.

Je pensais justement à ces CD quelques mois plus tard, alors qu'une fois de plus j'étais poussé au bord de la folie par une interprétation trépidante (cent vingt pulsations minute, oreilles cassées garanties) de *La Macarena*, la seule chanson que l'on entendait jamais à Tarawa. Elle était partout. Si je prenais un minibus, surchargé comme à l'habitude, avec vingt et quelques passagers et une douzaine de poissons, fonçant le long de la route à tombeau ouvert, le chauffeur faisait inévitablement gueuler une version de *La Macarena* qui passait en boucle, toutes basses renforcées. Si je prenais un verre avec quelques-uns des footballeurs qui m'autorisaient à étaler ma médiocrité à leurs côtés sur le terrain de foot, ce serait le crâne rompu par le bruit de bastringue de *La Macarena* que nous nous arsouillerions dans un des bouis-bouis minables de Betio. Si je tombais sur des adolescents qui avaient mis la main sur un vieil appareil japonais à cassette ou à CD, ils étaient sans aucun doute occupés à glander sur un fond sonore faible et métallique qui n'était autre que *La Macarena*.

Ce qui a fini par me pousser à bout, c'est l'acquisition récente d'un appareil de ce genre par la famille qui vivait de l'autre côté de la route. Un de ses membres, un marin, venait de rentrer après avoir passé deux ans en mer et, selon la coutume, chaque sou qu'il avait gagné et omis de consacrer à une vie de débauche dans les ports lointains où il avait fait escale, avait été dépensé pour offrir des cadeaux coûteux à sa famille. En général, ces cadeaux prenaient la forme de téléviseurs, de magnétophones et de chaînes stéréo, que l'on ne pouvait pas se procurer aux Kiribati. Quelques magasins avaient commencé à louer des films piratés qu'on leur envoyait des îles Fidji. Le plus souvent, ceux-ci étaient enregistrés dans une salle de cinéma au caméscope, si bien que les visages des acteurs paraissaient inexpressifs et allongés, à croire que le film avait été réalisé par El Greco. On pouvait voir des membres de l'auditoire s'étirer, les entendre tousser. Quand on louait un film, on veillait à éviter les comédies, attendu qu'il était quasi impossible d'en saisir un mot, à cause des rires et des bavardages de ceux qui avaient la chance de voir le film en salle. « Hé, ça vous gênerait de faire moins de bruit », ne pouvait-on s'empêcher de brailler en direction de l'écran. Mais si l'on parvenait à trouver, à Tarawa, des cassettes de *Titanic* et de *Forrest Gump*, il n'y avait pour ainsi dire aucune musique disponible en dehors de *La Macarena*. Je le sais, parce que j'ai bien cherché. J'ai cherché partout. Et si j'ai cherché partout, c'était parce que j'avais oublié nos propres CD dans le garage de ma mère à Washington, à des milliers de kilomètres.

Il est malaisé de faire comprendre l'ampleur de la catastrophe. J'aurais été enchanté si j'avais oublié mes chandails, qui déjà pourrissaient dans un placard, ou bien mes chaussures, qui en l'espace d'un mois étaient devenues vertes sous l'effet des moisissures. Chaque jour, je contemplais d'un œil navré notre chaîne stéréo, que nous avions rachetée pour une somme exorbitante à Kate, qui l'avait elle-même rachetée à son prédécesseur. « Si vous n'en voulez pas, avait-elle dit, je connais ici des tas de gens qui la prendront. » C'était sûrement vrai et nous lui avions donc remis d'énormes liasses de billets de banque. Tous les jours à midi, j'allumais la chaîne pour écouter le bulletin d'information de Radio Australia, que Radio Kiribati retransmettait pendant dix minutes, le temps pour son personnel de chercher une énième version de *La Macarena* à passer pour le restant de la journée. Radio Australia se targuait de couvrir l'actualité internationale, mais on ne l'aurait jamais deviné si on s'était contenté d'écouter. Sans doute le monde était-il dans son état de tumulte habituel, mais sur Radio Australia, cela n'empêchait pas la grande nouvelle du jour de porter sur un kangourou et un dingo à Wagga Wagga, à laquelle succédait un reportage de neuf minutes permettant de suivre coup par coup la victoire triomphale de l'équipe de cricket d'Australie sur celle d'Angleterre. Et aussitôt, retour à *La Macarena*.

J'avais envoyé un fax à ma mère, lui demandant de nous expédier par la poste la caisse de CD. « Elle est juste à côté des chaussures de ski », avais-je écrit. Quelques jours plus tard, nous avons reçu d'elle un fax. Les CD étaient partis, nous assurait-elle. Elle les avait envoyés par les moyens express les plus rapides et nous devions les recevoir d'un jour à l'autre. Les mois ont passé.

En proie à un accès de désespoir, je suis allé à la supérette Angirota et j'ai acheté *Les plus grands succès de Wayne Newton* et *Chansons d'amour mélanésiennes*. Quand j'ai inséré la cassette de Wayne Newton, la chaîne a émis un grognement primitif et elle l'a avalée. J'ai eu l'impression qu'elle essayait de me dire quelque chose. Elle s'est montrée mieux disposée envers les *Chansons d'amour mélanésiennes*. Tandis que la lune argentait l'océan, Sylvia et moi avons écouté les ballades de la Mélanésie : « Tu m'as coûté deux cochons, ma fille / Alors t'as intérêt à travailler / Pendant que je passe mes journées / À boire du kava sous le banian. »

À présent que mes choix musicaux étaient limités aux chansons d'amour mélanésiennes et à *La Macarena*, j'attendais les pannes d'électricité avec impatience. Lorsqu'elles survenaient, les coups de boutoir techno de *La Macarena* cessaient et bientôt l'air était envahi par les douces cadences de chansons anciennes que susurraient de façon ravissante des voix de velours. Les I-Kiribati sont un peuple remarquablement doué pour la musique. Tout le monde chante. On reste cloué sur place quand on voit un petit dur allant sur ses vingt ans placer soudain une fleur derrière son oreille et se mettre à roucouler. Et en plus tout le monde chante bien, alors je n'ai jamais compris pourquoi ils avaient aussi mauvais goût en matière de musique enregistrée.

Hélas, nombreux étaient les jours où l'électricité tenait bon, quelquefois pendant plusieurs heures de suite, ce qui me valait d'être réduit à l'état de débile baveux par les sempiternels accords de *La Macarena*. Il faisait torride. Mon roman ne marchait pas très fort — ça, voyez-vous, c'est ce qu'on appelle une litote. Mes dispositions naturelles n'étaient pas mises en valeur par *La Macarena*. Je me suis demandé si je ne pouvais pas tout simplement traverser la route et prier gentiment mes voisins de faire taire leur musique de merde.

Les choses de peu d'importance ont tendance à devenir des histoires complexes aux Kiribati. Fort heureusement, je pouvais aller trouver Tiabo, notre femme de ménage, pour lui demander conseil. Je m'étais trompé sur son compte. Certes, elle ne m'envoyait jamais d'œillades assassines, mais en revanche elle ondulait. Elle se déplaçait avec le déhanchement langoureux d'une grosse femme sous les tropiques. Deux matins par semaine, elle venait pour nettoyer la maison. Au début, cela me mettait affreusement mal à l'aise, mais après m'être longuement raisonné, j'ai fini par me convaincre que notre arrangement n'avait rien d'une exploitation intrinsèque. Tiabo était une mère célibataire qui n'avait ni relations ni instruction. Elle avait besoin d'un boulot. Nous en avions un à lui offrir. Elle était bien payée. Elle se comportait avec dignité. Je la traitais avec respect. Et, le temps aidant, nous sommes devenus amis. Les autres jours, elle travaillait dans les bureaux du FSP, où Sylvia lui a donné de l'avancement en la faisant passer du rang de femme de ménage à celui de responsable du programme de distribution des graines. Comme il n'était pas convenable qu'une femme reste seule dans une maison avec un homme, et tout particulièrement avec un *I-Matang*, ceux-ci étant bien connus pour mettre la main au panier de leurs femmes de ménage, Tiabo arrivait bien souvent avec sa sœur Reibo. Ce fut à la suite d'un petit incident que je compris que j'avais intérêt à faire attention à ce que je disais dans ce pays.

« Reibo, lui ai-je dit, auriez-vous vu, par hasard, un billet de vingt dollars traîner quelque part ? Je croyais l'avoir laissé dans ce panier.

— Non », a-t-elle dit. Reibo ne parlait presque pas l'anglais. Avec chaque mois qui passait, ma connaissance de la langue I-Kiribati s'étoffait, mais lorsque les mots me manquaient, ce qui arrivait souvent, je parlais d'habitude en anglais. Reibo répondait en I-Kiribati et nous nous comprenions parfaitement. Du moins, je le croyais.

Dans le courant de l'après-midi, Ruiti, la comptable du FSP, est passée à la maison. « Tiabo et Reibo sont dans tous leurs états », a-t-elle annoncé. Cela m'a inquiété. Est-ce que je me serais montré obscène, est-ce que je leur aurais manqué de respect ? Mais non, j'en étais sûr. Néanmoins, il y a parfois des malentendus et j'ai commencé à redouter d'être assiégé par les hommes de leur famille, réclamant je ne savais quelle variante particulièrement atroce de la justice insulaire. Pourtant, j'étais certain de n'avoir rien fait de mal, ni même de désagréable. Je ne comprenais pas du tout ce qui avait pu mettre les deux sœurs dans tous leurs états.

« Elles disent que tu as accusé Reibo d'avoir volé vingt dollars. Elles pleurent. Elles ont honte. »

Allons bon !

Le vol, m'a-t-on dit, était une affaire très sérieuse dans la culture I-Kiribati. Je comprenais bien pourquoi. Aux Kiribati, en effet, il ne peut y avoir aucune bonne raison de voler. À cause du système du *bubuti*. Selon ce système, quelqu'un peut s'approcher de vous et vous dire : *Je te bubuti tes tongs* ; et vous voilà aussitôt contraint de les lui donner, sans pouvoir émettre la moindre protestation. Le lendemain, cependant, c'est vous qui pouvez aller trouver le type qui porte désormais vos tongs et lui dire *Je te bubuti ton filet de pêche*, et crac, ce filet de pêche est à vous. C'est ainsi que les îles Kiribati restent un endroit profondément égalitariste.

Les *I-Matang* peuvent décider d'entrer dans la danse. Je connais une volontaire, résolue à se mettre dans la peau des indigènes, comme on dit, qui a dû sacrifier au *bubuti* ses chaussures, sa bicyclette, son chapeau, la majeure partie de sa garde-robe et une part importante de son salaire mensuel. Elle n'était, toutefois, pas très maligne, et l'idée d'avoir elle aussi recours au *bubuti* ne l'a pas effleurée, si bien qu'elle a passé son temps pieds nus, la tête cuite par le soleil, vêtue de haillons, à se demander comment diable elle allait pouvoir payer son poisson quotidien.

Un jour, un gars, que je ne connaissais ni d'Ève ni d'Adam, est venu frapper à notre porte et m'a dit poliment : « Je te *bubuti* le prix d'un billet d'autocar. » Du geste las d'un homme encore habitué aux clodos de la grande ville, je lui ai refilé la somme. En voyant les *bubuti* se succéder, cependant, je n'ai eu aucun scrupule à refuser. Un peu de menue monnaie, d'accord. La camionnette pick-up du FSP, pas question. C'était ma faculté, ou plutôt la faculté des *I-Matang*, de dire non au *bubuti*, qui rendait les étrangers utiles à Tarawa. Car, en raison de ce système, les I-Kiribati ont tendance à éviter les positions de pouvoir. Cet état de choses m'est apparu très clairement lorsque j'ai fait la connaissance d'Airan, un jeune employé de la Banque des Kiribati, éduqué en Australie. Il faisait partie de la douzaine ou quinzaine de jeunes Turcs de Tarawa, qui avaient bénéficié de bourses d'études australiennes et d'aides de l'industrie occidentale pour devenir les futurs dirigeants du pays. Ce qui ne l'a pas empêché d'être désolé, lorsqu'il a été promu directeur adjoint.

« C'est épouvantable, m'a-t-il dit.

— Mais pourquoi ? me suis-je étonné. C'est une excellente nouvelle.

— Non, pas du tout. Les gens vont tous venir avec leurs *bubuti*. Ils me demanderont de l'argent. Ils me demanderont du travail. C'est très difficile. »

Les emplois passent. Les exigences culturelles restent. Airan a demandé avec insistance à ne pas bénéficier de la moindre promotion, et la direction de la banque est donc restée aux mains des *I-Matang*. C'était à cause du système du *bubuti* que le directeur du FSP était toujours un *I-Matang*. La présence de Sylvia garantissait que l'organisation ne s'effondrerait pas sous les demandes de *bubuti*, comme cela est justement arrivé lorsque la seule autre ONG internationale travaillant aux Kiribati a décidé de se fier à ses cadres locaux. Les fonds nécessaires à ses projets ont vite été engloutis par une rafale de *bubuti* et l'organisation a été dissoute. À l'intérieur du système du *bubuti*, le vol pur et simple est donc considéré comme un acte méprisable, ce qui n'a pas empêché quelqu'un de me voler mes *trainers*.

Tiabo et Reibo sont revenues chez nous le soir. Elles étaient toujours en larmes.

« Reibo a dit qu'elle n'avait pas volé les vingt dollars, m'a expliqué Tiabo. Mais si tu penses qu'elle l'a fait, il faut nous renvoyer.

— Mais non, non, pas du tout, ai-je protesté. Je t'assure que je ne savais plus où j'avais mis le billet, c'est tout. Je l'ai retrouvé plus tard dans ma poche. »

Tiabo a transmis ma réponse à sa sœur, qui m'a adressé un sourire rayonnant. En réalité, je n'ai jamais retrouvé le billet vagabond, mais quand je vois quelqu'un qui pleure, je craque aussitôt.

Toujours écorché vif par *La Macarena*, je tirais un faible réconfort du fait qu'au moins personne à Tarawa n'avait jamais vu la vidéo, ce qui m'épargnait le spectacle d'une nation au grand complet passant ses journées à danser en ligne. Il n'empêche que la chanson me tapait sur les nerfs et j'ai consulté Tiabo pour savoir si, à son avis, je pouvais me permettre de demander aux voisins de baisser le volume. Je me moquais bien de savoir si c'était poli ou non, mais je voulais à tout prix éviter de me mettre à dos les jeunes de la famille. Ils n'allaient pas à l'école. Ils ne travaillaient pas. À Tarawa, les rigueurs traditionnelles d'un niveau de vie au seuil de la subsistance ne les occupaient pas totalement. Et comme partout ailleurs dans le monde, une jeunesse oisive parvient à être très irritante.

« Aux Kiribati, on ne fait pas des choses pareilles, m'a dit Tiabo.

— Pourquoi donc ? ai-je riposté. J'imagine que le vacarme dérange les gens.

— C'est vrai. Mais nous ne demandons pas aux autres de ne pas faire de bruit. »

J'étais perplexe. La société des Kiribati est d'une assez grande complexité, avec toutes sortes de règles non formulées, destinées à atténuer ce qui pourrait devenir source de conflit. Par exemple, la récolte des fruits de tel ou tel cocotier entraîne toutes sortes de complications : la première année, c'est le fils aîné qui a le droit de la faire, et qui ensuite cède celui-ci au frère qui vient après lui, et ainsi de suite, jusqu'à ce que la boucle soit bouclée, et que ce soit le tour du fils aîné du plus âgé de la fratrie, et ainsi de suite, si bien que personne n'a le sentiment d'être méprisé ou lésé. Tout à coup, l'idée m'est venue que ces interminables répétitions d'une chanson aussi atroce que *La Macarena*, à un volume suffisant pour exaspérer tout le monde, posaient un problème inédit aux Kiribati. Aux États-Unis, quand il s'agit d'affronter des voisins trop bruyants, nous avons plus de soixante-dix années d'expérience. Après de nombreux tâtonnements, nous avons désormais recours à un amical *Hé, baisse un peu le son, connard*. La courtoise réponse fuse aussitôt : *Va te faire foutre !* Et elle est suivie d'un coup de téléphone à la police qui se pointe pour présenter une mise en demeure, après quoi la paix et la tranquillité règnent de nouveau. Aux Kiribati, cependant, la pollution sonore n'existe pas depuis assez longtemps pour que les I-Kiribati aient pu mettre au point une forme aussi sophistiquée de résolution des conflits. C'était comme pour une bonne partie des problèmes à Tarawa. Ils étaient nouveaux et importés du monde extérieur, mais la culture, elle, restait ancienne et immuable.

Cette pensée m'est revenue, lorsque j'ai commencé à remarquer, non sans un profond dégoût, la soudaine apparition d'une importante quantité de couches-culottes sales éparpillées autour de la maison. Elles y avaient été déposées avec beaucoup de considération par des chiens qui les avaient ramassées sur le récif et joyeusement vidées de leur contenu. Je ne veux pas entendre un mot de plus sur la prétendue intelligence des chiens. Une couche-culotte sale leur fait le même effet que de la valériane à un chat. Ils en sont friands. Et ce qu'ils n'avalaient pas, ils le laissaient en petits tas peu avenants autour de chez nous.

On aurait dû interdire les couches jetables à Tarawa, comme on l'a fait dans bon nombre d'îles du Pacifique. Leur présence sur notre atoll était une nouveauté fort déplaisante. Ce qui manquait à Tarawa, c'était un système de gestion des ordures. Il n'y en avait pas eu besoin jusqu'au moment, relativement récent, où les marchandises ont commencé à arriver empaquetées dans des matières voyantes et indestructibles. Auparavant, les sacs étaient en feuilles de pandanus, la nourriture se trouvait sous les écailles des poissons et la boisson à l'intérieur des noix de coco. Quand on était repu, on laissait tomber ce qui restait sur place et la nature s'occupait du reste. Mais désormais, les sacs sont de plus en plus souvent en plastique, la nourriture se trouve dans des boîtes de conserve, la boisson arrive dans des cannettes et le caca, hélas, remplit des couches jetables ; seulement, à la différence du monde continental, aucun endroit n'est prévu pour accueillir les résidus. Sur un atoll, il n'y a pas de place pour une décharge d'ordures, et même si l'on trouvait moyen d'enterrer des montagnes de déchets, ils ne tarderaient pas à polluer la nappe d'eau, laquelle, à Tarawa, était déjà contaminée par toutes sortes d'intéressantes formes de vie. L'élimination des déchets sur une île surpeuplée comme Tarawa était un problème gigantesque et si, ailleurs dans le monde, on pouvait attendre des décisions de la part des gouvernements concernés, aux Kiribati les instances gouvernementales continuaient leur train-train comme si de rien n'était, très occupées à faire passer le temps entre deux beuveries.

Non, ce que je dis n'est pas juste. Le gouvernement avait fait quelque chose. À un moment donné, il y avait eu un programme de recyclage. Les enfants ramassaient toutes les cannettes de bière dont l'île était jonchée, et elles ne manquaient pas, pour les porter dans un centre de recyclage appartenant à un particulier, où une machine spéciale les écrasait pour en faire des cubes que l'on pouvait exporter. Les gamins étaient payés. Les cannettes étaient envoyées en Australie. En voilà un chouette programme, se dira-t-on. On crée une source de revenus. On élimine les déchets d'une manière agréablement verte. Mais c'est alors que le gouvernement, montrant toute la puissance intellectuelle d'une anémone souffrant de difficultés d'apprentissage, a décidé d'instituer une taxe à l'exportation. Et tant pis si ce qu'on exportait était justement les ordures qui polluaient l'île, le gouvernement, comme me l'a expliqué un ministre, « avait droit à sa part du gâteau ». On aurait cru entendre un des petits chefs de Staten Island. La taxe a porté un coup fatal au programme de recyclage. L'île croule toujours sous les cannettes de bière.

Celles-ci, cependant, sont simplement moches, alors que les couches-culottes salies sont répugnantes, surtout pour ceux qui n'ont aucun lien de parenté avec le responsable des souillures. J'ai empoigné un bâton et ramassé les couches et je les ai placées dans le baril de pétrole rouillé dont nous avions fait notre incinérateur. Faute d'autre choix pour éliminer nos déchets, nous brûlions tout — le plastique, le polystyrène, le papier et même les médicaments périmés que nous avions trouvés dans l'armoire à pharmacie, catalogue tangible des maux qui avaient tourmenté les prédécesseurs de Sylvia. Au cas où quelqu'un se demanderait ce qu'il peut faire d'un vieil inhalateur de produit pour les asthmatiques, je peux certifier avec une certaine autorité que ce n'est pas une bonne idée de le mettre au feu, à moins d'être disposé à passer le restant de la journée sourd et hébété par l'explosion qui en résulte. Tandis que j'imprégnais les couches d'une généreuse quantité de kérosène, Tiabo est venue voir ce que je fabriquais.

« Tu vas brûler les couches ? a-t-elle demandé.
— Oui, ai-je répondu.
— Tu ne peux pas faire une chose pareille.
— Je crois pouvoir affirmer que si.
— Il ne faut pas brûler les couches.
— Pourquoi ?
— Parce que tu brûlerais les petites fesses du bébé. »

Ces mots m'ont stoppé dans mon élan. Debout près de l'incinérateur, l'allumette à la main, j'ai fait mentalement un rapide inventaire, afin de m'assurer que je n'avais pas loupé un épisode. J'ai scruté les vestiges de couches-culottes avec un peu plus d'attention. Pour autant que je puisse voir, aucune ne contenait de bébé. Je l'ai fait remarquer à Tiabo.

« Ça n'empêche, a-t-elle rétorqué. Si tu brûles les couches, tu brûleras les petites fesses du bébé. »

Tiabo a récupéré les couches et les a remportées sur le récif. J'étais interdit. J'aime beaucoup les bébés et, pour rien au monde, je ne voudrais qu'il arrive le moindre mal à leurs petites fesses, mais là, j'étais sidéré. Je m'étais perdu quelque part entre la cause et l'effet.

« Tiabo, ai-je dit. Je ne comprends pas comment le fait de brûler les couches va faire roussir les petites fesses.
— Aux Kiribati, nous pensons que si on brûle le… la… euh, comment dit-on ?
— La merde, ai-je proposé.
— Oui, a-t-elle gloussé. Si on brûle la merde de quelqu'un, c'est comme lui brûler les fesses. »

Je tiens à m'excuser auprès de mes lecteurs de ces fréquentes références à tout ce qui concerne la scatologie, mais c'est ça, la vie à Tarawa. Je me suis efforcé de faire valoir une logique occidentale, froide et sans cœur.

« Tiabo, ai-je dit, je peux te prouver qu'en brûlant les couches, je ne ferai aucun mal aux bébés. On peut tenter une expérience. Je vais brûler les couches et toi, tu vas guetter les hurlements des bébés. »

Tiabo était horrifiée.

« Non !

— Mais, je te le jure. Aucun bébé n'aura mal.

— Si, ils auront mal. Tu es un méchant *I-Matang*. »

Je ne voulais pas être un méchant *I-Matang*. Je me considérais comme un bon *I-Matang*, mais un bon *I-Matang* qui ne savait plus à quel saint se vouer. « Mais voyons, Tiabo, il faut faire quelque chose. Ce n'est pas sain de vivre entouré de couches sales. »

Elle a réfléchi un moment, Puis elle a eu une idée : « Je vais mettre un écriteau », a-t-elle dit.

Sur un morceau de carton, elle a inscrit quelques mots en I-Kiribati. Les seuls mots que je comprenais étaient *tabou* et *I-Matang*.

« Ça veut dire quoi ? ai-je demandé.

— "Il est interdit de jeter des couches à cet endroit du récif. Toutes celles que l'on trouvera seront brûlées par l'*I-Matang*."

— Ouais, bravo. Ça va marcher ?

— Moi, je crois que oui. »

Nous avons accroché l'écriteau à un cocotier près du récif. Le dimanche était le jour fatidique. En raison de leur coût, les couches jetables sont utilisées avec parcimonie et les mamans n'en mettaient à leur bébé que le dimanche. Les Églises des Kiribati se livrent, sans exception, à une exploitation sans vergogne. Que ce soit l'Église catholique, ou protestante, ou mormone, ou l'Église de Dieu, ou n'importe laquelle des innombrables Églises qui se sont installées à Tarawa, si une famille se trouve dans l'impossibilité de verser sa dîme mensuelle à l'Église qu'elle fréquente, laquelle dîme se monte en général à quelque trente pour cent de ses maigres revenus, cette famille est sommée de s'avancer devant toute la congrégation et le pasteur la rabroue à haute et intelligible voix parce qu'elle n'a pas donné à Dieu le denier qui lui est dû. Et malheur à la maman qui décide de se dispenser des quatre heures d'office religieux pour s'occuper de son nouveau-né.

Le dimanche après-midi, après que les églises ont eu relâché leurs ouailles, j'ai été tout à fait surpris et charmé de voir une femme s'approcher du récif, tenant dans une couche la production de son petit bébé pour la matinée, s'arrêter un instant pour lire l'écriteau, puis faire demi-tour, sans doute pour se mettre en quête d'un endroit où elle pourrait être sûre que les étrons de son rejeton échapperaient aux flammes. Eh oui ! ma petite dame. Pas de ça ici !

J'ai commencé à beaucoup apprécier Tiabo. Consciente des réalités des Kiribati et de la bêtise des *I-Matang*, elle me facilitait les choses et il ne m'a pas fallu longtemps pour me sentir à l'aise à Tarawa. J'avais le sentiment de connaître les rythmes et les particularités du lieu. Je m'acclimatais. Sylvia et moi étions des résidents temporaires, des visiteurs pour dire les choses comme elles étaient, et dans la mesure du possible, nous nous adaptions à la vie insulaire. Par-ci, par-là, nous mettions quelques limites — au scandale du *bubuti*, aux couches sales dans notre jardin —, mais la plupart du temps, nous haussions les épaules en nous disant qu'ici, c'était comme ça qu'on faisait. C'était leur île. Sylvia, bien sûr, passait ses journées à encourager les I-Kiribati à gérer leurs îles tout seuls de manière un peu plus réfléchie et, sans l'enthousiasme et le bon sens de son équipe, elle aurait sans doute été au bord du désespoir, mais à Tarawa un étranger ne peut aller que jusqu'à un certain point. Cette île est à eux.

Donc, lorsqu'un homme est passé devant la fenêtre et m'a lancé un *mauri* amical, alors que je contemplais d'un œil navré l'écran de mon ordinateur, je me suis tourné vers Tiabo pour dire : « Figure-toi, Tiabo, que je crois m'être adapté aux Kiribati. »

Elle m'a jeté un regard narquois.

« Vois-tu, ai-je continué, dans mon pays, si un mec baraqué comme une armoire à glace et vêtu en tout et pour tout d'un minuscule *lavalava* traversait mon jardin, tenant à la main une gigantesque machette, je serais drôlement inquiet. J'appellerais sans doute la police. Alors qu'ici, je me contente de lui faire un petit salut amical. »

Tiabo m'a dévisagé comme si elle avait affaire à un incurable imbécile. Elle a poussé un soupir.

« S'il traverse le jardin, c'est parce que tu es un *I-Matang*. Il ne te respecte pas.

— Ah bon ?

— Si c'était des I-Kiribati qui vivaient ici, il n'y mettrait pas les pieds.

— Ah bon ? »

J'avais remarqué que quand les gens se rendaient visite, l'arrivant lançait d'abord un appel depuis la route, pour annoncer sa présence. Moi, j'avais cru que c'était à cause des chiens.

« Je vois, ai-je dit. Et qu'est-ce qui se passerait si cet homme traversait le jardin et que la maison était habitée par des I-Kiribati ?

— Ils le tueraient. »

Allons bon ! Je trouvais la réaction un tantinet exagérée. J'ai songé aux centaines d'I-Kiribati que j'aurais pu tuer. Heureusement pour tout le monde que j'avais vécu dans une béate ignorance des coutumes. Quand il s'agissait de rôdeurs nocturnes, j'étais vigilant, mais je ne m'étais pas rendu compte que ceux qui passaient dans la journée me traitaient avec mépris. En tout cas, c'était fini tout ça. Maintenant que je savais qu'on me prenait pour une femmelette, j'étais bien résolu à me manifester. Je ne pensais pas être capable d'aller jusqu'au meurtre, mais je pouvais, me semblait-il, avoir l'air d'en être capable. La fois suivante, lorsqu'un type s'est avisé de passer juste devant la maison, je l'ai dévisagé d'un regard glacial, tous mes muscles bandés par une violence mal contenue, et j'étais à peu près sûr que mon langage corporel, exprimant le mépris et l'agitation, faisait savoir que si le coupable ne filait pas au plus vite, ses jours étaient comptés et que le châtiment serait rapide et impitoyable. Le coupable en question, car c'était ainsi que je le voyais à présent, plutôt que sous la forme d'un sympathique villageois, a croisé mon regard et aussitôt son sourire s'est transformé en une expression d'hostilité sauvage ; au même instant, j'ai remarqué qu'il était extrêmement musclé, qu'il tenait une machette et aussi qu'il avait, ma foi, tout l'air d'un homme capable d'aller jusqu'au meurtre.

« *Mauri* », ai-je lancé, avec un geste amical. Mon

sourire faisait tout le tour de ma tête. Je me suis demandé s'il avait envie d'un verre d'eau.

Tiabo a secoué la tête, l'air navré. Elle s'est tournée vers l'homme et s'est mise à l'accabler d'injures pour le chasser.

À l'évidence, elle n'avait pas une haute opinion de ma virilité. Cela n'a fait qu'empirer, quelques semaines plus tard, lorsque je suis rentré chez moi après une brève expédition au-delà du récif. C'était au moment d'une des plus grandes marées de l'année, et pendant une demi-heure environ, alors que l'océan ne montait plus, mais n'avait pas encore commencé à refluer, les vagues avaient fait place à une eau plate. J'étais curieux d'explorer le corail et la vie sous-marine juste devant la maison, si bien que j'ai enfilé mon masque et mes palmes et suis parti à la nage. Désormais, je ne me souciais plus des requins. Je voyais souvent un type qui s'en allait vers le large avec un long trident. Et de manière quasi automatique, il revenait peu de temps après avec une demi-douzaine de poissons accrochés autour de la taille. Cela ne pouvait signifier que deux choses : ou bien qu'il avait un cerveau incroyablement petit, ou bien que cette zone particulière du récif n'était pas fréquentée par les requins.

Au-delà de la zone où se brisaient les vagues, le récif s'abaissait d'une grande douzaine de mètres et formait un plateau. Cinquante mètres plus loin, il s'engloutissait dans un abîme bleu-noir. Nageant entre deux eaux, avec mon masque, j'ai suivi la ligne de la première déclivité, émergeant de temps à autre pour voir où en étaient les vagues. J'étais agréablement surpris de découvrir du corail vivant. Il n'y avait pas de quoi pavoiser, une touffe par-ci, une branche par-là, quelques méandrines, autant de taches de couleur sur un récif par ailleurs en bien mauvais état. À d'autres endroits, la couleur était fournie par des personnes possédant des diplômes poussés en matière de marketing et de conception des emballages. Il y avait des détritus dans tous les coins, cannettes, chiffons, couches-culottes, oscillant dans le courant. Nageant au milieu de ces ordures ou les contournant, je voyais des poissons-perroquets, des carangues à grosse tête et des becs-de-cane à long museau, dont certains étaient vraiment gros. Il était démoralisant de voir ce qu'on faisait de leur habitat. Au-dessus d'une soudaine excroissance de méandrine, j'ai vu une rascasse volante, un poisson magnifique et extrêmement toxique. J'ai plongé plus bas pour la voir de plus près et, ce faisant, j'ai bien failli m'oublier dans mon caleçon de bain, car je venais de plonger en plein sur un requin.

Pris de panique, j'ai avalé une énorme gorgée d'eau. Puis je me suis mis à me débattre et à donner des coups de pied, bref à me comporter comme une proie faible et blessée. J'étais au plus mal. Les giclées d'adrénaline dues à la peur ne font rien pour vous aider quand vous êtes en profondeur avec de l'eau de mer plein les poumons. Je n'avais aucune idée de ce que faisait le requin. J'étais trop occupé à me noyer. Pour autant que je sache, il était en train de déguster une tasse de thé, en me regardant mourir d'un œil ravi, car cela lui éviterait de se donner le mal de me tuer avant de commencer à me mettre en pièces. Puis j'ai entendu cette petite voix qui m'avait si souvent sauvé par le passé : *Détends-toi, reprends-toi, remonte à la surface, vide tes poumons, respire et puis dépêche-toi de foutre le camp et de sortir de l'eau, pauvre andouille.*

Il n'y a rien de plus déconcertant que d'avoir la tête hors de l'eau et le reste du corps en suspension sous la surface, quand on sait qu'un requin est à proximité, un requin auquel on vient de se frotter sans savoir précisément quel effet lui a fait cette brève rencontre. Est-ce que je l'avais fâché ? Est-ce que je lui avais donné faim ?

À ce qu'il semble, je lui avais fait peur. Ce qui n'avait rien d'étonnant. J'étais deux fois plus gros que lui. Ayant remis mon masque, je l'ai vu qui s'éloignait au plus vite. Il ne faisait même pas un mètre de long, c'était un jeune requin des récifs. Néanmoins, tout en regagnant le rivage, je n'arrêtais pas de jeter des coups d'œil derrière moi. Et s'il avait filé tout raconter à ses parents ? Peut-être que le papa requin était déjà à ma recherche.

Le temps d'arriver jusqu'à la maison, j'étais hors d'haleine. Mon cœur battait toujours la chamade. Entre deux gargouillis, j'ai expliqué ma mésaventure à Tiabo.

« Y avait un requin… *pfff, pfff*… ah là là, l'horreur… j'en avais jamais vu… *pfff, pfff*…

— Tu as peur de *te* requin ? m'a demandé Tiabo en haussant les sourcils.

— Oui, bien sûr que j'ai peur de *te* requin.

— Ah, ah, ah, s'est-elle esclaffée. L'*I-Matang* a peur de *te* requin. Les I-Kiribati n'en ont pas peur, eux.

— C'est parce qu'ils sont complètement dingues. »

Elle se tenait les côtes. Encore une bonne histoire à raconter au *maneaba*.

À mesure que les mois passaient et que *La Macarena* se gravait de plus en plus profondément dans ma conscience, je me suis mis à désespérer de jamais voir arriver notre colis de CD. Chaque fois qu'un avion venait d'atterrir, je fonçais à l'aéroport à vélo, dans l'espoir que notre paquet serait à bord. L'arrivée de l'avion d'Air Nauru, le dernier appareil assurant une liaison avec Tarawa après qu'Air Marshall eut fini par supprimer sa ligne, était devenu un événement des plus anarchiques. Il s'écoulait souvent plusieurs semaines entre les vols.

Nauru, une île de huit mille habitants, ayant le statut d'État indépendant, avait naguère possédé une flotte aérienne de six Boeing 737. Inutile de dire que cette nation n'avait aucun besoin de ces six appareils, mais ayant rempli leurs coffres grâce à l'exploitation de leurs gisements de phosphate, les dirigeants s'étaient mis en devoir de trouver des débouchés pleins d'imagination, afin d'employer cet argent. Ils avaient notamment financé des spectacles à Broadway, entretenu sur un pied grandiose tous les escrocs en activité entre Taiwan et le Costa Rica, acheté les propriétés les plus surévaluées du globe et constitué une flotte de six Boeing 737. Sur Nauru, personne ne travaillait vraiment. Les mines étaient exploitées par des mineurs I-Kiribati sous les ordres d'une direction australienne. Au lieu de s'échiner, les Nauruans passaient leur temps à devenir si obèses qu'ils en étaient ridicules. Ils ont connu dans ce domaine un succès éclatant. Ils sont, de façon tout à fait officielle, les gens les plus gros du monde. Leurs avions, lorsqu'ils n'étaient pas réquisitionnés par les épouses des ministres, qui en avaient besoin pour aller faire leurs courses aux quatre coins de la planète, étaient très souvent utilisés pour transporter des Nauruans jusqu'en Australie, où ils pouvaient se faire soigner pour les crises de diabète qui les frappaient à l'âge mûr.

Hélas, la belle vie n'était pas faite pour durer toujours. Les ressources en phosphates sont pour ainsi dire épuisées. L'île est entièrement sinistrée. Ce n'est désormais rien d'autre qu'un paysage lunaire désolé. Et les Nauruans se retrouvent Gros-Jean comme devant. Ils ont détruit leur pays et gaspillé ses richesses. Les avions ont été vendus et il ne reste plus qu'un 737 qu'ils louent à d'autres. Les spectacles de Broadway ont fermé leurs portes. Les propriétés qu'ils possèdent dans le monde entier sont parties à vau-l'eau. Une demi-douzaine de grandes villes sont jonchées d'immeubles abandonnés dont l'État de Nauru est le propriétaire. Un nouveau gouvernement prend le pouvoir tous les quatre mois environ et, durant son mandat très bref, fait de son mieux pour bouffer le peu qui reste de l'argent public. De nos jours, le pays est devenu un paria international. C'est l'épicentre mondial du blanchiment de l'argent sale. On pourrait penser qu'en ouvrant le pays à la mafia russe, aux rois de la drogue colombiens, aux seigneurs de la guerre africains et aux terroristes du Moyen-Orient, Nauru se serait au moins garanti une jolie part du gâteau. Mais pas du tout. Nauru ne reçoit guère plus de quelques milliers de dollars en droits d'enregistrement des sociétés écrans et quelques sous supplémentaires pour blanchir l'argent. À l'évidence, la graisse pèse sur leurs cerveaux. Nauru est le pays le plus lamentable du monde. J'ai beau essayer d'avoir pitié d'eux, je n'arrive jamais à éprouver autre chose que du mépris. Le tragique de l'affaire, bien entendu, c'est que je devais compter sur Nauru pour m'arracher aux affres de *La Macarena*.

Sept longs mois ont passé. Une ou deux fois par mois, selon qu'Air Nauru s'était manifesté ou non, je filais à vélo jusqu'à l'aéroport, où je fouillais parmi les colis en quête de notre précieuse musique. Le déplacement était toujours décourageant. Non seulement les CD brillaient par leur absence, mais en plus je voyais souvent des caisses en provenance d'Australie où l'on remarquait des étiquettes d'un rouge éclatant : URGENT. MÉDICAMENTS À L'INTÉRIEUR. GARDER AU FRAIS. LIVRER AU PLUS VITE À L'HÔPITAL. Et trois semaines plus tard, les caisses étaient toujours là, dans cette chaleur suffocante. C'était déplorable, mais typique. Un donateur occidental expédie des médicaments dont on a un besoin urgent, mais le gouvernement des Kiribati n'est même pas fichu de les envoyer chercher. J'ai offert d'aller les porter moi-même, mais les employés ont refusé de me les confier. Si bien qu'ils n'ont jamais servi.

Et puis, un beau jour, les étoiles se sont rangées selon le bon alignement, les dieux ont souri et, tandis que j'inspectais les colis, j'ai aperçu avec une joie indicible l'écriture très reconnaissable de ma mère. Ah, la divine surprise ! J'ai annoncé que le paquet m'était adressé, je l'ai fourré dans mon sac et je suis rentré chez moi comme le vent.

« Tiabo, ai-je lancé, hilare. Il va falloir m'aider. »

Elle m'a dévisagé d'un air soupçonneux, tandis que j'éventrais notre colis de CD.

« Il va falloir me dire quel air est, à ton avis, le plus détestable.

— Quoi ? a-t-elle demandé d'une voix lasse.

— Je veux que tu me dises quelle musique est si

atroce que les I-Kiribati vont se couvrir les oreilles de leurs mains et me supplier d'arrêter.

— Tu es un drôle d'*I-Matang*, toi. »

J'ai mis dans l'appareil l'album *Check Your Head* par les Beastie Boys. J'ai fait défiler jusqu'à la chanson « Gratitude », un air grinçant et particulièrement agressif.

« Qu'est-ce que tu en dis ? ai-je hurlé.

— J'aime bien. »

Flûte.

Je suis passé à *Lithium* du groupe Nirvana. J'étais sûr que le *grunge-metal-punk* ne risquait pas de combler le public sur un atoll équatorial.

« C'est très chouette », a dit Tiabo.

Feinté ! J'ai essayé autre chose. Du Rachmaninov.

« Ah, non, je n'aime pas du tout », a déclaré Tiabo.

Voilà qui était plus prometteur.

« Très bien, Tiabo. Et ça ? »

Nous avons écouté quelques minutes de *La Bohème*. Moi-même, je me sentais un peu chamboulé d'écouter de l'opéra à Tarawa.

« Ça, c'est très moche, a dit Tiabo.

— Pourquoi ?

— Le I-Kiribati aime la musique rapide. C'est trop lent et les chanteurs sont nuls.

— Bon, très bien. Et ça ? »

J'ai passé *Kind of Blue* de Miles Davis.

« C'est horrible. Hou, arrête-moi ça… »

Et Tiabo s'est mis les mains sur les oreilles.

Pan dans le mille !

J'ai transporté les baffles jusqu'à la porte ouverte.

« Tu fais quoi, là ? » a voulu savoir Tiabo.

J'ai mis le volume à fond. Pendant dix merveilleuses minutes, Tarawa s'est trouvée baignée par les accents mélancoliques de Miles Davis. Tiabo, horrifiée, est restée clouée sur place. Ses yeux étaient fermés. Ses doigts enfoncés dans ses oreilles. J'espérais de tout mon cœur que tout le voisinage en faisait autant.

Pour finir, j'ai éteint. J'ai entendu le bruit des vagues. J'ai entendu le frou-frou des feuilles de palmier. Un cochon a couiné. Mais je n'ai pas entendu *La Macarena*.

Victoire.

« Merci, Tiabo. Tu as été formidable.

— Tu es vraiment un drôle d'*I-Matang*, toi. »

10

Où l'auteur raconte l'arrivée des I-Matang *qui ont introduit le commerce équitable (du genre trois femmes contre une perle en bois), les merveilles de la civilisation (tabac, alcool, canons), les maximes du christianisme (qu'il fasse chaud ou pas chaud, ta robe mission tu porteras) et l'administration moderne (la reine Victoria sait ce qui vous convient le mieux), le tout s'étant amalgamé pour former un héritage colonial, comme le montre bien l'utilisation persistante de la brasse en tant qu'unité de mesure.*

Les premiers Occidentaux qui tombèrent sur les îles Kiribati étaient des mutins espagnols. En 1537, après avoir passé des mois à naviguer au hasard à travers l'immensité apparemment sans limites de l'océan Pacifique, ils assassinèrent leur capitaine, Hernando de Grijalva. Il s'agissait d'un voyage d'exploration et, à l'instar de Magellan en

1521, Grijalva et son équipage avaient loupé à peu près toutes les îles du Pacifique, sauf deux qu'ils baptisèrent les îles de l'Infortune. On imagine la déception de ces hommes qui venaient de doubler le cap Horn, d'affronter des vagues vertigineuses et d'irrespirables pots au noir, et tout ça pour découvrir *nada*, à l'exception de deux îles si lamentables qu'on regrettait leur seule existence.

Grijalva décida alors de se diriger vers la Californie. Pour son plus grand malheur, les vents étaient contre lui, et lorsqu'il refusa, malgré les supplications de son équipage, de faire route vent arrière jusqu'aux Moluques, il fut trucidé. Tandis qu'ils suivaient la ligne de l'équateur, les mutins, déjà torturés par le scorbut, étaient en outre rendus fous par la faim, et pourtant ils ne s'arrêtèrent pas sur les deux îles qu'ils trouvèrent sur leur chemin et qu'ils baptisèrent Acea et Isla de los Pescadores (« île des Pêcheurs »). Il est probable qu'Acea n'était autre que l'île appelée ensuite Christmas Island, alors inhabitée en attendant l'arrivée du capitaine Cook deux siècles plus tard, et que l'Isla de los Pescadores n'était autre que Nonouti, un petit archipel de quatre îles au sud de Tarawa, dans le groupe des îles Gilbert. Ce fut sans doute la crainte de ne pas trouver de mouillage sûr qui dissuada ces marins de tenter de débarquer sur un atoll de corail ne figurant encore sur aucune carte ; il n'empêche qu'en ma qualité d'homme nourrissant une certaine affection envers ces îles, je l'ai un peu mauvaise. Enfin quand même, ils auraient pu tenter quelques échanges commerciaux avec les pêcheurs I-Kiribati du voisinage ! Les noix de coco ont des vertus contre le scorbut. Peut-être auraient-ils pu faire semblant d'être des dieux, même si le capitaine Cook devait apprendre plus tard, à ses dépens, que cela pouvait déclencher toutes sortes de problèmes. Mais non, l'équipage poursuivit son voyage, les hommes mourant de faiblesse les uns après les autres, jusqu'au jour où finalement les sept survivants arrivèrent en Nouvelle-Guinée, où les indigènes s'empressèrent de les réduire en esclavage et de les vendre. On entendit les mutins maugréer entre eux : « Hé, dis donc, Pepe… tu sais, pour l'Isla de los Pescadores… c'était quoi qui clochait, déjà ? »

Et le navigateur suivant à se hasarder vers ces rivages, encore un Espagnol, ne se donna pas non plus la peine de s'y arrêter. Il s'agissait de Pedro Fernandez de Quiros, auteur du dernier grand voyage d'exploration du Pacifique pour le compte de l'Espagne. Il découvrit Butaritari, dans la partie septentrionale des îles Gilbert, et la baptisa Buen Viaje, mais à ce qu'il semble, le *viaje* n'était pas assez *buen* pour prendre le risque de sacrifier un de ses navires sur les récifs. Et cela marqua plus ou moins la fin de tout contact entre les *I-Matang* et les I-Kiribati pendant les deux cents années suivantes.

Au cours des deux siècles et demi qui s'écoulèrent après la traversée de Magellan, cinq expéditions seulement vinrent croiser dans le centre du Pacifique, où elles ne découvrirent que six îles pour tout potage et l'on s'étonne même qu'elles en aient découvert autant. En effet, on peut voir les hauteurs considérables des Samoa et d'Hawaï à des kilomètres à la ronde, mais pour repérer un des atolls presque plats du Pacifique équatorial, il faut être vraiment tout près. Les navires qui avaient la malchance d'arriver à proximité d'un d'entre eux la nuit s'empressaient de tirer bord sur bord, à la désespérée, afin de s'éloigner au plus vite du bruit menaçant des vagues se brisant contre les récifs.

On a le sentiment qu'après avoir passé plusieurs mois à naviguer dans l'immensité vide du Pacifique central, où il n'existe aucune terre en dehors de ces atolls dévoreurs de navires, les capitaines renonçaient tout simplement à y chercher quelque chose d'intéressant. On imagine sans peine l'un d'entre eux tenant son journal de bord : *Après de nombreuses traversées du Pacifique équatorial, au cours desquelles nous fûmes tourmentés par la chaleur et souventes fois encalminés, j'ai décidé, dans l'intérêt de la curiosité scientifique, d'étudier de manière plus exhaustive les étranges rites marquant les accouplements des femmes de Tahiti.*

N'étant pas en mesure de faire appel au système du GPS, ni même — en tout cas, avant une date très avancée du XIXe siècle — à un chronomètre précis pour déterminer leur longitude, les navigateurs étaient bien obligés de rester à proximité des routes connues pour franchir le Pacifique. Dès le XVIe siècle, des galions espagnols chargés d'or faisaient de fréquents voyages entre le Mexique et les Philippines. Vers la fin du XVIIIe siècle, il existait un commerce de fourrures florissant entre la Chine et le nord-ouest des États-Unis. Mais ces mouvements de navires se situaient loin au nord des Kiribati, qui chevauchent l'équateur dans les zones où des pots au noir minent le moral de tous les équipages, même de ceux des navires les mieux approvisionnés. Les marins apprirent à redouter la chaleur et la totale absence de vent du Pacifique équatorial à l'égal des mers vertigineuses des quarantièmes rugissants dans le sud de l'océan. Le commodore John Bryon, connu sous le sobriquet de « Jack Coup-de-Chien » — ce qui semblerait indiquer qu'il ne se laissait pas facilement intimider par le mauvais temps —, nota que lorsqu'il se trouvait au large de la côte de Nikunau, dans le sud des îles Gilbert, la chaleur du pot au noir avait provoqué chez son équipage « une épidémie de coliques ». Je pouvais sympathiser. Moi aussi, je me sentais souvent en proie à ce mal.

Ce fut la fondation de Port Jackson, en 1788, qui finit par attirer quelques navires jusqu'aux Kiribati. L'endroit, qui deviendrait un jour Sydney, était celui où l'Angleterre envoyait ses malchanceux. Je ne sais pas trop pourquoi. Il me semble que c'était se donner bien du mal que d'expédier par bateau des milliers de petits malfaiteurs d'un bout de la planète à l'autre. Et en plus, il n'était pas question de les débarquer là, tout simplement, en leur disant de se débrouiller seuls. Non, on les enfermait dans de sinistres et lamentables geôles qui n'avaient rien à envier aux sinistres et lamentables geôles de cette bonne vieille Angleterre. À quoi bon ? Et comble de sottise, si l'on se fie au nombre de médailles glanées ensuite par l'Australie lors des Jeux olympiques, l'Angleterre trouva le moyen d'envoyer alors aux antipodes son patrimoine génétique d'athlètes au grand complet.

Néanmoins, ces déplacements de forçats furent à l'origine du premier véritable contact entre les *I-Matang* et les I-Kiribati. Une fois que les navires avaient débarqué leurs cargaisons de bagnards anglais, lesquels allaient un jour donner naissance aux Australiens gaillards et vigoureux qui remontent régulièrement les bretelles des équipes anglaises sur les terrains de sport, quelques-uns d'entre eux faisaient voile vers la Chine en empruntant ce qu'on a fini par appeler « le passage extérieur ». La route la plus directe entre l'Australie et la Chine était fort dangereuse en raison des récifs et des îles innombrables, alors que le passage extérieur, comme on disait, était constellé de récifs et d'îles encore inconnus, ce qui rendait particulièrement intéressants les voyages à bord d'un navire en bois.

En 1788, après avoir acheminé les tout premiers forçats jusqu'à l'anse de Sydney, Thomas Gilbert, capitaine de la *Charlotte*, et John Marshall, capitaine du *Scarborough*, furent dépêchés par la Compagnie des Indes orientales pour transporter du thé de Chine en Angleterre. Chemin faisant, ils passèrent devant Aranuka, Kuria, Abaiang, Tarawa et Butaritari. Gilbert et Marshall décidèrent d'appeler ces îles les îles Gilbert. Et s'ils le firent, c'était parce qu'ils le pouvaient. Et le prochain groupe d'îles qu'ils trouvèrent, en direction du nord, fut baptisé îles Marshall. Pourquoi pas ? durent-ils se dire. Dès les années 1820, le nom de « Gilbert Islands » fut confirmé par le cartographe russe Adam von Krusenstern, et jusqu'au jour d'aujourd'hui, ces îles ont conservé ce nom, ce que je trouve vraiment dommage. Quand il s'agit de baptiser quoi que ce soit, la vanité et la flatterie sont des raisons franchement nulles qu'on ferait mieux de réserver au choix du second prénom d'un petit enfant. Les noms descriptifs, laissant deviner une histoire ou un événement intéressant, ont beaucoup plus de charme. Dans ce domaine, le capitaine Cook excellait. C'est à lui que nous devons Cape Good Success (cap de la Bonne-Réussite), Cape Deceit (cap de la Tromperie), Cape Desolation (cap de la

Désolation), Adventure Cove (anse de l'Aventure), Devil's Basin (bassin du Diable), Great Black Rock et Little Black Rock (Grand Rocher noir et Petit Rocher noir), autant de noms donnés aux particularités géographiques de la Terre de Feu, qui laissent penser que doubler le cap Horn vers la fin du XVIIIe siècle était une expérience en dents de scie. Et pourquoi ne pas remettre ça lorsqu'on se trouvait coincé à l'intérieur de la Grande Barrière de corail : Cape Tribulation (cap des Malheurs), Thirsty Sound (chenal de la Soif), Isle of Direction (île de la Direction), Wednesday Island (île du Mercredi), Thursday Island (île du Jeudi) avec, pour finir, Providential Channel (chenal Providentiel). En Nouvelle-Zélande, le capitaine Cook eut la gentillesse de nous laisser Hen and Chicken Island (île de la Poule et des Poussins), Cap Kidnappers (cap des Ravisseurs), Poverty Bay (baie de la Pauvreté), Murderer's Bay (baie du Meurtrier), Cannibal Cove (anse du Cannibale), Cape Runaway (cap des Fuyards) (à l'évidence, le voyage fut riche en péripéties), et mon préféré : Young Nick's Head (tête du Petit Nick[1]). En 1777, Cook dut passer Noël sur un atoll inhabité qu'il baptisa, c'était inévitable, Christmas Island ; de toutes les îles qu'il visita, c'est la seule qui devait faire un jour partie des Kiribati. L'équipage y prit des poissons et des tortues de mer, mais Cook, lui, fit la fine bouche : « On pouvait voir quelques cocotiers, en différents endroits, mais en général, la terre montre un aspect extrêmement aride. » Nul doute que les premiers explo-

1. Le capitaine Cook se permettait même des calembours, puisque le mot *head* qui signifie « tête » était aussi utilisé par les géographes pour désigner une pointe ou un promontoire.

rateurs du Pacifique en étaient venus à la même conclusion, ce qui explique sans doute pourquoi Christmas Island resta inhabitée jusqu'à une date assez avancée de l'ère moderne.

Gilbert et Marshall, pour leur part, furent un peu plus séduits par ce qu'ils virent, notamment par les pirogues des I-Kiribati, que Marshall qualifia de « bondissantes, ingénieuses et expertes ». Cependant, ils ne purent persuader les I-Kiribati de monter à bord et il ne leur parut pas très avisé, non plus, de chercher un mouillage. N'ayant aucune raison particulière de s'attarder, ils firent voile vers la Chine, à laquelle ils donnèrent le nom de Gilbertland. En 1799, l'explorateur George Bass, qui voyageait à bord du *Nautilus*, atteignit Tabiteuea et Abemama. Il décrivit ainsi les indigènes : « Un peuple brun, beau et courtois ». James Cary, capitaine d'un navire américain, la *Rose*, raconta sa rencontre avec les I-Kiribati au large de Tamana en 1804 : « D'après leur comportement, nous avons supposé qu'ils n'avaient encore jamais vu d'étrangers. Ils étaient inoffensifs, ne connaissaient pas l'usage des armes à feu, et ils ont paru contents de l'accueil que nous leur avons fait. »

En 1826, quand le *John Palmer*, baleinier américain, vint mouiller à proximité de Beru et d'Onotoa, les îles Gilbert avaient toutes été confrontées, d'une manière ou d'une autre, à l'univers des *I-Matang*. Ces premières rencontres se déroulèrent presque toujours dans de bonnes conditions, même si elles suscitèrent sans doute la perplexité des I-Kiribati. Dans l'ouvrage intitulé *Les Kiribati. Aspects de leur histoire*, le seul et unique livre sur cet archipel écrit par un autochtone, Ahling Onorio raconte l'arrivée des *I-Matang* sur Makin :

On dit à Makin que la venue des I-Matang *fut annoncée bien des jours avant le début du voyage par des anciens capables d'interpréter les signes dans les solives du* maneaba *qui était alors en construction. Lorsque l'étrange navire à voiles s'approcha de l'île, les habitants furent effrayés et invoquèrent Tabuariki (le dieu du Tonnerre), l'implorant de provoquer une grande tempête qui chasserait l'intrus. On dit que Tabuariki réussit par deux fois à empêcher le navire de venir trop près de Makin, mais la troisième fois, il s'approcha sain et sauf et jeta l'ancre devant l'île.*

Les habitants de Makin furent à la fois apeurés et ébahis par ce qu'ils virent alors. Leurs armes étaient prêtes, mais ils éprouvaient surtout de la curiosité vis-à-vis de l'étrange embarcation. En raison de sa forme arrondie, ils baptisèrent le navire « te ruarua » *(fosse à taro) et lorsque quelques chaloupes furent descendues sur l'océan, ils s'écrièrent :* « Te ruarua *vient d'accoucher.* » *Lorsque plusieurs avirons furent allongés de chaque côté des chaloupes, les indigènes abasourdis s'exclamèrent : « Regardez, ils ont les doigts qui tombent. » Quand les chaloupes accostèrent, ils se cachèrent et les arrivants prirent pied sur le rivage.*

Selon le récit, les habitants de l'île furent encore plus stupéfaits par ce qu'ils virent alors. Les créatures blanches et lumineuses, aux cheveux d'étranges couleurs, commencèrent à se frotter le corps avec un objet qui, mélangé à l'eau, faisait une écume blanche comme les vagues se brisant sur le rivage. Puis ils firent disparaître leurs corps sous des vêtements — ce qui étonna beaucoup les insulaires habitués à aller nus. Lorsque les inconnus enfilèrent leurs souliers, les Gilbertiens les comparèrent à des bernard-

l'hermite — ils cachaient leurs pieds à l'intérieur d'objets ressemblant à des coquilles.

La curiosité finit par prendre le dessus. Les insulaires sortirent de leurs cachettes afin d'examiner de plus près ces nouvelles créatures et les choses étranges qu'elles avaient apportées avec elles. Si l'on en croit le récit, ils s'intéressèrent particulièrement à la substance glissante et odorante qui formait de la mousse quand elle était mouillée. On dit que plusieurs insulaires se mirent à la mordre et à en avaler des bouts et que bientôt plusieurs furent pris de vomissements. Ainsi, le premier contact avec les Européens s'acheva sur un épisode mouvementé — les victimes du savon furent soignées par les étranges voyageurs.

Ce qu'illustre cette histoire, à vrai dire, c'est à quel point les insulaires étaient déjà las et saturés de la chair des poissons. Rien d'autre ne saurait expliquer ce curieux besoin de manger la savonnette grâce à laquelle un marin à la peau pâle et poilue venait de faire disparaître sa crasse, agrémentée de divers parasites. Cependant, en matière de premiers contacts, ces rencontres entre les *I-Matang* et les I-Kiribati ont été remarquablement paisibles, surtout en comparaison avec ce qui s'est passé ailleurs dans le Pacifique, où c'était bien souvent un coup de canon qui marquait le commencement d'une ère nouvelle dans les îles. Cette retenue n'a pas duré, bien entendu. Les îles Kiribati, comme on le constatait très vite après une exploration des plus succinctes, ne produisaient à peu près rien de ce qui pouvait tenter les *I-Matang* au début du XIXe siècle. Elles n'avaient ni nourriture fraîche, ni eau potable, ni or, ni argent, ni épices, ni fourrures, ni tissus, ni bois de santal, bref rien de ce qui servait de moteur au commerce et à l'exploration à cette époque. En revanche, elles recélaient une denrée en abondance : les femmes.

À partir des années 1830, des baleiniers avaient commencé à croiser dans les eaux des îles Gilbert méridionales. Ces hommes chassaient le cachalot, dont le crâne contient du spermaceti ou blanc de baleine, et tous ces mois passés à ne penser qu'au spermaceti ont dû finir par leur donner certaines idées, si bien qu'ils ont dérivé en direction des îles Kiribati. Les femmes de ces rivages avaient vite été réputées pour leur beauté et, fort heureusement pour les équipages des baleiniers, il y avait sur quelques-unes de ces îles une caste de femmes appelées *nikiranroro,* des pécheresses qui n'étaient ni tout à fait mariées ni tout à fait vierges, et que l'on mit à la disposition des marins. En général, le prix de la passe était d'une carotte de tabac et il ne fallut pas longtemps aux I-Kiribati pour devenir fous de cette plante. Bientôt, chaque fois qu'un navire était repéré à proximité, les insulaires se mettaient à brailler « *te baakee, te baakee !* ». Ils se jetaient sur toutes les sortes de tabac qui parvenaient jusqu'à eux, que ce fût pour le fumer, le chiquer ou même le manger carrément, et c'est là que les choses commencèrent à se gâter. En effet, les baleiniers constatèrent, d'une part, que les *nikiranroro* n'étaient pas nombreuses et, de l'autre, que la réputation sulfureuse des Tahitiennes n'était pas usurpée. Donc, comme tous les hommes qui doublaient le cap Horn aux XVIIIe et XIXe siècles, semble-t-il, ils partirent, à leur tour, faire leurs frasques en Polynésie.

Ce fut une bonne chose pour les îles Kiribati, car ainsi elles ne furent pas gravement touchées par l'épidémie de maladies vénériennes qui ravagea Tahiti. Mais, comme je peux en témoigner, le sevrage tabagique a tendance à vous rendre extrêmement grognon. Ce qui explique pourquoi l'équipage du *Columbia* se retrouva un jour pris en otage par des I-Kiribati en manque de nicotine, qui refusèrent de le relâcher tant qu'ils n'auraient pas reçu cinquante kilos de tabac. Très vite, les I-Kiribati acquirent une réputation de maraudeurs rusés, laquelle était sans doute aggravée par le fait qu'ils considéraient tout ce que l'océan apportait sur leurs rivages, hommes et objets, y compris les navires, comme leurs biens légitimes. Donc, outre l'attaque contre le *Columbia* en 1846, des opérations de pillage furent montées contre le *Triton* (1848), le *Flying Fox* (1850) et le *Charles W. Morgan* (1851), entre autres, en sorte que les baleiniers, si grandes que fussent leur concupiscence et leur faim, s'empressèrent d'éviter désormais entièrement certaines de ces îles, notamment Tarawa. Toutefois, une bonne partie des agressions perpétrées par les I-Kiribati pourrait sans doute être attribuée à de simples malentendus. S'agissait-il de vols ou d'emprunts ? Il existe entre les deux une zone de grisaille. Les I-Kiribati ne percevaient pas la possession de la même manière que les Américains ou les Anglais, deux sociétés dont les fondations mêmes reposaient sur la propriété. Et ce n'est pas non plus parce qu'on est entouré de canoës qu'on est obligé de les fracasser à coups de canon, comme le fit le capitaine du *Charles W. Morgan*, lorsqu'il se trouva encalminé à proximité de Nonouti.

Néanmoins, la réputation des I-Kiribati, accusés de se livrer à de sournoises attaques contre les navires de passage, se révéla amplement méritée. Ce n'était pas aux navires proprement dits qu'ils en voulaient, mais au tabac qu'il y avait à bord et aux matériaux qui les composaient. Si le vaisseau était capturé, il était aussitôt dépouillé de toutes ses ferrures et de ses clous, de ses armes et de son bois, de ses outils et de ses voiles ; quant au reste, qui paraissait inutile, on le laissait pourrir sur le récif. Cependant, les I-Kiribati eurent tout lieu de se féliciter d'avoir fait le plein d'expérience et de confiance en matière d'attaques contre les navires. Car, dès les années 1840, les *blackbirders* étaient là. Ces hommes étaient des marchands d'esclaves, chargés de trouver de la main-d'œuvre pour les plantations des îles Fidji, d'Hawaï, de la Nouvelle-Calédonie et du Pérou. Et pour remplir leurs cales, ils utilisaient aussi bien la force que la ruse. Sur les îles aux populations plutôt amicales, ils invitaient les insulaires à monter à bord, où ils leur servaient aussitôt une bonne ration de rhum, si bien que le village entier finissait assez vite ivre mort sur le pont ; et à ce moment-là, l'équipage levait l'ancre en douceur et s'éloignait avec son chargement. En d'autres occasions, les *blackbirders* attaquaient carrément le village, faisant tout particulièrement la chasse aux femmes. Comme le dit un d'entre eux, « aux îles Fidji, on les vend aisément vingt livres chacune et elles rapportent beaucoup plus aux marchands d'esclaves que les hommes ». Selon un récit, lors d'une incursion sur l'île d'Arorae, « trente-huit jeunes femmes furent toutes attrapées par les cheveux et traînées ainsi à bord ». La plupart ne revoyaient jamais leurs îles natales.

Dans les années 1850, cependant, entre la résistance opposée par les I-Kiribati et le revirement de l'opinion européenne vis-à-vis de l'esclavage, les planteurs finirent par être convaincus qu'ils allaient être obligés de réviser leurs techniques de marketing. À dater de ces années, ils délaissèrent l'esclavage en faveur du « recrutement de la main-d'œuvre dans le Pacifique ». Ce n'étaient plus des marchands d'esclaves armés, mais des recruteurs qui visitaient désormais les îles. Au lieu d'être vendus comme esclaves, les I-Kiribati signèrent des contrats de travail. Un ouvrier contractuel avait quand même une petite chance de rentrer chez lui un jour. On se fera une plus juste idée des rigueurs de l'existence sur un atoll équatorial si l'on sait qu'au cours des soixante-dix années suivantes, des milliers d'I-Kiribati quittèrent leurs îles pour aller travailler dans les plantations de cannes à sucre, de coton et de cocotiers des Fidji, de Tahiti, des Samoa, du Pérou, d'Amérique centrale et d'à peu près tous les endroits où les Européens avaient besoin de main-d'œuvre. Il est souvent question des foules d'ouvriers indiens et chinois mis ainsi sous contrat au XIXe siècle, mais si l'on considère cette main-d'œuvre contractuelle proportionnellement à la population des pays concernés, on peut penser qu'aucune nation n'exporta un aussi grand nombre de ses habitants que les Kiribati. Entre 1840 et 1900, près d'un tiers de tous les I-Kiribati travaillèrent hors de chez eux. La moitié d'entre eux ne regagnèrent jamais leur pays natal. Toutefois, au cours de cette période, la plupart des I-Kiribati recrutés partirent de leur plein gré. La sécheresse et la famine étaient les raisons les plus pressantes. Aucun endroit au monde n'est aussi cruel qu'un atoll en proie à la sécheresse. Pendant des générations, la famine et les infanticides empêchèrent les populations de s'accroître, puis le recrutement de travailleurs contractuels offrit une autre solution. La vie des ouvriers était très dure, mais ce n'était pas la mort.

Curieusement, dès qu'ils retournaient sur leurs îles, les travailleurs étaient presque aussitôt réintégrés à la communauté villageoise, où ils adhéraient aux mêmes croyances et traditions que ceux qui n'avaient jamais quitté les lieux. On aurait dit que les années passées au loin ne comptaient guère que comme source d'anecdotes hautes en couleur que l'on pouvait partager avec les autres au *maneaba*. Il n'y avait aucune remise en cause de la religion, aucune usurpation des hiérarchies locales, aucun défi aux coutumes. Qu'il ait été ainsi possible d'expatrier un tiers de la population et de la disperser aux quatre coins du monde, où elle devait s'échiner dans un environnement étranger, manger des nourritures inconnues et se trouver exposée à une vie profondément différente de celle qu'elle connaissait, puis d'en rapatrier un certain nombre sans aucune conséquence sociale, laisse penser que les I-Kiribati formaient un peuple plutôt opiniâtre, parfaitement satisfait de la culture mise au point pour survivre sur les atolls. Et qu'il faudrait faire très fort pour bousculer la culture en vigueur. Arrivent alors les écumeurs d'épaves.

Considérons un peu la situation d'un marin anglais analphabète, issu des classes inférieures, vers le milieu du XIXe siècle. Il est mal payé, tâte souvent du fouet, risque fort de périr en mer, n'a pour ainsi dire aucune chance d'avoir de l'avancement et, à son retour en Angleterre, il sera livré à lui-même dans un pays déjà bien parti pour devenir l'enfer industriel décrit de manière si réaliste par Charles Dickens. La vie sur une île tropicale où la polygamie allait de soi devait avoir ses charmes. Certains faussaient donc compagnie à leur navire, en espérant que les patrouilles lancées à leur recherche ne feraient pas trop de zèle. Les atolls sont bien petits, cependant, et les cachettes peu nombreuses, surtout quand on offrait aux I-Kiribati une récompense sous forme de tabac en échange du marin en rupture de ban. À l'occasion, des évadés du bagne australien étaient déposés dans les îles par des baleiniers obligeants. Le plus souvent, cependant, il s'agissait d'un marin qui s'était montré si insupportable à bord de son navire que le capitaine se sentait obligé soit de l'abandonner à terre, soit d'accéder à son désir d'y être abandonné.

Le premier écumeur d'épaves dont on sait qu'il débarqua sur les îles Gilbert était un certain Robert Wood, arrivé à Butaritari en 1835, où il s'empressa d'enseigner aux indigènes comment fabriquer du « *sour toddy* », un breuvage alcoolisé dépourvu de toute qualité gustative, qu'un *I-Matang* que je ne nommerai pas fut pourtant bien content de trouver plus de cent cinquante ans plus tard, alors qu'il traversait la phase aiguë d'un déplorable sevrage de bière. Dès 1860, une cinquantaine d'*I-Matang* s'étaient établis aux îles Gilbert. Je pense pouvoir affirmer sans me tromper que les premiers écumeurs d'épaves venus sévir aux Kiribati étaient du genre contestataire. La plupart étaient itinérants, s'attardant un an ou deux dans les îles avant de chercher à trouver un passage sur un navire accueillant à titre de marins, mais ils furent quelques-uns à s'y fixer pour le restant de leurs jours, tout heureux d'acquérir plusieurs épouses et de laisser suffisamment de rejetons pour être sûrs qu'en l'espace de deux générations tous les I-Kiribati auraient dans les veines quelques gouttes du sang d'un écumeur d'épaves. Le pays n'est pas grand. Parmi ces transfuges, le plus connu fut un certain Richard Randall, né en Angleterre, avant de passer par l'Australie. En 1846, il demanda à être débarqué sur l'île de Butaritari. Le capitaine du navire s'exécuta, et au bout d'un bref laps de temps, Randall avait quatre épouses et vivait le rêve de tous les écumeurs d'épaves. Assez vite, les quatre épouses le mirent à la tête de quarante enfants et il songea alors à trouver du travail. Il devint le commerçant de l'île.

Au début, le commerce aux Kiribati consistait principalement à échanger des bêches-de-mer et des carapaces de tortue contre du tabac. Mais Randall avait d'autres ambitions. L'huile de coco était utilisée en Occident pour la fabrication du savon et des bougies, et son commerce procurait depuis longtemps des bénéfices subsidiaires aux baleiniers. Randall se fit une place au soleil, et en l'espace de dix ans, il devint sans conteste le roi de l'huile de coco produite dans les îles Gilbert. La production de cette huile n'affectait en rien le mode de vie des I-Kiribati. Eux-mêmes s'en servaient volontiers, surtout pour nourrir leur peau. Cependant, le commerce de l'huile de coco entraîna quand même un changement. Selon les dires d'un historien local : « Il [Randall] échangeait [l'huile de coco] contre des marchandises telles que fusils et munitions, nourriture, canons, whisky, gin et rhum. Après quoi, il y eut beaucoup d'ivrognerie et de bagarres, et de nombreuses personnes furent tuées. Les canons, dont certains étaient de bonne taille, servaient à faire du bruit pour effrayer les gens. »

À l'évidence, au cours de la deuxième moitié du XIXe siècle, les îles Gilbert étaient devenues l'antre du péché. Et qui dit péché, dit missionnaires. Leur première apparition dans les îles remonte à 1852, date à laquelle le Conseil des commissaires américains chargés des missions étrangères envoya trois familles de missionnaires aux îles Marshall. Celles-ci s'arrêtèrent en route à Butaritari et je dois bien dire que j'aurais vraiment voulu assister à leur visite. Sous la houlette de Richard Randall, qui servait d'interprète, les missionnaires offrirent au grand chef de Butaritari des bibles et une lettre d'introduction du roi d'Hawaï, Kamehameha IV. Le chef en question, Na Kaiea, était âgé de quatorze ans. Comme la plupart des garçons de son âge, Na Kaiea était titillé par certaines préoccupations, si bien qu'il n'avait qu'une question et une seule à poser aux missionnaires : le christianisme autorisait-il la polygamie ? Lorsqu'il apprit que ce n'était pas le cas, Na Kaiea décida d'accueillir plutôt les mormons. On imagine sans peine Richard Randall, raccompagnant les missionnaires jusqu'à leur navire : « Bon, eh bien, c'était très sympa de vous voir. Comment dites-vous ? Vous voulez parler de ces quatre femmes nues, là-bas ? Non, non, ce sont juste de bonnes copines. Allez, bon voyage à présent. Au revoir. »

Il faudra attendre longtemps pour voir le christianisme supplanter les croyances traditionnelles des I-Kiribati. À vrai dire, ce ne fut qu'à une date déjà avancée du XXe siècle que la plupart des insulaires se déclarèrent chrétiens. On est même ébahi qu'il n'ait pas fallu plus longtemps. Que l'on songe au citoyen I-Kiribati du XIXe siècle : il fume, il lampe son *sour toddy*, il va tout nu, il danse et, question fornication, ce ne sont pas les choix qui lui manquent. Donc, en ce qui concerne le mode de vie, voilà déjà quelques problèmes de taille à régler pour les missionnaires. Le premier à s'y frotter fut Hiram Bingham, un frêle Américain, ancien étudiant de l'université de Yale, qui débarqua sur Abaiang en 1857, en compagnie de son épouse, comme l'exigeait le Conseil missionnaire, de peur qu'il ne se laissât détourner du droit chemin par quelque beauté à peau brune. Bingham comprit d'emblée que sa tâche allait être rude.

Le spectacle d'hommes, de garçons et de filles tout nus, et aussi de femmes plus qu'à moitié dévêtues, leur attachement à leur extrême pauvreté, leur adoration de faux dieux, leurs us et coutumes extrêmement indécents, leur grand dévergondage, leurs mensonges éhontés, leur convoitise, leurs vols, leur esprit guerrier et leur soif de sang, le sentiment qu'ils ignorent tout du jugement dernier, du paradis, de l'enfer, de Jésus-Christ, tout cela m'inspire une forte envie de prêcher devant eux.

Afin de pouvoir les haranguer, Bingham se mit en devoir d'apprendre « le jargon de païen que ces bruyants sauvages braillaient à mes oreilles ». Le missionnaire triompha dans cette entreprise. Ce fut principalement lui qui créa la langue écrite des I-Kiribati, même si l'on sent bien que ce fut par pure méchanceté qu'il évita d'y incorporer toutes les lettres de l'alphabet. En 1890, il avait traduit la Bible en I-Kiribati. Et c'est là que prend fin, plus ou moins, sa réussite en tant que missionnaire. Les offices qu'il célébrait n'attiraient guère de monde et il s'aperçut que les rares paroissiens qui faisaient l'effort de venir étaient « très lents à apprendre à bien se tenir dans la maison du Seigneur. Beaucoup d'entre eux, ne se souciant que peu ou pas du tout de la vérité, ont l'habitude de s'allonger par terre pour dormir ; et parmi les autres, ils ne sont pas rares à rire, parler et déambuler. » Les deux premiers indigènes qu'il avait convertis ne tardèrent pas à retomber dans le paganisme, lorsque l'île d'Abaiang fut en proie à une longue période d'ivrognerie et de guerre entre les clans.

Le travail de Bingham fut en grande partie poursuivi par des missionnaires hawaïens, lesquels furent de plus en plus souvent envoyés aux îles Gilbert, parce que le Conseil missionnaire estimait que ces régions étaient trop sauvages pour les Blancs. Dans les années 1870, il y avait des missionnaires hawaïens sur sept îles et ils étaient parvenus à convertir cent douze I-Kiribati, parmi lesquels soixante-dix-huit à peine pouvaient être considérés comme d'authentiques « fidèles » de la congrégation. Nombre de missionnaires se montraient un peu trop négligents vis-à-vis de leurs devoirs, préférant se concentrer sur les occasions de commercer ; ici et là, cependant, des missionnaires hawaïens menaient leur action avec l'excès de zèle des chrétiens fraîchement convertis. La chose était particulièrement vraie sur Tabiteuea, une île qui eut la malchance d'avoir à la tête de sa mission Kapu, un Hawaïen à qui Bingham avait confié la tâche de répandre la bonne parole. Le nom « Tabiteuea » signifie que les rois y sont interdits et, à ce qu'il semble, Kapu dut y sentir comme une espèce de défi. Invoquant les feux de l'enfer et la damnation qui s'abattraient sûrement sur tous ceux qui se cramponneraient aux croyances anciennes, Kapu parvint à convertir la plupart des gens qui habitaient le nord de l'île. On prit l'habitude de l'appeler Kapu le Faiseur de lois et il ne tarda pas à diriger ses efforts vers la moitié sud de Tabiteuea, dont les habitants lui restaient résolument hostiles. Kapu décida que la situation ne pouvait pas durer et il organisa une armée parmi les convertis, afin d'aller en remontrer aux Méridionaux. Jusque-là, on ne savait même pas ce que c'était que la guerre sur Tabiteuea, où les différends étaient généralement tranchés au moyen d'un bras de fer. À la différence de bien d'autres îles des Kiribati, Tabiteuea n'avait aucune expérience d'un système de chefs, ni des guerres qu'organisaient ces chefs pour meubler leurs loisirs. Au lieu de cela, chaque famille de l'île possédait ses terres, chaque homme était roi et le gouvernement, dans la mesure où il était exercé, l'était dans le *maneaba* par l'*unimane* du village. Kapu fit à Tabiteuea le même effet que Napoléon à l'Europe — un effet révolutionnaire et terriblement destructeur. Avec son armée de chrétiens, il fondit sur le sud de l'île. Brandissant des épées faites de dents de requin et des lances auxquelles on avait fixé les torpilles mortelles des raies électriques, les troupes de Kapu déferlèrent sur les païens qui s'étaient massés autour d'un vieux canon récupéré sur un navire naufragé. Cette pièce d'artillerie parvint à tirer un boulet, après quoi la pluie doucha toute velléité de résistance à l'attaque. En quelques heures, près d'un millier de Méridionaux gisaient sans vie. La plupart avaient été décapités. Et Tabiteuea devint alors chrétienne.

À mesure que les années passèrent, le fanatisme des premiers missionnaires protestants s'atténua, avant tout parce que, sur la plupart des îles, il ne mena à rien, mais aussi en raison de la rivalité qui les opposait aux missionnaires catholiques, lesquels, en se montrant favorables au tabac, à l'alcool et à la danse, jouissaient d'un avantage certain dans la course aux âmes des I-Kiribati. D'ailleurs, au début du XXe siècle, les îles Gilbert septentrionales, longtemps chasse gardée du Conseil américain des missionnaires, étaient devenues en majeure partie catholiques, tandis que les Gilbert méridionales, évangélisées par des missionnaires samoans, beaucoup plus coulants, qu'avait envoyés vers eux la Société missionnaire de Londres, adhéraient principalement à la foi protestante ; cette répartition perdure encore de nos jours. Les catholiques, toutefois, mettaient quand même le holà à la polygamie et à la nudité, si bien que peu à peu, île par île, la tradition des épouses multiples se dessécha dans les mémoires, et que les I-Kiribati commencèrent à se draper dans des tissus, ce qui leur valut de connaître les maladies de peau qui tourmentaient les *I-Matang*.

Dans cette atmosphère de missionnaires énervés, de commerçants sans scrupules et de guerres de factions, alimentées par l'alcool, les armes à feu et les illusions, l'arrivée de l'Empire britannique ne fut pas sans susciter un certain soulagement parmi les I-Kiribati. En 1892, E. H. M. Davis, capitaine à bord du *Royalist*, débarqua sur Abemama pour y planter l'Union Jack et proclamer que désormais les îles Gilbert seraient un protectorat de Victoria qui, par la grâce de Dieu, était reine du Royaume-Uni, de Grande-Bretagne et d'Irlande, défenseur de la foi et impératrice des Indes. Après quoi, il passa sur chacune des autres îles importantes de l'archipel pour y faire une proclamation identique. Les I-Kiribati dirent « bon, d'accord », peut-être parce que Davis interdit aussitôt le commerce des armes à feu et de l'alcool et ne tarda pas, en outre, à bannir les missionnaires les plus turbulents, notamment Kapu le Faiseur de lois, deux décisions qui en fort peu de temps rendirent à ces îles la paisible langueur qu'elles n'avaient plus connue depuis l'arrivée des baleiniers. Les guerres tribales qui sévissaient dans les îles Gilbert septentrionales cédèrent la place à des commissions agraires et à des magistrats locaux. Quelques-uns des *I-Matang* les plus sanguinaires, qui depuis longtemps déjà fomentaient des troubles dans les îles, furent jugés et expulsés, quand ils n'étaient pas fusillés. Les activités des commerçants furent réglementées et l'imposition de ces règles incita bon nombre d'entre eux à déguerpir. Les missionnaires protestants furent priés de faire preuve d'un peu plus de tolérance en ce qui concernait les danses. Le pouvoir des chefs, exacerbé de façon artificielle par les armes à feu et les commerçants, fut remis entre les mains des *unimane*. Bref, en un temps record, la *Pax britannica* descendit sur les îles. À mon sens, ce n'est pas tant aux fonctionnaires coloniaux itinérants, qui reçurent l'ordre d'administrer à la fois les îles Gilbert et les îles Ellice, alors que le Colonial Office ne mettait même pas le moindre bateau à leur disposition, qu'il faut imputer ce fait qu'au désir qu'avaient les I-Kiribati de soustraire leur univers à l'influence délétère des forbans *I-Matang* venus s'installer chez eux. Car il faut bien dire que les Britanniques n'investirent guère dans les Kiribati. Pour dire le vrai, ils n'en voulaient même pas. Ils les revendiquèrent uniquement dans le but de freiner les aspirations des Allemands et des Américains dans cette région du globe. Mais la puissance d'un empire se fait sentir, et pendant quelques heureuses années, le modèle colonial britannique, avec son paternalisme bienveillant, instaura dans les îles une stabilité et un ordre que beaucoup de gens avaient cru perdus à tout jamais. Ce fut sans doute l'habitude qu'avaient les autorités coloniales britanniques de former certains autochtones, afin qu'ils prennent en main la plupart des tâches administratives, qui introduisit quelque chose qui ressemblait à une identité nationale parmi les insulaires, dont l'identité collective s'était jusque-là concentrée le plus souvent et de manière presque exclusive sur l'île natale des uns ou des autres.

Pour ce qu'elle fut, si l'on songe qu'à aucun moment le Colonial Office n'eut sur place plus d'une douzaine de fonctionnaires, l'expérience britannique aux Kiribati aurait pu rester essentiellement bienveillante, n'eût été la découverte qu'il existait sur une de ces îles une ressource naturelle, oui, une véritable ressource, digne de ce nom et extrêmement précieuse. S'agissant des Kiribati, il allait de soi que cette ressource serait fondée sur le caca ou, pour être plus précis, sur le très vieux caca d'oiseau, qui porte aussi le nom de phosphate, sans doute parce qu'on trouve inélégant de parler de merde d'oiseau, alors que parler de phosphate, c'est branché et viril, même si c'est aussi rasoir. Ce véritable trésor de caca d'oiseau fut découvert sur l'île de Banaba, longtemps connue sous le nom d'Ocean Island par les *I-Matang*, laquelle occupe une position assez isolée à quelque cinq cents kilomètres au sud-est de Tarawa. À la différence des autres îles des Kiribati, Banaba est une île possédant un certain relief, puisqu'elle est en forme de pirogue à l'envers, culminant à une petite centaine de mètres au-dessus du niveau de la mer. Sa superficie ne dépasse pas une dizaine de kilomètres carrés, mais les gisements de phosphate étaient de vingt millions de tonnes. C'est à propos de ces vingt millions de tonnes que la Pacific Islands Company signa, en 1900, un accord avec un personnage que l'on croyait être le chef de Banaba. Cet accord donnait à la compagnie, qui devait devenir ensuite la British Phosphate Commission, le droit d'exploiter tous les gisements de phosphate de l'île contre une somme annuelle de cinquante livres sterling « ou la valeur correspondante sous forme de marchandises ». L'accord serait valable pendant neuf cent quatre-vingt-dix-neuf ans. Un personnage dénommé le roi d'Ocean Island signa d'une croix. Bien entendu, il n'y avait aucune raison de signer pour un si grand nombre d'années. Dès 1979, l'année où les Kiribati acquirent leur indépendance, les gisements de phosphate étaient tout à fait épuisés. Mais avec le phosphate, on détruisit aussi le sol, les pandanus, les cocotiers et à peu près tout ce qui est nécessaire à la vie sur une île. Aujourd'hui, c'est à peine si une trentaine de personnes habitent ce qui reste de l'île dévastée de Banaba. Le restant de la population a été relogé sur Rabi, une des îles Fidji, dans les années 1950, lorsque les Britanniques se sont aperçus que l'exploitation des mines de phosphate avait rendu l'endroit inhabitable.

N'oublions pas, bien sûr, que la destruction des îles du Pacifique était la prérogative des superpuissances, montantes ou déclinantes, et dans les années 1960, les Britanniques décidèrent de lâcher quelques bombes atomiques sur Christmas Island, juste pour voir quel effet ça ferait. Je suis toujours abasourdi par l'impudence de ces expériences nucléaires dans le Pacifique. Et si l'un de ces insulaires décidait de faire péter une bombe A dans le Yorkshire, ou bien une bombe H dans le Minnesota ou en Provence, juste pour voir ce qui se passe. Ça en ferait un tintouin, j'en suis sûr. Vous imaginez un peu les courriers des lecteurs dans la presse. Les Britanniques prétendent que leurs expériences sur Christmas Island, une réserve d'oiseaux réputée, n'ont eu aucun effet néfaste à long terme. Il n'est pas impossible, cependant, que les soldats fidjiens qui s'y trouvaient stationnés soient d'un autre avis. Par la suite, il y a eu parmi eux de nombreuses victimes de cancers. Leurs femmes ont fait des fausses couches et les enfants portés à terme souffraient souvent de malformations congénitales.

On pourrait penser que les I-Kiribati nourrissent des sentiments pour le moins mélangés concernant l'histoire de leurs relations avec les *I-Matang*, mais en réalité, ce n'est pas du tout le cas. Quand j'ai demandé à Bwenawa ce qu'il en pensait, il a répondu : « C'était très bien. Ils nous ont civilisés. Avant, nous étions très sauvages. Et maintenant, nous sommes tous chrétiens. » Il était très difficile de savoir vraiment si Bwenawa cherchait à se payer votre tête ou bien s'il entendait faire ainsi abstraction de tous les faits de colonialisme et d'exploitation qui emplissent les manuels d'histoire occidentaux. Il est certain que le christianisme comptait beaucoup pour lui. À différentes époques de sa vie, il a été catholique, témoin de Jéhovah, adventiste du septième jour, mormon et même bahaï. Aujourd'hui, il est un des Anciens de l'Église protestante des Kiribati. « Tout ça, c'est du pareil au même. Il faut aimer Dieu et nous aimer les uns les autres. » Dans ce but, Bwenawa s'efforçait d'unifier l'Église protestante des Kiribati avec son ennemie jurée, l'Église catholique — juste en guise de petit coucou aux zozos de Rome.

Et les I-Kiribati sont absolument lyriques dès qu'il est question de l'époque coloniale britannique. Je l'ai vraiment compris le soir où nous avons été invités à assister à une réception en l'honneur du résident général britannique en visite. En règle générale, le circuit des réceptions diplomatiques sur Tarawa, pour ce qu'il vaut, se caractérise par une consommation tout à fait immodérée de bière, à l'occasion par une bagarre et par un climat général de beuverie et de débauche. Toutefois, la réception donnée en l'honneur du diplomate britannique nourrissait certaines ambitions. Je l'ai deviné, parce qu'on pouvait lire sur le carton d'invitation que les messieurs étaient priés de venir « en pantalon ». On sait, certes, que les Anglais sont réputés pour leur sens un peu biscornu du décorum, qu'ils font passer avant des réalités aussi importantes que le climat. Il s'agit, ne l'oublions pas, de la nation à qui l'on doit l'invention de la chaussette longue. La demi-douzaine d'avocats en exercice aux Kiribati continue de plaider avec une perruque sur la tête et une robe d'avocat qui se gonfle au-dessus de leurs tongs. Mais jamais auparavant, une invitation où que ce soit à Tarawa n'avait stipulé que les hommes devaient venir « en pantalon ». En chemise, d'accord, et peut-être même en chaussures, mais à Tarawa les pantalons font franchement m'as-tu-vu. Il n'y avait que les missionnaires mormons pour en porter.

Néanmoins, le soir en question, j'ai enfilé un pantalon et, comme tous les hommes présents à la réception, je me suis mis à transpirer à grosses gouttes. J'ai jeté à Sylvia un regard d'envie.

« Je donnerais n'importe quoi pour être en jupe, l'ai-je assuré.

— À mon avis, tu serais tout à fait trognon », a-t-elle répondu.

Sylvia n'était pas du tout perturbée par mes envies vestimentaires. Avec beaucoup de bon sens, chacune des cultures qui se sont développées le long de l'équateur a mis à l'honneur un vêtement masculin s'apparentant à une jupe. Comme la plupart des hommes aux Kiribati, je portais donc le plus souvent un *lavalava*. J'enfilais un short pour les occasions habillées. Le pantalon, c'était une obligation imbécile imposée par une culture étrangère.

Toutefois, la vision du résident général britannique m'a remonté le moral. C'était un véritable colosse, démesurément grand et aussi massif qu'un bœuf ; il habitait aux îles Fidji avec sa mère, un minuscule bout de femme, et je trouvais ce *modus vivendi* éminemment anglais. Les Britanniques n'ont plus d'ambassade à Tarawa. D'ailleurs, ils ont vraiment fait tout ce qu'ils ont pu pour trancher tous les liens qui les rattachaient encore au Pacifique. Leur représentante semi-officielle aux Kiribati était la femme d'un volontaire écossais. Donc, une fois par an, lorsque les liaisons aériennes le permettaient, le résident général britannique aux Fidji faisait une apparition. Cette année-là, on l'avait emmené visiter Buariki, à Tarawa Nord, où le capitaine Davis avait planté sur l'île le premier drapeau anglais. Il faut environ deux heures pour traverser le lagon sur une pirogue *Kiribati-8* propulsée par un moteur hors-bord. Le trajet avait duré un peu plus longtemps pour le résident général, lorsqu'on avait découvert au cours du voyage de retour, à peu près à mi-distance, qu'il n'y avait plus de carburant et qu'il fallait terminer à la pagaie. Cela avait pris des heures, au cours desquelles le malheureux avait attrapé un coup de soleil qui devait lui faire un mal de chien. Donc, quand il a enfin paru, en costume kaki et chemise bleue que l'on aurait trouvés tout à fait élégants s'ils n'avaient pas été trempés de sueur, on aurait dit la plus grosse tomate du monde. Et la plus rouge aussi. Il a eu, cependant, la bonté de nous faire savoir qu'il s'était récemment entretenu avec la reine et qu'elle songeait à ses chers sujets des Kiribati, pays membre du Commonwealth. Il est fort probable que la reine, à ce moment-là, était plus occupée à considérer ce que sous-entendaient les fuites téléphoniques et les orteils sucés, mais c'est pour cela que les résidents généraux sont si bien payés. Le président des Kiribati, l'air fort mal à l'aise dans son pantalon et ses sandales, dont la qualité n'était pas sans rappeler les articles que l'on trouvait sur les marchés aux puces de Bulgarie vers 1974, s'est levé, et il a précisé à quel point les I-Kiribati se sentaient redevables envers les Britanniques qui les avaient si sagement gouvernés à l'époque coloniale. « Vous nous avez civilisés », a-t-il dit. Le résident général a incliné la tête d'un air magnanime. Après quoi, nous avons entrechoqué nos cannettes de bière et nous les avons levées à la santé de la reine.

Me sentant tout bête, j'ai jeté un coup d'œil alentour, afin d'observer les ministres réunis autour de moi, aussi dégoulinants que je pouvais l'être dans leurs pantalons mal coupés. « À bon entendeur, salut, se sont-ils exclamés enthousiastes. À la santé de la reine. » Comme un seul homme, nous avons englouti nos bières. N'eût été cette boisson, et la chaleur, et ces fripes lamentables, la scène n'aurait pas été déplacée à la Chambre des lords. On aime beaucoup la reine aux Kiribati. Non, je ne dis pas ça pour rire.

11

*Où l'auteur narre l'étrange histoire
du poète lauréat des Kiribati, qui n'était,
en réalité, ni poète ni originaire des Kiribati,
mais qui est pourtant devenu
leur poète lauréat, si l'on peut dire,
même s'il était avant tout, malgré son culot
d'empereur, un crétin.*

Peu après notre arrivée à Tarawa, on avait pu lire dans les dernières pages des journaux du monde entier un petit entrefilet concernant les Kiribati. À l'origine de cette mini-tempête dans l'univers des potins médiatiques, on trouvait le magazine anglais *Punch* et son article consacré à Dan Wilson, un jeune homme de vingt et un ans, originaire de Northampton, en Angleterre, qui, manifestant des ambitions aussi outrecuidantes que malavisées, avait adressé une missive « au gouvernement des Kiribati » afin de solliciter l'emploi de poète lauréat. Dans sa lettre, Wilson avait mis en avant les multiples facettes de son propre talent

— « Je peux vous écrire des poèmes sur tout ce que vous voudrez : des poèmes joyeux, des poèmes tristes, des chansons, n'importe quoi » — et précisé qu'il ne réclamait pour toute rémunération que l'usufruit d'une hutte donnant sur le lagon. Il avait joint, en prime, un échantillon de son art, une œuvrette de trois strophes, qui commençait ainsi : « Ô, j'aimerais vivre aux Kiribati / Je sens que c'est la patrie qu'il me faut / J'écrirais des vers pour mon doux pays / Sous un cocotier tout au bord de l'eau. »

Cette lettre, comme on pouvait l'espérer, avait été remise au chef du gouvernement, le président Teburoro Tito, qu'elle avait suffisamment ému pour l'inciter à prier Wilson de venir mener aux Kiribati une vie aussi simple que littéraire, hutte incluse. Le fait que Kiribati se prononce *Kir-iii-bass*, ce qui n'était pas sans nuire à la perfection de la rime, n'avait guère d'importance, car même aux Kiribati, on comprenait parfaitement que de nos jours la poésie n'a plus besoin de rimer. Wilson, cependant, n'ayant peut-être pas conscience de la poignante bonne foi des I-Kiribati, avait cru bon de transmettre son poème et la lettre du secrétaire personnel du président à la rédaction de *Punch*, un hebdomadaire satirique de moins en moins digne de son illustre passé, déchaînant une tempête médiatique qui avait parcouru le cycle entier des nouvelles d'un jour. En Europe, en Asie, en Australie, des journaux avaient repris l'information. Même CNN avait mordu à l'hameçon. Et tous les articles disaient plus ou moins la même chose. À savoir qu'un tout petit paradis de l'océan Pacifique avait fait d'un étudiant britannique de vingt et un ans son poète lauréat, après avoir lu le poème suivant (et le poème suivait). Le ton était invariablement celui d'une gentillesse condescendante — voyez donc ces pauvres insulaires un peu simplets qui se laissent embobiner par un jeune farceur de Northampton.

Il va sans dire que c'était tout à fait injuste. Qu'ils essaient donc, ces journalistes ricaneurs, de gagner leur vie avec une pirogue et un cocotier. Les I-Kiribati, toutefois, n'ont aucun sens de l'ironie, ce qui les met dans une position désavantageuse dans le monde moderne. Et leur gouvernement n'était pas précisément rompu aux façons de faire des médias planétaires. La plupart des instances dirigeantes auraient frémi d'indignation et engagé des légions de spécialistes des relations avec la presse pour tenter de nier toute l'affaire de manière plausible. Mais aux Kiribati, il n'y a pas de magiciens de la communication, pas de George Stephanopoulos. De ce fait, le président ne comprenait pas vraiment pourquoi sa proposition avait déclenché un tel vacarme. Un charmant jeune Anglais était assez aimable pour s'intéresser aux Kiribati, écrire un poème touchant et demander s'il lui serait possible de passer quelque temps dans les îles, afin d'y pondre des vers sur les vertus de leur population. Comment refuser ?

Donc le président Tito avait fait envoyer une autre lettre à Dan Wilson. Le poète était-il sincère ? Avait-il vraiment envie de venir aux Kiribati ? De vivre dans une hutte donnant sur le lagon ? Wilson, sidéré de recevoir une deuxième lettre du secrétariat présidentiel, avait répondu aussitôt et présenté ses excuses pour avoir causé tout ce remue-ménage, faisant remarquer au passage que la presse était vraiment une bestiole incontrôlable et assurant qu'il ne demandait pas mieux, en effet, que d'écrire des poèmes dans une hutte donnant sur le lagon.

Le courrier à destination et en provenance des îles Kiribati circule à l'allure d'un navire à vapeur. Dix-huit mois se sont écoulés avant que Wilson ne reçoive une réponse. Apaisé par les bonnes intentions du poète, le secrétaire personnel du président lui assurait qu'il était plus que jamais le bienvenu. « En ce qui concerne la hutte de Votre Excellence, ajoutait-il, soyez sûr que cette offre généreuse est toujours valable et, en outre, que la hutte en question est fort commodément située sur une des îles extérieures. »

Cette lettre a fini par atteindre Wilson alors qu'il travaillait dans une plantation d'arbres de Noël aux confins de l'Allemagne et de la Pologne. C'était le mois de novembre. Bon, on récapitule : frontière Allemagne-Pologne, novembre. Voilà comment un jour, Dan Wilson, le premier poète lauréat de l'histoire des Kiribati, si l'on peut dire, est arrivé à Tarawa, prêt à ceindre sa couronne de lauriers. Accueilli à l'aéroport international de Bonriki par un collaborateur du président, Wilson a aussitôt eu droit à une brève visite de l'île — la brièveté étant due davantage à la taille exiguë de l'atoll qu'à une précipitation de mauvais aloi — avant d'être déposé devant la demeure privée du président, un édifice spartiate, en parpaings gris, situé sur une étroite langue de terre entre le lagon et le lycée mormon ; et c'est là que je l'ai trouvé un matin, dans un état d'ébriété avancée.

À ce qu'il semble, la famille du président avait découvert le *kava*, une espèce de boisson boueuse et narcotique que l'on absorbe rituellement dans une grande partie de la Polynésie et de la Mélanésie. J'ai posé mon vélo et suis entré dans une pièce tout à fait vide de meubles ou de bibelots ; il n'y avait que des nattes, sur lesquelles une douzaine d'hommes étaient allongés, en proie à une hébétude béate, autour d'une coupe de *kava*. Cette boisson est préparée à partir des racines du *Piper methysticum*, une variété de poivre qui ne pousse qu'en présence d'eau, d'un terreau riche, de flancs de colline, de temps occasionnellement frais et de toutes sortes d'autres conditions inexistantes aux Kiribati. Les I-Kiribati, cependant, ont un appétit prodigieux pour les substances grisantes et, comme il n'y avait sur place aucune espèce d'agence contrôlant l'alimentation et les drogues, sans doute était-ce dans un esprit de service public que le président avait chargé sa famille, ou en tout cas son contingent masculin, de goûter le breuvage à des fins de recherche médicale. Ils en avaient consommé toute une succession de coupes, sans plus de chichis que de façons. Les femmes faisaient la gueule à la périphérie. L'étrange et léthargique silence était ponctué par Wilson qui gratouillait une guitare, assis à proximité de la coupe de *kava*. *Twang*. Je ronfle. *Retwang*. Je pouffe.

Poliment, j'ai refusé de boire. Quand il s'agit de la consommation de substances grisantes, je sais me montrer ferme. Jamais avant dix heures du matin, telle est ma devise, car la pente est savonneuse. J'étais fort désireux de m'entretenir avec Wilson. Le peu que nous savions de la saga du poète lauréat nous venait de quelques fax que nous avaient envoyés des amis, auxquels nous n'avions strictement rien compris, si bien que nous avions tout oublié de l'affaire jusqu'au moment où nous avions appris, par l'entremise de Radio Cocotiers, que le poète lauréat venait bel et bien d'arriver à Tarawa. Wilson qui, en chair et en os, ressemblait à s'y méprendre à une version miniature de Liam Gallagher, le pâle voyou qui présidait aux destinées du groupe Oasis, naguère adulé, a consenti à m'accompagner au-dehors, où nous nous sommes installés à l'ombre de l'appentis présidentiel et où je l'ai questionné sur ses premières impressions de Tarawa.

Il a commencé par un ronflement. Puis : « Tout c'que j'peux vous dire, c'est qu'c'est vach'ment p'tit, p'tain. »

Pardon ?

« J'dis qu'c'est vach'ment p'tit. Et j'vous cause pas d'la chaleur, p'tain. »

Tiens donc. À ce qu'il semblait, le poète lauréat ne parlait pas ce qu'on appelle « l'anglais de la reine ».

« Z'auriez pas un clope ? »

Pardon ?

« J' vous d'mande un clope, p'tain ? Une cibiche, quoi ! »

Je lui ai offert une cigarette. Les mains tremblantes, il a inhalé la fumée. « Rrraaahhh. » *Ronflement.* « Rrraahhh. » *Ronflement.*

En journaliste aguerri que j'étais, je savais à quel point il était important de faire passer le courant entre soi-même et l'interviewé et de trouver un langage commun. J'ai donc demandé : « Alors, putain, comment l'idée vous est-elle venue d'être poète lauréat, putain quoi merde ?

— J'étais en train d'postuler pour un p'tain d'boulot d'livreur de journaux, à quat' plombes du mat', p'tain, et tout à coup, j'me suis dit qu'y d'vait y avoir mieux, voyez c'que j'veux dire ? Ben, qu'est-ce qu'y peut y avoir d'mieux qu'd'être le poète national, p'tain, et d'rester assis sur son cul à longueur de journée à pondre des p'tain d'poèmes. »

En effet. Mais pas en Angleterre ?

« L'problème avec c'te p'tain d'Angleterre, c'est que A, faut êt' vach'ment fortiche, et que B, la p'tain d'place, l'est déjà prise. »

Des inconvénients pareils en auraient découragé plus d'un, mais pas Dan Wilson. Il a consulté un atlas. « C'que j'voulais, c'tait un pays lointain. J'ai r'gardé c'te p'tain d'océan Pacifique, j'ai visé en plein dans son p'tain d'milieu et j'suis tombé sur les Kiribati. » *Ronflement.* « Z'en auriez un aut', de clope ? »

Je lui ai derechef tendu mon paquet. « Ça vous ennuie pas qu'j'en prends deux ? » Il en a allumé une et il a glissé l'autre derrière son oreille. « Rrraahhh. Hak-hak. Chhhhhhhtchhooouuu. »

Wilson n'était pas tout à fait l'épave à demi illettrée qu'il paraissait être. En dépit de tous les *p'tains*, après des douzaines d'interviews au Royaume-Uni, ses réponses étaient bien rodées et soigneusement formulées. Sa correspondance avec le gouvernement des Kiribati était classée par ordre chronologique dans une chemise impeccable. Son billet aller et retour avait été payé par une société de production cinématographique, qui lui avait fourni en outre un caméscope, afin qu'il puisse enregistrer un journal intime en vidéo. Toutefois, à présent qu'il se trouvait à Tarawa, loin des feux éblouissants de l'actualité, qu'allait-il bien pouvoir y faire ? Je lui ai demandé comment il avait passé son temps jusqu'à présent.

« J'nage, j'dors, j'me détends, j'fais la fête, c'est tout. Voyez l'genre, j'fais 'xactement c'que font les

I-Kiribati, p'tain. » Non, je ne voyais pas « 'xactement », mais tant pis. Avait-il l'intention de continuer à écrire des poèmes ? (J'ai demandé : « Zavez d'jà pu composer des p'tains d'poèmes ? »)

« Non, j'ai pas écrit un seul truc, p'tain. J'attends qu'ma p'tain d'hutte soit prête et alors j'vais rien faire d'aut' qu'écrire et j'verrai bien c'que ça donne, p'tain. J'compose pas d'la vraie poésie sérieuse, juste des vers de mirliton. » Ça alors, qui l'eût cru ! « Donc, j'reste peinard jusqu'à mon départ pour Tabiteuea Nord. »

Tab Nord ? L'île aux couteaux ?

Aux Kiribati, chaque fois qu'on entend parler d'un meurtre, la première réaction, c'est : *Non, pas possible ?* Et puis, inévitablement, on apprend que le meurtrier est originaire de Tabiteuea Nord, et aussitôt on passe à : *Ah, oui, bien sûr, ça explique tout.* Car on est très susceptible à Tabiteuea Nord, et très prompt à recourir à l'arme blanche. Wilson était-il au courant du sobriquet bien mérité de cette île ? Je n'en aurais pas mis ma main au feu, mais j'ai décidé de ne rien lui dire. Entre vous et moi, j'étais assez curieux de voir comment il se débrouillerait à Tab Nord. Peut-être le président Tito était-il plus sournois que je ne le pensais. *Très sincèrement, je ne vous en veux pas du tout d'avoir fait de moi la risée du monde entier. Tenez, voici votre hutte à Tabiteuea. Surtout, n'hésitez pas à coucher avec les femmes qui vous plaisent.*

Cela dit, je ne pense pas que ça aurait dérangé Wilson. Les frondes des palmiers se balançaient. Le lagon chatoyait. Il prenait sérieusement son pied avec le *kava*. Une charmante jeune personne est passée : une nièce du président ? « Savez quoi ? a repris Wilson qui paraissait très à son aise, même s'il avait l'œil un peu vitreux. C'est vach'ment tentant d'rester ici, p'tain, et de disparaît'. D'se mett' à couper l'coprah et à faire des bébés. »

Pensée d'une haute originalité, quoique fort peu exploitée par les poètes. Je me suis demandé ce qu'il allait devenir, emporté à une distance pareille par une blague de potache. Les Kiribati, à coup sûr, n'avaient pas besoin de lui. Robert Louis Stevenson écrivit jadis au sujet d'un chef de Butaritari : « La description d'une de ses propres chansons, qu'il m'a chantée lui-même, "ça parle d'amoureux, et d'arbres, et de la mer, mais pas vrai, tout le même mensonge", me paraît être la définition la plus complète de la poésie lyrique que l'on puisse souhaiter. » Peut-être, après tout, le destin avait-il choisi Wilson pour introduire les vers de mirliton aux Kiribati.

Pourtant, cela non plus ne devait pas être. Au cours des semaines qui ont suivi, le poète lauréat a disparu au fond du ventre de Betio, dans les troquets fréquentés par les marins, ceux où l'on trouve tout à fait déplacé de démontrer sa faculté à se tenir debout. Grâce au téléphone arabe qui fonctionne entre les expatriés, des histoires de beuveries et de coucheries s'entrecroisaient ; et, phénomène inhabituel à Tarawa où les beuveries et les coucheries des expatriés sont monnaie courante, tous ces récits étaient teintés d'un vague soupçon de réprobation. On faisait souvent remarquer que Wilson n'avait pas un sou vaillant et qu'il vivait aux crochets des I-Kiribati. Il avait découvert le *bubuti*. Il manipulait les coutumes. Il amenait des femmes dans la maison du président. Mme Tito était folle de rage.

J'ai rencontré Wilson une autre fois au bar de l'Otintaii Hotel, modeste bâtiment de parpaings offert par le Japon, où les *I-Matang* et les fonctionnaires gouvernementaux se retrouvaient lors des vendredis TTR. Il était encore une fois pété et délirant de bonheur sans nuage. Il allait se marier. L'heureuse élue était une Chinoise, venue aux Kiribati acheter un passeport, et Wilson avait eu la gentillesse de se proposer comme mari afin d'augmenter les chances qu'avait la belle de s'échapper de Chine. Il aimait les Asiatiques, m'a-t-il expliqué. Et aussi les insulaires. Elles savaient rester à leur place. Ici, un homme pouvait être un homme et une femme pouvait être une femme. Pas question de ces crétineries d'égalité sexuelle. « Ça doit être difficile d'être si petit », a glissé Sylvia.

Wilson a répondu par un ronflement, puis il a battu en retraite dans la nuit, deux nouvelles cigarettes coincées derrière les oreilles, poursuivant sa tournée de dissipation, qui devait bientôt prendre fin, par la grâce d'un billet d'avion pour la Grande-Bretagne, et se clore par son retour à la vie (sans épouse) de jeune voyou anglais.

12

Où l'auteur, alors qu'il s'ébat parmi les vagues, l'épiderme cuisant sous l'effet du soleil et des poux de mer, serré de près par un très gros requin renard qui lui tourne autour et qu'il s'efforce d'attraper, ce qui est pourtant contraire à sa nature, découvre que l'océan Pacifique est vraiment une immensité.

Peu après avoir accepté l'imminence de votre trépas, un moment survient où vous vous dites que vous pourriez être ailleurs, que si seulement vous étiez parti de chez vous un peu plus tard, ou si vous vous étiez attardé pour déguster une noix de coco, vous ne seriez pas ici, maintenant, confronté à votre propre mortalité. Cette pensée m'est venue au moment même où j'ai trouvé sur mon chemin une très grosse vague, une vague comme on en voit peu, une vague surprenante, une vague qui n'avait rien à faire là où elle se trouvait justement, houleuse et mugissante, ne me laissant guère qu'une fraction de seconde pour prendre une décision. Les choix qui s'offraient n'étaient pas fameux.

Devant moi, j'apercevais Mike, assis sur sa planche, qui pagayait furieusement avec les mains pour se hisser en haut de la vague cabrée devant lui. Mike vivait à Tarawa depuis dix-sept ans. Il n'était plus ce qu'on appelle un gars normal. Il était arrivé, il y avait toutes ces années, avec sa femme, Robin, célèbre artiste néo-zélandaise, qui cherchait à la fois un sang neuf pour son art et une occasion d'amener quelques âmes I-Kiribati à la religion bahaïe. Donc, tout comme moi, Mike s'est retrouvé installé à Tarawa, plus ou moins en tant que pièce rapportée de sa femme. Il avait enseigné dans chacune des écoles de l'île et, pour le moment, il travaillait en qualité d'administrateur adjoint à la résidence générale de Nouvelle-Zélande, mais son univers tournait autour du surf et des livres. Dès qu'un livre arrivait à Tarawa, il ne tardait pas à tomber entre les mains de Mike, ce qui faisait de lui une précieuse source de lectures en tout genre. Nous avions souvent des conversations profondes et animées au sujet des livres que nous lisions.

« Qu'est-ce que tu as pensé des *Enfants de minuit* ? me demandait-il.

— Moi, j'ai trouvé ça très chouette.

— Une succession de calembredaines dans le style baroque, me faisait-il savoir. Et *Infinite Jest* [1] ?

— Alors, ça, j'ai vraiment aimé.

— C'est une des plus profondes déceptions littéraires de mon existence de lecteur. »

J'ai décidé aussitôt que, pour rien au monde, je ne le laisserais lire un seul mot de ce que j'écrivais. Malheureusement, quelques jours après la publication

1. *Infinite Jest* est un roman de David Foster Wallace (1962-2008). Publié en 1996, il n'a jamais été traduit en français.

dans le *Washington Post* d'un article de ma plume, article que j'aurais bien voulu ne jamais voir arriver aux Kiribati, parce qu'il s'agissait de la fusion de deux textes différents, greffés l'un sur l'autre par le rédacteur en chef afin de former ce qu'il était le premier à appeler « un monstre à la Frankenstein que l'on envoie tituber de par le monde », Mike a débarqué chez moi comme un boulet de canon, un exemplaire à la main. L'article lui avait été faxé à la résidence générale par l'ambassade de Nouvelle-Zélande à Washington. « Qu'est-ce que c'est que ce texte de tâcheron ? » a-t-il voulu savoir.

Soupir.

En tant que source de livres, Mike s'efforçait toujours de faire dans l'utile. « Je crois que tu devrais lire ceci », m'a-t-il proposé, en me tendant le livre de Frederick Exley, *Le Dernier Stade de la soif*. Le livre raconte l'histoire d'un mec qui voudrait vraiment devenir romancier, au lieu de quoi il sombre dans l'alcoolisme et mène une vie de raté, plus triste que triste.

« Merci, Mike, lui ai-je dit après coup. Il m'a franchement plu, celui-là.

— Ça ne m'étonne pas », a-t-il répondu avec un petit sourire en coin.

C'est Mike qui m'a initié à l'univers du surf. En fin d'après-midi, je le voyais souvent venir chevaucher les vagues derrière chez nous. Il vivait à quelque pas de là, donc un jour je lui ai demandé s'il voulait bien m'apprendre à surfer.

« Bon, et maintenant qu'est-ce que je fais ? » ai-je braillé, après avoir enfin réussi à franchir avec ma planche la zone où se brisaient les vagues, exploit qui m'a pris pas loin d'une heure, dont quarante-cinq minutes passées sous l'eau à divers stades de la noyade.

« Guette une vague en forme de *A* ».

De *A*. Hmmm. J'ai vu des *Z*, des *W* et des *V*. J'ai vu l'alphabet hindi et l'alphabet thaï. J'ai vu l'écriture arabe. Mais des *A*, pas l'ombre d'un. J'ai fini par renoncer et par choisir la prochaine vague prête à m'accepter, ce qui s'est révélé être une très mauvaise tactique. La vague monstrueuse s'est emparée de moi et ensuite je n'ai plus qu'un très vague souvenir de moulinets des quatre membres, d'une planche transformée en arme dangereuse, d'un chaos d'eau blanche, le tout malaxé ensemble au-dessus d'un récif. J'ai décidé que je n'étais pas fait pour ce sport.

« C'était une vraie cata, ai-je protesté.

— Tu as choisi la mauvaise vague, a déclaré Mike après avoir parcouru la même distance debout sur sa planche, dans un état de décontraction si parfait qu'on aurait dit qu'il cherchait à se moquer de mes galipettes anarchiques sous l'eau. Tu ferais peut-être mieux d'essayer le *bodyboard* pour commencer. »

Et c'est ainsi que je suis devenu un *bodyboarder*, mais attention, un très bon et très sérieux *bodyboarder*. Je sais bien que dans le domaine des sports aquatiques, le *bodyboard* n'occupe pas une place de premier plan, puisqu'on le considère comme une activité à peu près aussi virile que la natation synchronisée, mais les opinions de ce genre, je m'assois dessus. Le *bodyboard* vous offre l'occasion d'entrer dans l'intimité des vagues qui se brisent sur les récifs. Vous êtes dans leur giron, vous partagez leur sort, et lorsque la vague est grosse et lisse comme le verre, que vous glissez dessus exactement comme on doit le faire — juste devant l'écume — et qu'elle ne vous joue pas de vrais tours de cochon, comme de s'effondrer tout à coup au-dessus d'un rocher incrusté d'oursins, eh bien, dans ce cas, vous vous apercevez que c'est vraiment, mais vraiment le pied. Je ne vais pas vous faire une crise d'hystérie, mais le *bodyboard* dans les environs immédiats d'une île située au niveau de l'équateur est une des expériences les plus sublimes que l'on peut connaître sur notre planète.

Malheureusement, à Tarawa, les vagues ne ressemblent que rarement à celles que l'on voit dans les revues de surf sur papier glacé, celles dont le creux parfaitement arrondi s'avance inexorablement vers une plage de sable exclusivement peuplée de pulpeuses filles en string. Pour ne rien vous cacher, les vagues de Tarawa sont des saloperies. Elles se brisent, elles s'affaissent et elles sont tout à fait imprévisibles. Elles vous enlèvent très haut, parfois jusqu'à quatre mètres d'altitude, sur une couche d'eau qui s'amenuise à toute vitesse, au-dessus d'un récif en plate-forme inhospitalier, et puis au moment où vous vous croyez sur le point de filer en diagonale tout le long de leur surface, elles se désintègrent sans crier gare et vous vous retrouvez en chute libre avant un impact qui vous coupe le souffle, chose éminemment regrettable, car votre vague, ou plutôt ce qui en reste, possède encore une certaine force motrice et vous vous sentez précipité devant vous quelque part au milieu de tonnes d'écume formant de furieux tourbillons qui vous soulèvent et vous malaxent tout à la fois. Sous aucun prétexte, il ne faut lâcher votre planche, parce qu'elle flottera toujours, elle, ce qui n'est pas forcément votre cas ; c'est important de le savoir, parce que vous êtes au bord de la suffocation depuis le premier impact, mais la vague finit quand même par vous recracher. Vous passez quelques instants à récupérer et puis vous remettez ça, certain que vous venez d'apprendre une nouvelle leçon, modeste mais suffisante pour vous persuader que vous saurez, la prochaine fois, laisser ce genre de vague passer sans vous en occuper.

En général, je ne me livre plus désormais à des activités ponctuées par des giclées d'adrénaline, comportant des risques indubitables de blessures assez graves pour transformer ma vie. Je suis allé dans une zone de guerre. J'ai vu un mortier exploser assez près de moi pour m'alarmer considérablement. J'ai fait une chute du haut d'une falaise. J'ai conduit la voiture de ma mère à des vitesses excédant de loin les cent soixante kilomètres à l'heure. Sous la pluie, bien sûr. J'ai consommé — là, je songe à une soirée en particulier — des quantités astronomiques d'alcool, de champignons magiques et de marijuana, le tout ensemble ou à peu près, juste pour voir comment ça ferait. Mon comportement personnel a été parfois... euh, disons imprudent. Après toutes sortes d'incidents et d'expériences, le moment est venu où j'ai enfin compris qu'on ne doit pas faire joujou avec sa mortalité. C'est ce qu'on appelle vieillir, sans doute. Pourtant, quand vous vous trouvez au sommet d'une vague, au moment précis où elle vous saisit et où vous vous préparez à dévaler tout le long de son creux, cet instant si bref où vous sentez que désormais vous ne pouvez plus reculer, perché tout là-haut, à un endroit où vous pouvez voir avec une remarquable clarté le récif de corail déchiqueté au-dessous de vous, avec ses crevasses qui happent les corps et ses aspérités empoisonnées, eh bien, à ce moment précis, vous êtes — et je vous assure que je cherche un meilleur mot, mais que je ne le trouve pas — vous êtes vraiment survolté.

Chaque fois que les conditions naturelles paraissaient particulièrement prometteuses, Mike et moi fourrions notre matériel à l'arrière d'un pick-up et parcourions l'atoll en quête des meilleures vagues. Les plus lisses se trouvaient à environ huit cents mètres du Nippon Causeway. Les plus grosses au large de Temaiku, la pointe sud-est de Tarawa, et pour y accéder nous devions suivre la piste de l'aéroport. La première fois que je me suis aventuré sur cette piste au volant de ma camionnette, je me suis demandé si c'était vraiment raisonnable, mais Mike, avec beaucoup de pertinence, m'a fait remarquer que les appareils d'Air Kiribati étaient au sol, que la compagnie Air Marshall avait cessé ses activités et que l'unique avion d'Air Nauru était coincé à Manille, donc il n'y avait pas besoin de se soucier du trafic aérien, il fallait juste faire gaffe aux cochons.

À mesure que les mois passaient et que nous finissions une année pour en commencer une autre, je me suis aperçu que j'étais désormais tout à fait sous la magie de l'eau, peut-être parce que vue de l'océan, Tarawa était toujours à son avantage. Tous les signes de misère étaient agréablement masqués et l'île avait l'air d'un paradis terrestre, avec ses innombrables cocotiers s'élevant au-dessus d'une eau zébrée par le soleil, où l'on pouvait voir toutes les nuances du bleu et du vert.

S'il y avait du vent, je faisais de la planche à voile. Je pratiquais ce sport depuis que j'étais petit et que ma grand-mère nous avait acheté, à mes cousins et à moi-même, une planche pourvue d'une magnifique voile rouge. Elle en avait assez, avait-elle déclaré, de voir la toile blanche des voiliers qui peuplaient le lac de Hollande où ma famille avait une villa d'été, et elle avait décidé de pimenter un peu la vue. Je m'étais habitué à faire de la planche sur des eaux glaciales et sous un ciel de plomb, donc lorsque Wieland, un agronome allemand qui avait passé toute sa carrière à déménager d'une île du Pacifique à l'autre, a déclaré que ses compétences de débutant n'étaient pas à la hauteur de la planche sur mesure qu'il avait apportée des îles Fidji, je me suis empressé de la lui racheter, et très vite, j'ai pu filer sur le lagon en compagnie des dauphins. J'ai su aussitôt qu'il était fort improbable que l'on me reprenne jamais à lever ma voile sur les eaux glacées d'un lac hollandais.

Un jour que je traversais le lagon, sans rien demander à personne, j'ai soudain vu quatre nageoires qui fendaient l'eau, s'approchant de moi de manière délibérée, et ma première pensée, inutile de le dire, a été que je touchais au terme de mon existence et que ma fin serait sanglante et hideuse, le genre de fin tout à fait à sa place dans le folklore du Pacifique — *T'es au courant pour le type qui faisait de la planche à voile sur le lagon de Tarawa ? Quatre requins tigres. Il n'est rien resté d'autre qu'un lambeau de voile.* Mon cœur est monté facile à cinq cents pulsations minute. Mais tout à coup, les créatures se sont mises à folâtrer autour de moi et j'ai vu qu'il s'agissait non pas de requins mangeurs d'homme, mais de dauphins espiègles et curieux ; tout à coup, je me suis senti très heureux d'être là, vivant, au milieu du lagon, glissant sur l'eau en compagnie de ces animaux. Ils sont restés longtemps près de moi, plongeant sous la planche, nageant à côté d'elle, puis ils ont fini par s'éloigner et, en les regardant partir, j'ai espéré très sincèrement qu'ils savaient ce qu'ils faisaient, parce que des dauphins pris au piège dans les hauts-fonds du lagon ont bien peu de chances de ne pas passer à la casserole.

D'autres jours, j'ai vu des poissons volants qui faisaient des bonds de cent mètres et plus, et d'énormes raies soyeuses glissant au-dessous de moi comme des ombres, de longues bécunes qui sautaient au-dessus des vagues d'un air affairé, et des bancs de poissons argentés frétillant autour de l'avant de ma planche. J'ai vu aussi une tortue verte. Même quand il n'y avait pas beaucoup de vent, je sortais parfois juste histoire de glisser à travers le lagon en fin d'après-midi, quand l'île débordait de couleurs. Des pirogues passaient lentement et nous échangions des saluts paresseux et satisfaits, un petit geste de la main aussitôt rendu.

Plus je passais de temps à m'imprégner des courants de la vie marine, plus j'avais envie de me retrouver sur l'océan proprement dit. En quelques rares occasions, j'avais fait de la planche à voile sur les vagues qui se brisaient sur le récif juste derrière chez nous, mais le jour où je suis tombé et où j'ai vu ma planche et mon unique voile se faire massacrer dans les remous, j'ai décidé que ça suffisait comme ça. En outre, en me plantant à cet endroit précis, alors que les vagues avaient déjà expédié vers le rivage tout mon matériel, je me suis retrouvé dans la désagréable nécessité de traverser à la nage la zone où se brisaient les vagues pour regagner la terre ferme — *je panique, je plonge, je nage ; je panique, je plonge, je nage* — et ça, c'était quelque chose que je ne voulais plus jamais avoir à faire sans être équipé de grandes palmes souples, capables de maximiser ma vitesse de déplacement. Mais l'océan, bien sûr, le véritable océan Pacifique, se trouvait au-delà du récif. Pendant quelque temps, j'ai caressé l'idée de demander si je ne pouvais pas monter à bord d'un des bateaux de pêche qui exploitent les eaux de Tarawa Nord, Abaiang et Maiana. Je suis sûr qu'on m'aurait accepté, car les I-Kiribati sont les gens les plus obligeants de la planète. J'en ai été dissuadé, toutefois, par la conviction que les pêcheurs I-Kiribati sont complètement mabouls.

J'irais n'importe où dans une de leurs pirogues à voile traditionnelles, peut-être pas de très bon cœur, mais en tout cas relativement confiant dans l'idée qu'avec assez d'écran solaire, un peu de pluie, quelques mètres de fil à pêche et un hameçon, nous finirions par atteindre la destination espérée et même par l'atteindre vivants. Mais pas sur un bateau de conception plus moderne entre les mains d'un équipage I-Kiribati. La flotte marchande nationale ne compte que deux cargos, deux grandes carcasses rouillées que l'on appelle, pour être gentil, des *maneaba* flottants, et très peu de temps après notre arrivée, l'un a été immobilisé à Hawaï, où il avait été jugé inapte à la navigation, et pour qu'on l'autorise à repartir, le gouvernement a dû s'engager à ne plus jamais le laisser croiser dans les eaux américaines, tandis que l'autre a passé près de trois semaines à dériver au hasard dans l'immense étendue d'eau séparant Tarawa de

Kiritimati, handicapé par un problème électrique. Il était justement surchargé d'écoliers, ce qui aurait dû créer un incident international, mais les I-Kiribati ne sont pas du genre à lancer des SOS. Cela n'est pas dû à un orgueil exacerbé, mais à un mélange déroutant de confiance en soi et de fatalisme, particularité culturelle qu'il ne faut pas confondre avec la sottise ; j'avoue franchement que c'est une erreur qu'il m'est arrivé de faire. Comment expliquer autrement le nombre de pêcheurs disparus en mer tous les mois ?

Les chiffres étaient, franchement, incroyables. Il existait une station radio aux Kiribati et chaque semaine, peu ou prou, elle signalait, comme il se devait, le nombre de bateaux qui n'étaient pas rentrés au port. Il s'agissait exclusivement d'embarcations ouvertes, la plupart d'environ cinq mètres, en bois, pourvues d'un seul moteur hors-bord. Elles n'ont pas de voiles, ni d'avirons, ni de gilets de sauvetage, ni de radio, ni de fusées de détresse, ni de pièces détachées pour le moteur. Elles ne sont même pas équipées de cannes à pêche, il y a juste du fil, des hameçons et des appâts. Le reste est une affaire de muscles, ni plus ni moins. Imaginez un peu la force qu'il faut pour hisser à bord un thon de vingt-cinq kilos, manifestement bien décidé à ne pas aller là où vous voulez le mettre, avec pour tout moyen une ligne glissante de quelques millimètres de diamètre. Et maintenant, imaginez que vous êtes hors de vue de la terre. Voilà le moteur qui cale. Vous l'entendez, ce terrible silence, avec pour bruit de fond l'océan Pacifique, cet océan qui, chaque heure qui passe, vous entraîne loin, bien loin de votre île, de toutes les îles. Si vous êtes quelqu'un de normal, vous sombrez dans la panique et vous mourez. Si vous êtes un I-Kiribati, vous vous dites : *Eh oui, quelquefois, c'est vraiment la merde*, et puis vous vous mettez en devoir de faire ce qu'il faut pour survivre.

Et voilà la chose la plus stupéfiante. C'est que très souvent, ils survivent en effet. Je ne sais pas de tête qui détient le record du monde du temps maximum passé à dériver dans un bateau ouvert, mais je suis prêt à parier que les dix premières places sont occupées par des I-Kiribati, ce qui témoigne à la fois de la démence des pêcheurs I-Kiribati et de leur hallucinante capacité de survie. Un jour, Radio Kiribati signale que trois hommes ne sont pas revenus de leur journée de pêche et on se dit : « Bon, les voilà fichus, les pauvres », et puis neuf mois plus tard, Radio Kiribati annonce qu'on les a retrouvés dérivant au large de Panama, soit à quelque six mille cinq cents kilomètres de distance, et fait savoir que leur état est satisfaisant. Oui, satisfaisant ! Si ç'avait été moi, on n'aurait guère retrouvé que mes ossements réduits en poudre.

Bien entendu, ils ne survivent pas tous, donc on pourrait penser que lorsqu'une famille apprend qu'un de ses membres tendrement aimés est porté disparu, cela donne lieu à une inquiétude générale, à des veilles en groupe, à des grincements de dents, mais il n'en est rien. Quand Abarao, fonctionnaire du gouvernement chargé de l'éducation sanitaire, qui travaillait souvent avec Sylvia de manière à la fois collégiale et professionnelle, ce qui faisait de lui un oiseau rare parmi les fonctionnaires gouvernementaux — pas le côté collégial, mais le côté professionnel —, n'est pas revenu au jour dit de Maiana, où on l'avait envoyé chercher les cochons de la famille pour un grand repas de fête, la consternation parmi ses amis et collègues brillait par son absence. J'ai demandé à un de ses cousins pour quelle raison personne ne paraissait inquiet et il m'a répondu : « Aux Kiribati, on ne s'inquiète pas pendant les deux premières semaines. »

Ah bon ? Et après ?

« Après, on se fait un peu de souci, oui, mais on le garde pour soi. »

Deux semaines ont passé, toujours pas d'Abarao. L'unique bateau de patrouille des Kiribati, encore un cadeau du bon peuple australien, est parti à sa recherche. Il est revenu à Tarawa au bout de plusieurs jours, gîtant fortement et vomissant de longs panaches de fumée noire. L'équipage n'avait pas retrouvé Abarao. En revanche, ils étaient tombés sur de sacrés bancs de poissons au large de Nonouti, qui se trouvait à une distance considérable des lieux où Abarao paraissait susceptible d'avoir dérivé, et tout à leur enthousiasme de pêcheurs, ils avaient heurté un récif et manqué couler le bateau.

Après quoi, au bout d'une autre semaine, Radio Kiribati a annoncé qu'un chalutier coréen avait retrouvé Abarao au large de Nauru. On précisait que son état était satisfaisant. Je voulais savoir comment, précisément, on se maintient dans un état satisfaisant après avoir passé trois semaines à la dérive dans une simple pirogue sous le feu du soleil équatorial.

« Le sang de cochon », m'a expliqué Abarao, quand je l'ai rencontré peu après. Je veux bien croire que dans les situations désespérées, on finit par trouver une certaine créativité quant à la façon d'utiliser un cochon, mais je ne jurerais pas que j'y aurais pensé. Quand je regarde un porc, je vois du lard, des côtelettes, du filet mignon, du jambon, mais de quoi boire, non.

Abarao avait un peu plus de la trentaine et même s'il s'empressait de rire de sa mésaventure, il donnait l'impression d'un homme hanté, comme si ces trois semaines passées à dériver au gré des courants, avec tout ce que cela comportait de terreur et de souffrances, lui avaient procuré une connaissance de la mort qu'il aurait préféré ne pas avoir. Afin d'échapper aux ardeurs du soleil, il avait passé une grande partie de son temps dans la mer, cramponné à la poupe de son bateau.

« Mais dis donc, et les requins ? » me suis-je exclamé. C'est une chose que de côtoyer un requin sur un récif, où il y a tant d'autres fins petits morceaux à grignoter, mais c'en est une tout autre que d'en rencontrer un en haute mer, où l'on court de bien plus grands risques de passer pour un repas inespéré.

« Eh oui, j'en ai vu des requins, mais je n'ai pas réussi à en attraper un. »

Ils ne sont pas comme vous et moi, les I-Kiribati. Ils prennent très au sérieux leur place tout en haut de la chaîne alimentaire. La réponse d'Abarao m'a rappelé une anecdote que je tenais de John, un volontaire anglais. En faisant de la plongée avec son masque dans le lagon, il avait remarqué qu'un gros requin commençait à décrire des cercles autour de lui. Sortant la tête de l'eau, il s'était adressé à ses compagnons qui l'attendaient dans une pirogue non loin de là. « Hé, il y a un requin par ici. Vous voulez bien avoir la gentillesse d'approcher le bateau ? » Trop tard. À peine avait-il prononcé le mot « requin » que ses deux amis I-Kiribati avaient plongé pour se mettre en chasse. Non, je vous l'ai dit, vraiment les I-Kiribati ne sont pas comme vous et moi.

Si Abarao avait vécu cette grande aventure sur l'océan, c'était tout simplement parce qu'à mi-chemin entre Maiana et Tarawa, il était tombé en panne d'essence. « J'ai oublié le carburant », m'a-t-il dit d'un air penaud. C'était sans doute la principale cause des dérives en mer aux Kiribati, mais pour ce qui est des raisons consternantes de bêtise, j'ai connu encore pire. Que je vous raconte la saga d'Epi et Joseph, deux missionnaires catholiques respectivement originaires des Samoa et des Tonga, qui un jour sont partis à la pêche sur le bateau appartenant à l'école catholique de Tarawa. Et qui se sont perdus.

« On a suivi les oiseaux, m'a dit Joseph lors d'une conversation que nous avons eue quelques mois plus tard. On s'est dit qu'ils devaient être là où il y avait du poisson, mais ils se sont envolés. Alors on les a encore suivis, mais on n'a toujours pas trouvé de poisson. Et puis on s'est aperçu qu'on ne voyait plus la terre.

— Et alors ?

— Alors, on a éteint le moteur. »

Je me suis dit qu'au fond, je me fierais encore moins à des pêcheurs samoans ou tonguiens qu'à des I-Kiribati. Epi et Joseph n'étaient guère qu'à trois grands kilomètres de Tarawa. Il leur aurait suffi de consulter les nuages pour savoir dans quelle direction se diriger. Ceux-ci, en effet, reflètent la couleur du lagon ; donc lorsqu'ils passent au-dessus de l'atoll, ils prennent une teinte vert pâle, ce qui fait que même si vous ne voyez pas encore la terre, vous savez où elle est. Les deux missionnaires, cependant, ne connaissaient pas cette technique élémentaire de la navigation insulaire, si bien que leur dérive a commencé.

« La première nuit, on a entendu tout à coup un bruit terrible et le bateau a failli chavirer, m'a confié Joseph. C'était une baleine qui venait de remonter à la surface juste à côté de nous. Je voyais son œil. »

À ce seul souvenir, il tremblait presque. Pour un missionnaire catholique errant sur les mers, l'apparition d'une baleine est sans doute lourde de connotations bibliques.

« Mais c'est le dernier poisson qu'on a vu, a-t-il continué. On n'en a pas pris un seul. Et puis, un jour, un oiseau est venu se poser sur le bateau et j'ai réussi à l'attraper. »

Je lui ai demandé s'ils avaient de l'eau.

« Un jour, il a plu et on a réussi à recueillir trois litres d'eau.

— Et c'est tout ce que vous avez eu ? Un oiseau et trois litres d'eau ?

— Oui, c'est tout. »

Les malheureux avaient dérivé pendant trois semaines. De temps à autre, quand la mer était démontée et menaçait de les faire chavirer, ils mettaient le moteur, mais le plus souvent, ils dérivaient en silence à travers le plus grand océan du monde. Ils priaient aussi. Beaucoup. Et à ce qu'il semble, quelqu'un les a entendus. Eux aussi ont été repérés par un bateau de pêche coréen qui les a emmenés jusqu'en Papouasie-Nouvelle-Guinée. Et pour finir, ils ont pu regagner Tarawa, où ils souffrent depuis d'un fort sentiment de culpabilité. Car non seulement l'école catholique a été forcée de prendre à son compte le coût exorbitant de leur voyage par avion depuis la Papouasie-

Nouvelle-Guinée — et il n'y a pas un endroit au monde où les voyages coûtent plus cher que dans le Pacifique —, mais en plus elle a perdu son bateau.

Pourtant, nonobstant ma très grande peur de dériver à l'aveuglette à travers l'océan, je me suis dit que je devais au moins engranger quelques expériences d'une nature maritime. J'étais sur un atoll, au beau milieu de la plus vaste étendue d'eau de la planète, un océan dont le vacarme était omniprésent, que l'on ne pouvait manquer de voir de partout, et du fait que notre atoll était un tout petit endroit, la seule manière d'élargir son univers était de se risquer sur les eaux. Je me suis donc arrangé avec Bitaki, un coéquipier de l'équipe de football dans laquelle je jouais, afin de partir à la pêche avec ses frères qui travaillaient en général au large de Maiana, l'île la plus proche de Tarawa, vers le sud. Quand j'ai mis Sylvia au courant de mon projet, elle a répondu : « Il n'en est pas question.

— Ah bon ? Et qu'est-ce que tu entends par "Il n'en est pas question" ? »

J'ai décidé aussitôt que j'irais à la pêche toutes les semaines. Non, tous les jours. Que j'allais devenir pêcheur professionnel. Je serais bronzé, buriné. Je sentirais le poisson. Je serais un vrai loup de mer.

« J'entends, a riposté Sylvia, que quand le moteur calera et que vous commencerez à dériver, ce qui arrivera forcément, parce que ce genre de mésaventure te colle à la peau, tu ne survivras pas deux jours. Ta peau brûlera, tu t'effondreras sous l'effet de la déshydratation et, comme tu seras la personne la plus inutile à bord du bateau, les autres te considéreront comme une source alimentaire en puissance. »

Les images qu'elle évoquait me paraissaient mal choisies.

« Et en plus, a-t-elle continué, si tu es parti dériver à travers l'océan, qui est-ce qui va faire les courses ? Et les soirs où c'est ton tour de faire la cuisine, il se passera quoi ? »

Dites, vous le sentez, l'amour qu'elle me porte ?

Néanmoins, je m'en suis tenu à mon projet, parce qu'un Rubicon avait été fixé et que les Rubicon sont faits pour être franchis. J'ai décidé, toutefois, de prendre avec moi des réserves d'écran total et une importante provision d'eau. J'ai essayé aussi d'imaginer des manières de me rendre utile à bord d'un bateau à la dérive en plein Pacifique, mais je n'ai rien pu trouver d'autre que le rôle d'appât pour les requins.

Le lendemain, à son retour à la maison, Sylvia m'a annoncé qu'elle avait eu une conversation avec Temawa, la sœur de Bitaki. Temawa travaillait au FSP, dans le service d'éducation environnementale. J'avais souvent l'impression qu'à lui tout seul, le personnel du FSP était apparenté au pays entier.

« Elle m'a dit que Farouk était allé à la pêche avec ses frères.

— Et alors... qu'est-ce qu'il a dit ?

— Demande-lui donc. »

Ça sentait le piège.

Farouk était le mari de Temawa. Comme près d'un étranger sur deux aux Kiribati, il était missionnaire. Ce qui le distinguait un peu des autres, c'était d'être ghanéen et musulman. Si l'on était une femme I-Kiribati désireuse de faire un pied de nez au courant principal de la société insulaire traditionaliste, épouser un missionnaire musulman d'origine africaine était la tactique idéale. C'est d'ailleurs cette manifestation d'indépendance, doublée d'un cœur d'or, qui a incité Sylvia à engager Temawa, alors qu'elle était enceinte de huit mois de son deuxième enfant avec Farouk. Elle avait obtenu un diplôme ès sciences environnementales dans une université canadienne (« Ce qu'il pouvait faire froid ! » disait-elle). Et plutôt que de chercher à s'établir pour la vie dans la fonction publique, elle disait avoir sincèrement envie d'un travail qui lui permettrait de « faire bouger les choses ». Et on la croyait volontiers.

Farouk, son mari, était un brave garçon, possédant, mine de rien, un vrai sens de l'humour. « Si un jour tu étais dans un bar et qu'un type entrait en lançant "*Allah akbar*", qu'est-ce qu'il faudrait faire ?

— Je n'en sais rien. Quoi ?

— Esquiver les projectiles ! »

Pour le moment, Farouk n'avait pas encore converti un seul I-Kiribati à l'islam. Temawa elle-même refusait de sauter le pas, mais il n'en conservait pas moins un moral inoxydable, et il avait trouvé un boulot de chauffeur de minibus, afin d'arrondir les fins de mois de la famille. Quand je l'ai questionné sur son expérience à la pêche, son visage s'est fendu d'un large sourire et il m'a assuré : « Je n'ai jamais eu aussi peur de ma vie. »

À propos, j'ai mentionné que Farouk s'était battu contre les Russes en Afghanistan ? Non ? Eh bien, voilà, c'est fait. Farouk était un de ces types sans peur et sans reproche, dont la vie était devenue une longue aventure. Il était parfaitement à l'aise avec lui-même, dégageant un calme surnaturel. Donc quand il m'a confié qu'il avait été mort de trouille pendant la sortie en mer avec ses beaux-frères, j'ai écouté de toutes mes oreilles.

« Moi, j'aurais juste voulu m'allonger au fond du bateau, fermer les yeux et faire semblant d'être ailleurs. Les vagues étaient monstrueuses et le bateau ne faisait que monter et descendre, monter et descendre, alors j'ai eu un mal de mer épouvantable. Mais je ne pouvais pas m'allonger.

— Pourquoi ça ?

— Parce que j'étais trop occupé à écoper. Il fuit de partout, leur rafiot. Pendant douze heures, je n'ai rien fait d'autre que dégobiller et écoper. »

Sylvia, un. Moi, zéro.

Fort heureusement, la douce nécessité n'a pas tardé à pointer le bout de son nez. Nous avions prévu de prendre l'avion jusqu'à Maiana, avec Bwenawa et Atenati, qui travaillait aussi dans le jardin du FSP, afin d'animer des ateliers de diététique et de jardinage dans chacun des villages de l'île, mais une fois de plus Air Kiribati était cloué au sol, attendant des pièces détachées en provenance de l'autre côté du globe. Air Kiribati ne brille pas par son efficacité, donc nous étions, chic alors, dans l'obligation de faire la traversée en bateau. On pourrait penser que le gouvernement, connaissant les déboires de sa compagnie aérienne, veille tout particulièrement à assurer des liaisons maritimes entre les différentes îles du pays, mais il n'en est rien. Il n'y a qu'une seule embarcation, dévorée par la rouille, qui cingle de temps à autre vers les îles extérieures pour y livrer des provisions et charger du coprah, ou chair desséchée de la noix de coco utilisée dans la fabrication des savons et des huiles, lequel constitue l'unique source de revenus des insulaires. Les horaires de ce bateau sont un mystère, ses apparitions peu fréquentes, et la plupart des îles restent facilement quatre mois ou plus sans recevoir sa visite. En haut lieu, on prend soin, de manière très cérémonieuse, d'accuser réception des pétitions qu'adressent les habitants de ces îles, réclamant un service plus régulier, puis on n'en tient pas le moindre compte. Les îles où la population est plus solidaire et plus industrieuse ont préféré se payer leur propre bateau. Il y a celui d'Abaiang, celui d'Onotoa et ainsi de suite ; et l'homme qui les construit est John Thurston, un Californien qui a quitté les États-Unis voici une trentaine d'années.

Un des petits plaisirs de la vie aux Kiribati, c'est que les étrangers qu'on y côtoie ont tendance à mener des existences hautes en couleur d'excentriques. Écouter les récits de leurs folles aventures dans les mers du Sud vous rend définitivement inapte aux joies de la conversation ordinaire. Il n'est même plus question, ensuite, de seulement feindre d'éprouver la moindre espèce d'intérêt quand quelqu'un vous raconte sa virée au centre commercial, ou ce qu'il ou elle pense de la Bourse, ou des mérites relatifs de tel ou tel joueur de football, si bien que très vite vous passez pour un ours mal léché, uniquement parce dans le temps, sur une île très lointaine, vous avez entendu des histoires singulières. John en racontait quelques-unes des plus rocambolesques. C'était un garçon d'Anaheim, dingue de surf, qui un beau jour a pris ses cliques et ses claques et s'est transporté à Hawaï, afin de s'y colleter avec les grosses vagues. Par son aspect et ses tics, il me faisait penser à Brian Wilson, le génie tourmenté qui se cachait derrière les Beach Boys. Il avait eu ses démons. Ils avaient été terrassés. Et l'histoire de ces combats transparaissait dans les rides qui striaient son visage et dans le quasi-bégaiement avec lequel il s'exprimait. Il avait embrassé la religion bahaïe, sujet sur lequel je ne lui ai jamais posé de questions, parce que j'ai entendu dire un jour que les adeptes de cette foi n'étaient pas autorisés à faire de prosélytisme, à moins qu'on ne les questionne au sujet de leurs croyances ; donc, le fait que je sois toujours d'une ignorance crasse en ce qui concerne cette religion est tout à l'honneur de la discrétion de John et de Mike et des autres bahaïs que j'ai pu côtoyer.

Vers le début des années 1970, John a pris le chemin de Tarawa, où les autorités bahaïes l'avaient chargé de mettre en route un centre pour les jeunes, du même genre que celui qu'il avait dirigé à Maui. Assez vite, il a constaté qu'il n'avait plus un sou, si bien qu'il s'est employé à construire des bateaux, des catamarans et des trimarans ayant un tirant d'eau assez faible pour pouvoir s'accommoder sans problème des lagons et des récifs. Ils étaient composés de contreplaqué marine et de tout autre matériau disponible, et John s'est lancé dans le commerce entre les îles. En 1979, l'année de l'indépendance, il est parti s'installer aux îles Marshall, puis à Tuvalu, aux Fidji, aux Samoa et, pour finir, en Papouasie-Nouvelle-Guinée, où il a vécu six ans, échangeant de la nourriture et du tabac (mais jamais d'alcool) contre des coquillages, dans des zones où la plupart des gens n'avaient encore jamais vu d'Occidental. La violence et l'anarchie régnant dans cette région l'ont incité à la quitter, et il est retourné aux Kiribati à bord de la

Martha, son trimaran de douze mètres, fait main, qui allait nous héberger pour le voyage jusqu'à Maiana.

La maison de John, un spacieux bungalow qu'il avait bâti en deux mois, lorsqu'un incendie avait réduit sa précédente demeure à un tas de braises incandescentes, dominait le lagon. La partie atelier était largement aussi grande que la partie habitation, et je m'y suis arrêté un jour que j'avais besoin d'aide pour réparer la voile de ma planche, dans laquelle une culbute sur le récif avait ouvert une fente d'une bonne trentaine de centimètres. Tandis que John s'affairait avec du ruban spécial voile, j'ai commencé à lui soutirer quelques anecdotes. John est un homme modeste, gentil, doué de cette cordialité bon enfant des Américains, mais ce n'était pas le genre à pérorer pour un oui ou pour un non. Il a fini, cependant, par me raconter l'histoire de la petite fille qu'il avait trouvée flottant sur l'océan.

« On naviguait au large d'Abaiang, quand Beiataaki a remarqué un objet étrange dans l'eau, a-t-il commencé. Au début, on a cru que c'était une tortue, mais en approchant on a vu que c'était un corps, un corps de fillette, elle ne devait pas avoir plus de sept ou huit ans. » Ses yeux se sont écarquillés, comme pour dire : *Non, mais tu te rends compte ?* « On a glissé à côté d'elle, qui flottait sur l'eau comme un bouchon. Elle avait les yeux fermés et on pensait qu'elle était morte. Elle était à plus de quinze kilomètres de la terre. Et il y a une chose que je n'oublierai jamais, c'est tous les petits poissons qui nageaient au milieu de ses cheveux, des petits poissons très colorés, bleus et rouges, on aurait dit des fleurs. Au moment où on s'apprêtait à la hisser à bord, tout à coup elle a ouvert les yeux. Je peux te dire que ça nous a fait un choc. On l'a embarquée et on lui a donné à boire et à manger. Elle dérivait depuis la veille. On l'a ramenée au village, où on est arrivé en plein milieu de ses obsèques.

— Nom d'un chien ! » ai-je dit. John était le genre de gars à qui on pouvait dire *nom d'un chien* sans se sentir con. « Comment ça se fait qu'elle se soit retrouvée à la dérive au milieu de l'océan ?

— Elle a vu son père et son frère qui pêchaient dans des hauts-fonds et elle a voulu aller les rejoindre, mais la marée l'a emportée. Ils ont essayé de la rattraper, mais il n'y a rien eu à faire, si bien que le courant l'a propulsée hors du lagon jusqu'en haute mer. Le village entier est parti à sa recherche sur ses pirogues, mais on n'a pas pu la retrouver.

— Tu dois être vachement bien vu à Abaiang.

— Ce sont de braves gens. Ils sont tous sympas là-bas. » Il s'est tu un instant. « Bon, il y a forcément quelques sales types, comme partout. »

Un jour que je me trouvais ailleurs, Sylvia a remarqué deux ivrognes qui rôdaient autour de chez nous. En pleine journée, ce qui était plutôt inhabituel. Elle a appelé John, qui est arrivé en catastrophe. John est un grand gaillard et il a littéralement ramassé les deux bonshommes avant de les jeter dehors, sur la route, en leur faisant honte de leur conduite à haute et intelligible voix. « Et que je ne vous y reprenne pas ! » Il ne les y a pas repris.

John avait décidé d'aller s'établir à Abaiang. Il avait loué un terrain qui s'étendait du lagon à l'océan, où il avait l'intention de construire une maison, encore quelques bateaux, et d'y passer le restant de ses jours. « Il y a trop de monde sur Tarawa, a-t-il expliqué. Et l'odeur commence à m'indisposer. » C'était vrai. Là où il habitait, la puanteur fétide de la merde en train de frire à marée basse était à couper le souffle. Il n'envisageait pas de retourner aux États-Unis. Au cours des trente dernières années, il n'avait qu'une seule fois foulé le sol natal et il avait vite compris que les États-Unis n'étaient pas un endroit pour un homme de soixante ans qui n'avait que cinquante dollars en poche. Au XIXe siècle, il n'y aurait pas eu le moindre problème, mais l'Amérique de notre temps n'a plus de place pour le type d'autonomie qu'il pratique. Il nous a dit, en rigolant, qu'il ne se voyait pas en train de pousser un Caddie.

Sylvia a donc affrété la *Martha*, pour nous emmener à Maiana avec Bwenawa et Atenati. Toutefois, notre capitaine pour ce trajet ne serait pas John, mais Beiataaki, son équipier depuis de longues années. Il serait assisté à bord par Tekaii, un jeune homme converti à la foi bahaïe. La veille du départ, Beiataaki avait remonté le bateau sur toute la longueur du lagon et nous avons embarqué à Betio d'où, si les conditions nous étaient favorables, il nous faudrait une journée pour gagner Maiana. John était venu assister au départ et je lui ai confié que j'avais un vrai faible pour les toilettes de la *Martha*. Elles faisaient saillie à la poupe de l'embarcation, comme un trône de pacotille. C'était exactement le genre de toilettes qu'aurait pu concevoir Salvador Dalí.

« Ouais… par gros temps, on se croirait sur un de ces machins français.

— Un bidet ?

— Ouais, un bidet. »

Le temps était irréprochable. Une brise constante poussait jusqu'au lagon de paresseuses vagues couronnées d'écume. Au-dessus de nous dérivaient quelques nuages éparpillés, dont la couleur passait du vert à un bleu translucide lorsqu'ils se trouvaient à l'aplomb du lagon. La zone sinistrée de Betio a commencé à s'éloigner à mesure que nous faisions voile vers le chenal. Les vagues se brisaient sur la longue avancée de hauts-fonds qui s'étend au nord de Betio, et nous pouvions déjà distinguer les îlots verdoyants de Tarawa Nord. Une pirogue est apparue, et dès qu'elle s'est rapprochée, j'ai vu qu'elle avait une voile noire peu commune. En y regardant de plus près, j'ai constaté qu'il s'agissait en réalité d'un sac-poubelle ingénieusement taillé. « Regarde, ai-je dit à Sylvia. Une métaphore flottante. »

Dès notre sortie du chenal, Bwenawa a laissé filer par-dessus bord une longue ligne de fil à pêche dont l'appât était un poulpe en plastique. Il l'a nouée à l'arrière de notre embarcation et, de temps à autre, il tirait dessus.

« On prendra peut-être quelque chose ici, mais à mon avis il faudra attendre d'être proches de Maiana pour attraper beaucoup de poisson, a-t-il déclaré.

— Moi, je veux un requin, a dit Atenati. Un gros. »

Atenati était le fléau qui gâchait l'existence de Bwenawa. Son nom de famille était O'Connor et on voyait luire au fond de ses yeux la lueur diabolique qu'elle avait héritée de son ancêtre, l'écumeur d'épaves. Atenati et Bwenawa se bouffaient le nez comme un de ces vieux couples mariés depuis beaucoup trop longtemps. Cela faisait des années qu'ils travaillaient côte à côte dans le jardin du FSP. Chacun avait des opinions tranchées quant à ce qui constituait les conditions idéales pour faire pousser des tomates et des aubergines et ils étaient tous les deux têtus comme des mules. Pour taquiner Bwenawa, j'ai évoqué les risques que l'on courait en contrariant Atenati. Elle n'hésiterait pas à avoir recours à la magie.

« C'est vrai, Bwenawa. Écoute donc ce que te dit l'*I-Matang*, sinon je te jette un sort, lança-t-elle.

— Ah, ah, ah, tu es *tokonono*, Atenati. »

Je voyais bien que Bwenawa se méfiait de la magie. Comme tous les I-Kiribati, en son for intérieur, il croyait aux tabous, aux esprits et à la magie. Le christianisme mijotait à la surface — pour Mike, il s'agissait de tribalisme, du besoin d'appartenir à un groupe en rivalité avec un autre groupe —, mais dans l'ensemble la vie spirituelle des I-Kiribati n'était pas du tout corrompue par un siècle entier de missionnaires. C'était pour cette raison que même sur Tarawa Sud, pourtant surpeuplée, il restait encore des bandes de terre entièrement vides de maisons et d'habitants. C'étaient des lieux où séjournaient des esprits, et avec les esprits, il n'était pas question de plaisanter.

En regardant Tarawa disparaître peu à peu, je suis resté ébahi : dire que nous avions choisi d'habiter ce grain de poussière. Son isolement outrancier. Sa nudité. Sa fragilité. Sa beauté. Ses immondices. Sa population, si charmante, si violente. J'avais parfois peur, lorsque je me rendais soudain compte que je commençais à m'y sentir comme chez moi. La plupart des *I-Matang* en mission aux Kiribati ne tenaient le coup que quelques mois, puis la maladie et la claustrophobie oppressante de la fièvre des îles les entraînaient ailleurs. En général, les couples qui s'y installaient se séparaient. Sur Tarawa, tout était permis. Il n'y avait pas de règles. Pas de secrets non plus. Et pour beaucoup de gens, c'était déjà trop.

Moi, en revanche, où aurais-je pu être mieux que sur un trimaran en bois de fabrication artisanale qui filait sur les eaux scintillantes entre Tarawa et Maiana. Beiataaki avait pris une raie, qu'il avait déjà mise à sécher sur l'entrelacs de fibres qui protégeait la coque à l'avant du bateau. Sylvia était heureuse. Comment ne pas l'être. La traversée de cette étendue d'océan, dont le bleu intense reflétait les grandes profondeurs, sur un trimaran peint en jaune passé, mais encore éclatant, souligné de bleu, sous un soleil équatorial entre deux îles tropicales verdoyantes offrait une expérience chromatique que je n'aurais pas crue possible sans le secours de certaines substances chimiques. À l'arrière du bateau, Bwenawa continuait de donner de vagues secousses à sa ligne pour séduire le poisson. Le commentaire était assuré par Atenati : « Alors, tu l'as, mon requin ? »

Vers le milieu de l'après-midi, Maiana a fait son apparition et j'ai compris que c'était ainsi qu'il fallait aborder les atolls. En arrivant par la mer, on voit d'abord les nuages lumineux qui flottent au-dessus du lagon, puis une petite lueur verte qui grandit et ne cesse de s'allonger : c'est la fine crête d'une montagne engloutie qui culmine au-dessus de l'océan. Puis, l'eau commence à changer, son bleu révèle le sable et le corail sous la surface, et tout paraît à la fois sauvage et serein. Soudain Bwenawa s'est mis à piaffer.

« *Aiyah, aiyah.* Des oiseaux ! »

Beiataaki a dirigé le bateau vers l'endroit au-dessus duquel planaient les oiseaux marins.

« *Aiyah !* »

Une prise avait mordu. Bwenawa s'est mis péniblement à la tirer vers nous, les mains crispées sur la ligne. Il s'est penché en arrière au point d'être presque parallèle au pont.

« *Aiyah, aiyah !*

— *Yah,* Bwenawa ! » C'était Atenati qui l'encourageait.

Il a commencé à tirer. Il s'agissait à l'évidence d'un gros poisson. Les muscles de Bwenawa saillaient sous la peau. Il transpirait à grosses gouttes. Jamais je ne l'avais vu aussi heureux.

« *Aiyah, aiyah !* »

Il a poursuivi son effort, chaque portion de ligne tirée à bord était une petite victoire. Le poisson a commencé à se sentir vaincu. Tandis que Bwenawa ramenait sa ligne, une main passant par-dessus l'autre, j'ai reconnu le geste d'une des danses traditionnelles exécutées par les hommes des Kiribati. Pour finir, luisant dans la lumière argentée juste au-dessous de la surface de l'eau s'est profilé un thon jaune. Beiataaki l'a hissé à bord. Il devait peser dans les douze ou treize kilos, au moins ; il aurait valu plusieurs centaines de dollars au Japon. Sur le pont, il a continué de faire des bonds spasmodiques jusqu'au moment où Beiataaki l'a estourbi avec un gourdin. Le bateau entier a été éclaboussé de sang cramoisi, et le temps que l'animal succombe, on se serait cru sur la scène d'un crime particulièrement atroce. Cela m'a surpris. Je n'avais jamais associé la pêche aux effusions de sang.

Bwenawa a récupéré son hameçon et son poulpe en plastique rose, puis il a remis sa ligne à l'eau. Sous la surface, nous apercevions des affleurements de corail et un fond sablonneux, ce qui entraînait encore d'autres permutations de bleu dans la couleur de l'eau. La visibilité devait être d'au moins trente ou trente-cinq mètres. Quelques minutes plus tard, Bwenawa a attrapé un autre poisson, qui s'est débattu encore plus férocement que le thon.

« *Aiyah, aiyah !* »

J'ai cru que Bwenawa allait nous faire une crise cardiaque. Il était fou de joie. Encore une fois, il a tiré de toutes ses forces. On avait l'impression de voir deux équipes de poids lourds disputer un tir à la corde. Il se démenait. Il travaillait son poisson au corps. Il laissait filer un mètre de ligne durement gagné, mais c'était pour mieux repasser à l'attaque. À mesure que le poisson approchait, j'ai vu qu'il était long et mince. « C'est quoi, d'après toi, Beiataaki ? Une bécune ?

— Non, c'est un barracuda. »

Un barracuda de taille. Il faisait près d'un mètre vingt. C'était un poisson d'aspect préhistorique. On aurait dit qu'il sortait d'un autre âge, un âge où la taille des dents était le facteur le plus important pour vos chances de survie. Lui aussi a eu droit au gourdin, avec encore plus de violence que le thon. Et malgré cela, Bwenawa n'a pas eu le cran de récupérer son hameçon. « Elles ne me disent rien qui vaille, ces dents », a-t-il déclaré. C'est Beiataaki qui, du bout des doigts, a retiré le crochet de fer d'entre les redoutables mâchoires, et une fois de plus la ligne a été remise à la traîne derrière le bateau.

« Et si on regardait un peu l'*I-Matang* pêcher ? a proposé Atenati, taquine.

— J'aurais peut-être besoin d'un peu de ta magie », ai-je répondu.

J'ai empoigné la ligne, après avoir pris soin de m'enduire d'écran total. Au bout de cette journée de voile dans le Pacifique équatorial, je sentais mes taches de rousseur se transformer, sous l'effet d'une mutation, en tumeurs tout à fait intéressantes. J'ai tiré sur la ligne et aussitôt, crac, j'ai ferré un poisson ; mais très vite, recrac, je me suis aperçu qu'il n'était pas franchement malin de s'enduire d'écran total juste avant d'attraper une ligne grosse comme un cheveu à laquelle était accroché un poisson, et un poisson qui me semblait balèze en plus. Je ne crois pas qu'Hemingway aurait fait une erreur pareille. Mais, d'un autre côté, Hemingway avait une canne à pêche, ustensile qui, à mesure que je me colletais avec ce géant venu des profondeurs, me paraissait de plus en plus utile. Je me suis cramponné d'une main, tout en essayant de dégraisser l'autre en la frottant sur mon maillot de bain. J'étais dangereusement penché par-dessus bord. J'avais l'impression que mon bras n'allait pas tarder à jaillir de son articulation. Il me semblait bien que j'avais pris un requin tigre.

« Hé, dis donc, l'*I-Matang*, a braillé Atenati, ici aux Kiribati, on pêche avec les deux mains. »

Elle était toujours prête à aider, Atenati. Au moment où je suis enfin parvenu à assurer ma prise, j'ai commencé à éprouver une sensation de picotement sur les mains, laquelle, tandis que je poursuivais ma lutte farouche avec mon monstre marin, s'est rapidement étendue à mes bras et à ma poitrine. C'était comme une brûlure, comme une démangeaison, du genre qui laisse la victime dans un état de démence écumante. « Ça me gratte ! ai-je hurlé. J'ai été piqué par je ne sais pas quoi.

— Ce n'est rien, juste des poux de mer », m'a annoncé Beiataaki.

Bordel, mais ils sortaient d'où, ces poux de mer ? C'était couru, me suis-je dit. Aux Kiribati, même l'océan a des poux.

Atenati a fait entendre un caquètement de rire. Je me suis demandé si elle ne trempait pas dans cette soudaine invasion. Je lui ai jeté le mauvais œil.

J'ai lutté contre le monstre. J'ai tiré, j'ai hissé. J'avais les muscles douloureux. Je me suis arc-bouté de toute la force de mes jambes. Engagé dans un combat épique entre l'homme et la bête, j'étais bien décidé à vaincre. Je ferais la preuve de mes talents de pêcheur. J'apprendrais à la gent poissonnière qu'un nouveau caïd venait de faire son entrée en ville. Il était à moi, ce requin.

Manque de pot, ce n'était pas un requin. Ni même un grand barracuda. Non plus qu'un thon. Non, ce n'était qu'un petit avorton de carangue, d'à peine plus de trente centimètres. Et lorsque je l'ai enfin tiré hors de l'eau, j'ai été frappé par sa couleur délicate, un bleu-vert chatoyant. Le gourdin est resté à sa place.

« *Aiyah, aiyah* », a lancé Bwenawa sur un ton où la ferveur brillait par son absence.

J'avais toujours envie de me gratter.

« Il me fait de la peine, ce poisson, a dit Sylvia. Regardez, il est en train de perdre ses couleurs. »

Nous avons tous contemplé fixement le poisson. *Flip, flop, pfff, pfff.* Et puis plus rien, c'était fini. J'ai senti que ma domination sur les habitants des profondeurs océaniques n'était pas encore tout à fait affirmée. Puis Atenati a glapi : « Regardez ! »

Nous nous sommes tous retournés.

Fichtre.

Les monstres marins décrits par les premiers explorateurs du Pacifique ne paraissaient plus être le fruit d'une imagination délirante. Pas si loin de notre proue évoluait une gigantesque « créature ». Nous avons vu sa silhouette sombre fendre l'eau comme une paresseuse torpille. Elle ne pouvait se trouver ici, au bord d'un récif, que pour une seule raison : elle avait faim.

« C'est une baleine ? a demandé Bwenawa. Une baleine pilote ?

— Quel mastodonte ! a constaté Sylvia.

— Doux Jésus ! » ai-je dit.

Après un long regard scrutateur, Beiataaki a déclaré : « C'est un requin renard. »

Tout à coup, j'ai remarqué à quel point notre bateau était petit. Je me suis rappelé qu'il était en contreplaqué. En contreplaqué très mince. Très mince et très vieux. Très mince, très vieux et pourrissant. Pourrissant et donc facilement brisé. Imperceptiblement, je me suis déplacé vers le milieu. Franchement, à quoi pensions-nous, en nettoyant notre pont couvert de sang dans ces eaux infestées de requins ? Un endroit où évoluaient des requins qu'on pouvait confondre avec des baleines.

À une quarantaine de mètres, nous avons distingué une nageoire caudale dont un bon mètre vingt pointait hors de l'eau, ce qui laissait penser qu'un autre mètre vingt se trouvait sous l'eau, nous annonçant donc une nageoire caudale de deux mètres quarante — bon Dieu, deux mètres quarante ! —, laquelle se dirigeait vers nous.

« Le voilà, mon requin ! s'est écriée Atenati. Bwenawa ! Attrape-moi ce requin ! »

Déjà, Bwenawa fouillait un peu partout, à la recherche d'une ligne plus solide et d'un hameçon plus gros. Beiataaki était occupé à débiter sa raie en morceaux. Le requin approchait. *Sssuichchch, sssuichchch,* faisait la nageoire de deux mètres quarante.

Putain.

Ils étaient dingues, ces gens-là. J'ai regardé Sylvia. Elle avait l'air de jubiler. Toi aussi, ma fille ?

Beiataaki s'est mis à balancer des morceaux de raie par-dessus bord. Bwenawa tripatouillait son matériel. Atenati était hors d'elle. « Voilà mon requin. Par ici ! Par ici, le requin ! »

Le requin l'a entendue. Il s'est approché. Et puis soudain, il a plongé. Il n'a plus été qu'une ombre. Une ombre gigantesque. C'était exactement ce que Steven Spielberg aurait fait faire à son requin. Je croyais entendre la musique. *Pom-pom-pom-pom-pom-pom-pom-pom.* Le poisson est passé sous notre bateau. Il devait mesurer pas loin de sept mètres. Je me suis raidi en attendant l'impact, le moment où cette masse de muscles et de dents remonterait en trombe pour fracasser le catamaran, nous propulsant dans l'eau, et alors, ah mon Dieu, que ce serait donc atroce !

En voyant le requin glisser sous le bateau, Beiataaki est passé de l'autre côté. Il continuait de lancer de gros bouts de raie dans l'eau. Je n'ai rien fait pour l'encourager. On aurait dit qu'il était au bord du bassin dans un jardin public, en train de régaler les petits coin-coin. Seulement, nous n'avions pas affaire à un canard. Nous, c'était un requin de sept mètres.

« Ils sont mabouls, ai-je remarqué.

— Oui », a reconnu Sylvia. Nous les avons regardés faire, bouche bée. Deux forces de la nature, l'une et l'autre déraisonnables et armées, étaient sur le point de s'affronter.

Mais le requin, Dieu le bénisse, ne mangeait pas de ce pain-là. C'était un malin, ce requin. Un brave type de requin. Il a juste poursuivi sa route, laissant derrière lui, avec sa nageoire de deux mètres quarante, un sillage turbulent. *Sssuichchch, sssuichchch.* Il me plaisait ce requin. Ah, que j'aimais sa façon de s'éloigner ainsi ! Vas-y, mon requin, nage, nage. Allez, va-t'en. Laisse donc ces crétins derrière toi.

« Bwenawa, a braillé Atenati. Tu n'as pas attrapé mon requin !

— Hi, hi, hi. » Bwenawa avait retrouvé toute son énergie. Un thon jaune, un gros barracuda et, si seulement ils avaient été un tout petit peu mieux préparés, un requin renard de sept mètres. Il était d'excellente humeur.

La journée tirait à sa fin. Nous avons remonté la ligne et commencé à chercher la passe menant au lagon de Maiana. John avait installé à bord un récepteur GPS, mais il n'était pas assez fiable pour nous permettre de franchir un chenal biscornu d'une dizaine de mètres de large, dont les méandres s'enfonçaient dans les entrailles d'un récif naufrageur de bateaux. Le chenal était signalé par des poteaux en bois, et tandis que nous approchions, en abattant notre voile, deux frégates se sont envolées, circulant en tandem, leurs ailes triangulaires grandes ouvertes, cherchant un courant thermique ascendant pour les emporter plus loin. Beiataaki est monté en haut du mât et il a guidé Tekaii à travers le récif. Nous avions ici un riche étalage de corail cerveau, là un lumineux jardin de coraux, ailleurs encore un doigt déchiqueté. Le tout à un ou deux mètres à peine de nos deux coques. L'océan paraissait trébucher en se heurtant au récif, expédiant devant lui des rouleaux d'écume blanche. Je me suis demandé comment on faisait parvenir à Maiana la moindre espèce de provision. Il fallait sûrement tout décharger en haute mer et le transporter ensuite sur des bateaux plus petits, en franchissant d'abord le chenal à travers le récif, puis les six ou sept kilomètres de lagon.

De son perchoir, en haut du mât, Beiataaki faisait de grands gestes. « À gauche, à droite maintenant, à droite toute, j'ai dit À DROITE toute. » Tout en actionnant la barre, Tekaii ne quittait pas Beiataaki des yeux. Il nous aurait suffi d'effleurer le récif hérissé de pointes pour couler. Or nous étions encore fort loin de la terre. Trop loin pour nager. Vingt longues minutes ont passé. Personne n'a échangé le moindre mot en dehors de nos deux marins. L'atmosphère à bord était tendue, la frivolité s'était dissipée. Et puis, soudain, nous sommes sortis de la passe pour pénétrer dans la relative sécurité du lagon. Beiataaki est redescendu du mât, en secouant la tête. « Je n'aime pas ce chenal. C'est le pire de toutes les Kiribati. »

Devant nous, nous pouvions discerner une verte palissade d'arbres, qui s'est bientôt décomposée en troncs de cocotiers, jaillissant comme des minarets, tandis que l'immense canopée des arbres à pain dégringolait vers le sol. Nous avons traversé le lagon au moteur, nous dirigeant vers le milieu de Maiana, où le gouvernement, comme sur toutes les îles des Kiribati, a son enclave qu'on appelle la Maison du gouvernement, ce que je trouvais très conradien.

C'était là qu'étaient situées les chambres réservées aux visiteurs, ainsi que l'infirmerie, un établissement d'enseignement secondaire et un bureau des pêcheries. On apercevait quelques *maneaba* et aussi des villages entiers avec leurs toits de chaume et leurs pilotis.

« Le vent tourne, a noté Beiataaki. Il passe à l'ouest. »

La manche à air a commencé à claquer et à tournoyer. Tout à coup, le vent nous a giflés, quelques rafales qui ont sérieusement menacé nos chapeaux, suivies par un grand frais soutenu qui a très vite transformé le lagon placide en mer démontée, couronnée d'écume. Jamais je n'avais vu un vent tourner et fraîchir aussi vite, pas même aux Pays-Bas où, bien souvent, on peut s'attendre à voir le vent s'intensifier dès que l'on monte sur un vélo, puis tourner en même temps que vous, en sorte qu'on peut bien prendre la direction qu'on veut, on sera toujours sûr d'avoir un vent violent dans le nez. Ici, c'était différent. Par une journée paisible et ensoleillée, en deux minutes la direction du vent avait viré de cent quatre-vingts degrés, tout en montant à une vitesse de quarante-cinq nœuds. Notre bateau n'était pas menacé pour autant ; nous avions amené la voile, le lagon était peu profond et les vagues battaient nos coques sans leur faire aucun mal. Mais enfin, je m'étais habitué à la torpeur monotone du climat équatorial et je regrettais à présent amèrement de ne pas avoir embarqué ma planche à voile.

Beiataaki a jeté l'ancre de la *Martha* dans des hauts-fonds tout proches de la plage attenante à la Maison du gouvernement. Nous avons ramassé nos affaires et pataugé jusqu'au rivage. Les cocotiers ployaient dans le vent, leurs feuillages repliés comme des parapluies effondrés. J'entendais le bruit sourd des noix de coco arrachées par les rafales. Sur la plage, des enfants couraient avec leurs *lavalava* flottant derrière eux ; on aurait dit des échassiers s'efforçant de décoller. Notre logis se trouvait du côté de l'atoll bordé par l'océan et nous avons suivi un sentier qui traversait toute la largeur de Maiana, soit une centaine de mètres, en prenant soin d'éviter la trajectoire des noix de coco volantes. Le local des visiteurs était une maison en parpaings gris avec un sol en terre battue. Dans le living, il y avait un hamac. Les chambres étaient conçues comme des box pour les chevaux, équipées de couchettes dures et de moustiquaires. Pour nos besoins en eau, il y avait un puits et un seau.

De ce côté-là de l'île, nous étions protégés du vent et, malgré la tempête, nous avons été en mesure d'allumer un feu et de faire griller le barracuda de Bwenawa. Le thon était resté à bord avec Beiataaki et Tekaii, qui s'étaient empressés de faire faire demi-tour à la *Martha* et qui filaient à travers le lagon, afin de négocier la passe avant le coucher du soleil. Ils avaient l'intention de regagner Tarawa pendant la nuit et de revenir nous chercher la semaine suivante. Tandis que le jour déclinait pour céder la place à un crépuscule opaque, nous pouvions voir l'océan démonté dans la lumière grise ; des creux profonds se formaient chaque fois que le vent envoyait des vagues déferler en sifflant à travers l'horizon. La pluie s'est mise à tambouriner sur le toit de notre logis. Quelques fuites se sont déclarées. Les flaques d'eau ont transformé le sol en boue.

« Je pense qu'il pleut aussi à Tarawa », a dit Bwenawa. Nous l'espérions bien. Nous espérions que cet orage marquerait la fin de la sécheresse.

« Tu t'imagines, a lancé Sylvia, nos réservoirs d'eau enfin remplis à ras bord. Si l'eau est bien canalisée jusqu'à l'intérieur, évidemment », a-t-elle ajouté d'un ton sardonique.

Sylvia n'avait toujours pas confiance en mes talents de bricoleur. Mais moi, j'étais sûr de mon coup. J'avais passé des heures à nettoyer le toit et les gouttières de leurs feuilles et de leurs orties. J'avais, d'une manière qui me paraissait fort ingénieuse, tiré parti des matériaux que j'avais sous la main afin de boucher les trous dans les gouttières — des couvercles en plastique et un rouleau de chatterton extrêmement précieux.

« Ne t'inquiète pas, ai-je dit. Je suis hollandais. Et question canalisation de l'eau, les Hollandais s'y connaissent.

— Tu n'es qu'à demi hollandais, a objecté Sylvia. Et tu as quitté les Pays-Bas à l'âge de six ans.

— C'est un savoir inné. Nous sommes un peuple aquatique. Tu pourras bientôt te laver les cheveux sans aucun sentiment de culpabilité.

— Deux fois par semaine ?

— Oui, deux fois. C'est promis. »

Nous nous sommes tus pour écouter. C'était une tempête rageuse.

« Je suis bien contente de ne plus être sur le bateau », a déclaré Atenati. Nous avons tous réfléchi un moment à ce que devaient vivre Beiataaki et Tekaii, naviguant dans la noirceur de cette nuit sans étoiles, sur un océan transformé en maelström, incapables de distinguer les vagues particulièrement méchantes. Puis nous nous sommes endormis.

13

Où l'auteur explique pourquoi ces saloperies de mers du Sud peuvent vous foutre une pétoche de tous les diables.

Le lendemain, dans la sourde lumière bleue d'une aube tempétueuse, nous avons eu la surprise de voir la *Martha* à l'ancre dans le lagon, claquemurée comme une forteresse.

« Trop grosse, la mer », nous a expliqué Beiataaki quand nous l'avons retrouvé sur la plage. Il naviguait dans les parages des îles Gilbert depuis trente ans. Sa peau sombre était blanchie par les méfaits du soleil. Son visage était creusé par le vent. S'il disait que la mer était trop grosse pour rentrer à Tarawa, surtout maintenant qu'il n'avait plus à son bord aucun marin d'eau douce nauséeux, il fallait comprendre qu'elle était franchement démontée. « On a franchi la passe, mais au bout les vagues étaient trop énormes pour continuer, a-t-il précisé. On repartira un peu plus tard. »

Mais ils ne sont pas repartis un peu plus tard. Les

journées ont passé, pas la tempête. Jour après jour, Maiana a été balayée par le vent et la pluie. Des papayers tombaient. Des *maneaba* ont perdu leur toit. L'île entière baignait dans une grisaille dégoulinante. Les villages étaient inondés. Les femmes frissonnaient, en assistant aux cours de cuisine d'Atenati ; celle-ci leur montrait de quelle manière incorporer à l'alimentation locale des légumes cultivés dans les îles et riches en vitamine D, afin de lutter contre la cécité nocturne qui menace les enfants mal nourris des Kiribati. Bwenawa revenait à la maison des visiteurs en fin d'après-midi, après avoir passé ses journées à errer de jardin en jardin, improvisant des ateliers sur le bon pourcentage d'ombre et de lumière pour optimiser la culture des tomates et s'attardant sur les merveilles que recélaient le *chaya*, le *bele* et le *nambere*, uniques légumes verts capables de pousser sur un atoll. C'était à Atenati qu'incombait la tâche de rendre leurs feuilles mangeables.

Dans les *maneaba*, les *unimane* se plaignaient du vent et de tous les dégâts qu'il avait infligés. Dans chaque village, le toit d'un *maneaba* au moins était endommagé et les anciens s'inquiétaient à l'idée qu'il n'y aurait pas assez de jeunes gens possédant le savoir-faire nécessaire pour les remettre en état. À Maiana, la population déclinait, car chaque année un nombre croissant de jeunes se laissait attirer par les lumières scintillantes de Tarawa.

Lorsque nous avons dû nous débrouiller sans miroir, Sylvia et moi avons franchi un nouveau pas dans notre intimité.

« Tu as une saleté au coin de l'œil.

— Et toi, tu as une crotte de nez au bout du blair.

— Tu as un truc…
— Où ça ?… Ici ?
— Non… non, pas là…
— Je l'ai eu ?
— Attends… je vais le faire… »

Tandis que la tempête allait et venait, les averses étant suivies de gros coups de vent, Maiana m'apparaissait comme une île sombre et déprimée que seul venait égayer — de mon point de vue — le sentiment douloureusement agréable de fraîcheur, un pincement dans l'air grâce auquel j'étais désormais capable de passer une journée entière sans risquer de me déshydrater, sans éprouver le besoin de saupoudrer mes aliments de sel, sans succomber à cette torpeur du milieu de journée, où, le plus souvent, le niveau d'énergie du pays tout entier stagnait juste au-dessus de l'état comateux. Je me demandais depuis longtemps pourquoi les régions tempérées du monde étaient tellement en avance sur celles de l'équateur, mais il me paraissait maintenant évident que c'était à cause de la chaleur. Qu'en est-il de la productivité de New York et de Paris au mois d'août ? Pas terrible, hein, et pourtant ce sont des villes climatisées. Bon, à présent, imaginez un mois d'août perpétuel, privé du souffle d'air frais et du bourdonnement de la climatisation. Ils seraient toujours en train d'abattre leurs dix-huit heures par jour, les New-Yorkais, pour vaquer à leurs affaires juridiques et pondre leurs magazines ? Ça ferait du tintouin, si l'indice boursier de Cisco chutait de quarante points ? Bien sûr que non. Dans ce mois d'août perpétuel, les New-Yorkais passeraient leurs journées de travail avachis sur leurs bureaux, la bave aux lèvres, exactement comme le gouvernement des Kiribati.

Le vent nous a apporté un autre bienfait inattendu. Comme il faisait trop mauvais pour pêcher, nous nous étions résignés à l'idée de manger du riz à tous les repas, lorsque Kiriaata, la charmante personne qui tenait la maison des invités, était venue nous prier de l'excuser si sa table manquait de variété. « Je peux vous proposer du poulet au curry, a-t-elle annoncé en brandissant une boîte rouillée de Ma-Ling Chicken Curry, laquelle ne contenait, je le savais par expérience, que les morceaux du poulet que les Chinois eux-mêmes refusaient de manger — à savoir les gésiers et les os. Ou alors de la langouste, a-t-elle ajouté en nous montrant quatre des plus gros et des plus délicieux homards que j'aie jamais vus de ma vie. Je suis navrée, nous n'avons rien d'autre. »

Sylvia et moi avons miaulé, gémi et fait toutes sortes d'autres bruits à peine humains.

« Vous voulez le poulet ?

— *Non*, avons-nous aboyé. *La langouste.*

— Ah bon ?

— *Oh oui !* »

Les I-Kiribati n'aiment pas le homard. Moi, je pense que c'est parce que le passage des Anglais dans leurs îles a détruit leurs papilles gustatives. En effet, l'alimentation des autochtones, déjà passablement immonde au départ, s'est alors trouvée agrémentée de *corned-beef* en boîte et de biscuits (ô combien !) secs, lesquels constituaient la base de l'alimentation du marin britannique au XIXe siècle. Cet amalgame de ce qu'on mangeait sur les atolls et d'aliments anglais susceptibles de survivre pendant des années sur un bateau a eu raison du palais des I-Kiribati. Il m'a semblé qu'il aurait été discourtois de soumettre cette théorie à Bwenawa, donc je me suis contenté de lui demander pourquoi les I-Kiribati n'aimaient pas le homard. Il m'a expliqué qu'ils considéraient ce crustacé comme un répugnant nettoyeur de récif, en ponctuant ses mots d'un regard appuyé, jusqu'au moment où j'ai fini par dire : « Ah, oui, bien sûr, je vois ce que tu veux dire. »

Mais je m'en contrefichais. Certes, je n'aurais peut-être pas consommé un homard pêché sur le récif de Tarawa Sud, mais une rapide analyse de la situation à Maiana m'a laissé penser que je pouvais y déguster un homard sans risquer d'y laisser ma bonne santé ; d'ailleurs, même si cela me rendait en effet malade, ce ne serait certainement pas la première fois que la nourriture absorbée aux Kiribati ne passerait pas et au moins j'aurais d'abord eu le plaisir de manger quelque chose que j'aimais.

« J'imagine que vous n'avez ni beurre ni citron, ici ? ai-je demandé à Kiriaata.

— *Akia* », a-t-elle répondu.

C'était, néanmoins, le repas le plus délectable que j'aie fait aux Kiribati. Bwenawa et Atenati nous ont regardés, d'un air méfiant, déguster nos bestioles avec volupté.

« Mmmmm…

— Oooooh…

— Aaaaah… »

Nous avons demandé si ce ne serait pas trop compliqué de nous faire du homard à tous les repas. Bwenawa et Atenati picoraient leurs débris de poulet en boîte, tandis que nous savourions nos crustacés avec une joie obscène bien mal dissimulée. Ne sachant pas quand l'occasion s'en représenterait, nous avons emporté quelques homards avec nous, lorsque le moment est venu de quitter Maiana.

Beiataaki et Tekaii ont passé la semaine entière dans le lagon de Maiana, à attendre que la tempête se calme. Peut-être y a-t-il eu quelques vagues occasions de regagner Tarawa, quand le vent tombait aux alentours de vingt nœuds à l'heure, ce qui est déjà considérable, mais l'idée d'affronter des flots déchaînés, puis d'être obligés de revenir nous chercher un ou deux jours plus tard les a dissuadés de faire voile. Le vendredi, lorsque nous nous sommes réunis avec toutes nos petites affaires sur la plage, une grande cinquantaine de personnes en a fait autant, nous suppliant de les transporter jusqu'à Tarawa. « C'est à Sylvia de décider », leur a fait savoir Beiataaki, toujours diplomate. Sylvia a jeté un regard à la petite foule, un autre regard à notre embarcation, un troisième regard aux nuages noirs menaçants qui se profilaient à l'horizon, puis elle a dit sur le ton le plus raisonnable et le plus poli qu'elle a pu prendre : « Non. » Après quoi, elle a repris sa contemplation de l'horizon et de ses nuages noirs menaçants.

« Qu'est-ce que tu en penses ? m'a-t-elle demandé. On y va ? C'est toi, le voileux. »

À strictement parler, c'était vrai. Je suis en effet un voileux. J'ai fait de la voile sur le lac Ontario et dans la baie de Chesapeake, mais la grande majorité de mes expériences de voileux se sont limitées à un petit lac de Hollande, dont la profondeur moyenne était d'un mètre cinquante et que je traversais en schuss sur un Laser, un minuscule bateau utilisé en général par de minuscules personnes qui apprennent à naviguer. Jusqu'à présent, ma seule expérience de navigation à voile en haute mer était notre voyage aller jusqu'à Maiana, et j'avais beau être très bien disposé envers ce mode de déplacement, je sentais que notre trajet de retour jusqu'à Tarawa serait un peu différent.

« Je crois qu'il faut laisser Beiataaki décider », ai-je dit.

Beiataaki contemplait le ciel, s'efforçant paisiblement de sonder ses intentions. Le vent était modéré, du moins en comparaison des tornades de la semaine précédente, mais la couleur d'encre visible à l'horizon ne promettait rien de bon.

« Si nous partons, il faut y aller tout de suite », a dit Beiataaki. Il songeait aux heures de marée, qui ne nous étaient pas favorables, et au fait que les balises indiquant la passe du lagon de Tarawa n'étaient pas éclairées. Cela voulait dire qu'il faudrait négocier le chenal avant l'obscurité si nous souhaitions éviter de passer la nuit à virer de bord sur un océan houleux en attendant les premières lueurs de l'aube. « Je pense que le mieux, c'est d'aller jusqu'au chenal ici même et puis de décider alors », a-t-il ajouté.

Ce que nous avons fait. Avec la voile bordée et le moteur qui ronronnait, nous avons passé la matinée à traverser le lagon. Une semaine entière de tempêtes avait remué le sable qui se trouvait au fond, et les nuages gris tourbillonnants donnaient à l'eau bleu glacier une teinte laiteuse étrangement surréaliste. Alors que nous approchions des piliers en bois qui marquaient l'entrée du chenal, Beiataaki a mis le moteur au point mort et il a commencé à se tracasser. Nous étions arrivés au moment exact où la mer était au plus bas et où la passe se montrait sous son jour le plus traître. Il n'y aurait aucune marge d'erreur. Les rochers au-dessus desquels nous avions glissé à l'aller pouvaient nous envoyer par le fond au retour. Le récif qui faisait suite au chenal paraissait subir l'assaut de l'océan. De lourdes vagues se brisaient dans un bruit de tonnerre assourdi et se dissipaient en écume bouillonnante qui soulignait chaque petite pointe de corail.

Beiataaki s'est hissé en haut du mât, où il est resté un très long moment, étudiant la passe et scrutant l'océan. Lorsqu'il est enfin redescendu, je lui ai demandé ce qu'il en pensait. Il a haussé les épaules à la française. De toute façon, c'est moche, a-t-il semblé dire. Et puis il a paru prendre une décision.

« Moi, je veux rentrer à la maison. Ma femme me manque. »

Et le voilà reparti en haut du mât. Tekaai se tenait à la barre, attendant les instructions. Sylvia et moi avons échangé un regard. *Bon et puis merde, après tout. On y va, toutes voiles dehors.* Nous nous sommes avancés de quelques centimètres et il nous a semblé aussitôt évident que ce chenal à marée basse était l'équivalent nautique d'un champ de mines. Nous étions environnés par de grandes poussées de corail déchiquetées. Le chenal décrivait d'incessants méandres, se faufilant entre les pointes acérées et les rochers à peine submergés. Le bateau, comme j'avais déjà eu l'occasion de me le dire, était en contreplaqué. Il n'y avait aucune chance qu'il résiste à une collision. Mais ensuite, une fois que nous avons eu négocié la passe avec succès, j'ai regretté de tout mon cœur que nous n'ayons pas coulé à ce moment-là, car cela aurait mis un terme immédiat à notre supplice.

L'océan était déchaîné.

Plus de huit mètres. Je vous parle de la hauteur

des vagues qui nous ont accueillis à notre sortie du chenal. Oui, huit mètres. Depuis le creux béant jusqu'au sommet écumant. Huit mètres. Et il ne s'agissait pas de rouleaux réguliers, s'élevant et redescendant sans à-coups. Nos vagues étaient abruptes, violentes, déferlant en rangs serrés en raison de la proximité de l'atoll. Rien de ce que j'avais connu jusque-là ne m'avait préparé à ce spectacle.

Nous avons tous blêmi à mesure que nous envahissait la pure terreur qu'éprouve quiconque se trouve sur un trimaran en contreplaqué au milieu de vagues de huit mètres. Et puis de blêmes, certains d'entre nous sont devenus verdâtres. Comme un seul homme, Bwenawa, Atenati et Sylvia ont battu en retraite jusqu'à l'arrière du bateau, où l'on pouvait se mettre à l'abri, avant de se pencher par-dessus bord pour dégobiller, et ils y sont restés. Beiataaki a pris un cap qui nous obligeait à affronter les vagues de biais ; lorsque nous arrivions au sommet, il y avait une longue seconde au cours de laquelle nous avions l'impression d'avoir décollé, nous éprouvions une sensation de vide comme si nous voyagions non pas à la surface de l'océan, mais juste au-dessus, aussitôt suivie par une glissade vertigineuse le long de l'échine de la vague, ce qui envoyait notre coque gauche labourer la prochaine, qui déjà se cabrait, et faisait disparaître le pont et tous ses occupants sous des torrents d'eau blanche ; notre course en avant était momentanément stoppée, puis nous retrouvions notre flottabilité, le bateau repartait vers les sommets et toute l'exténuante opération se répétait. Les creux étaient des gouffres déventés. Le mât était avalé. La voile mollissait. Sur les crêtes, au contraire, nous reprenions de l'élan. Tous les regards convergeaient vers les vagues, redoutant la vague assassine, la vague de douze ou treize mètres. Nous observions et nous supputions : « Cette vague là-bas, la troisième, la grosse, quand elle nous arrivera dessus, ce sera une vraie muraille d'eau. » Beiataaki manœuvrait le gouvernail pour la prendre de face et lorsque nous l'avions escaladée et que nos coques se trouvaient au-dessus du vide, nous attendions la gifle fracassante du bateau retombant sur l'eau, un bruit qui vous vrillait les tympans, et ceux d'entre nous qui se trouvaient encore sur le pont ne pouvaient s'empêcher de se recroqueviller d'inquiétude.

« Qu'est-ce que tu en penses ? » ai-je demandé à Beiataaki. Il avait commencé à pleuvoir. J'étais transi, frissonnant, dans un état de terreur hébétée. Mes mains étaient crispées autour d'un filin. Tekaai s'activait du côté de la voile, tantôt il la hissait, tantôt il prenait un ris, tantôt il l'abattait carrément, en fonction du vent capricieux et glapissant, qui soufflait en rafales, sans aucune régularité. Pour plus de sûreté, il était accroché aux lignes qui couraient d'un bout à l'autre du bateau.

« Je crois que ça devrait aller. Une fois qu'on se sera éloigné de Maiana, les vagues vont s'arrondir, elles seront moins abruptes. »

Les vagues, forgées par une semaine entière de tempête, s'obstinaient à tabasser la pauvre *Martha*. On avait l'impression d'être partie prenante dans un interminable carambolage de voitures, quand on sait qu'on ne contrôle plus rien et qu'on se contente d'attendre la pénible conclusion. Je suis allé m'enquérir de l'état de Sylvia. Il y avait des coupées à négocier. Le bateau faisait des embardées, moi je trébuchais, ballotté dans tous les sens, tandis que j'avançais à tout petits pas, comme un bébé. Sylvia n'était pas au mieux. Avachie sur un banc, la tête ployée enfouie dans ses bras sans force, elle grommelait des paroles inaudibles.

« Tu as dit quoi ?

— Je veux descendre de cette merde de bateau. »

Mmmm… Sylvia n'était pas du genre à jurer. Il n'y avait pas de fenêtres dans le compartiment arrière. On avait tiré dessus une bâche bleue pour empêcher l'eau d'entrer. Atenati et Bwenawa étaient assis sur le banc d'en face, l'air tout aussi lamentable. Toutes les quelques minutes, un des trois passait la tête sous la bâche et par-dessus le bastingage pour lâcher quelques gerbes. Pas terrible. D'ordinaire, je n'avais pas facilement le mal de mer, mais le triste spectacle qu'offrait mon trio, s'ajoutant à l'effet de montagnes russes, n'était pas très loin de me donner la nausée à moi aussi.

« Reviens donc sur le pont, ai-je dit à Sylvia. Le problème, c'est que tu ne peux pas voir les vagues, alors ton oreille interne ne sait plus où elle en est. La mienne aussi déconne quand je suis ici.

— On aurait dû rester à Maiana, a-t-elle geint. Jamais on n'aurait dû partir par un temps pareil. J'aurais dû dire : "Attendons que la mer se calme." Je ne savais pas que ce serait aussi épouvantable. Bou-hou-hoouuu. »

Bon, elle n'a pas vraiment dit *bou-hou-hoouuu*, mais elle aurait pu. Moi, je crois que si une moitié d'un couple s'abandonne aux larmes et aux lamentations, il est important que l'autre réagisse par de réconfortants accès de bonne humeur. Ce qui rend souvent nécessaires les pieux mensonges.

« Ne t'inquiète donc pas, ai-je murmuré. Beiataaki m'a dit qu'il avait déjà vu bien pire que ça. Nous ne risquons absolument rien. »

En réalité, Beiataaki m'avait dit qu'il n'avait pour ainsi dire jamais connu une mer pareille et que si le vent fraîchissait encore, nous serions peut-être obligés de nous laisser porter par les vagues en traînant notre ancre, afin d'être sûrs de ne pas faire la culbute, manœuvre qui rallongerait sans doute considérablement le trajet, voire de plusieurs jours.

« Et grâce à ces conditions, ai-je ajouté, nous avançons à toute vitesse. Nous serons arrivés avant même que tu ne t'en aperçoives.

— C'est vrai ?

— Mais oui. »

En réalité, encore une fois, nous avions pris un retard dramatique. Chacune de ces vagues monstrueuses nous ralentissait et ça aurait été un vrai miracle de parvenir à traverser la passe menant au lagon de Tarawa avant le coucher du soleil. Beiataaki ne cessait de consulter sa montre et de vérifier notre position sur son GPS. Je lui ai demandé pourquoi le gouvernement ne prenait pas la précaution quand même élémentaire d'éclairer les balises qui indiquaient le chenal. Il m'a répondu qu'il l'avait prise, mais que les ampoules avaient presque aussitôt été volées et que Tarawa restait donc inapprochable après le coucher du soleil. C'était la même chose pour la piste d'atterrissage. On y avait installé des projecteurs, mais ils n'avaient pas duré longtemps. Je n'avais vu un avion de nuit qu'une seule fois. En faisant une marche arrière avec sa voiture, une volontaire anglaise avait accidentellement renversé son petit garçon et lui avait écrasé les jambes, causant des fractures bien trop compliquées pour l'hôpital de Tarawa. Un avion-ambulance chargé de médecins et d'équipement médical avait aussitôt été envoyé d'Australie. Il était arrivé au milieu de la nuit, atterrissant à la lumière des pleins phares de douzaines de voitures, garées de manière stratégique tout le long de la piste. L'enfant était revenu à Tarawa quelques mois plus tard, en bonne voie de complet rétablissement, fort de la certitude qu'au cours des années à venir, il serait sans nul doute gâté-pourri par sa mère.

J'ai accompagné Sylvia sur le pont. Beiataaki ne s'était pas trompé. Une fois au large de Maiana, au-dessus des grandes profondeurs, les vagues s'étaient en effet arrondies, devenant plus proches de la houle que de ces immenses murailles d'eau qui nous avaient malmenés un peu plus tôt. Il fallait encore grimper de six ou sept mètres et redescendre pour pouvoir avancer horizontalement d'autant, mais la *Martha* n'était plus obligée de s'arracher à l'écume, la violence de l'océan s'était atténuée et je commençais à prendre plaisir à l'affaire. La traversée était certes rude, mais elle n'était plus d'une rudesse terrifiante, et finalement c'est comme ça que je préfère les choses quand je dois côtoyer l'univers naturel.

« Tu vois, ai-je dit à Sylvia. C'est beaucoup mieux, non ? »

Silence.

« Tu sais quoi ? ai-je repris. Je te trouve un peu pâlotte. »

Elle a fait une embardée jusqu'au bastingage. Elle a vomi. Puis elle est retournée en titubant prendre sa position familière dans le compartiment arrière, la tête pendant par-dessus le bastingage, les yeux fermés, grommelant dans sa barbe.

Il m'a semblé que c'était un instant à immortaliser et j'ai sorti notre appareil de photo.

« Dis-moi *cheese*[1]. »

Je me rends compte à présent que j'avais mal choisi mon mot. C'était un peu comme si j'avais dit : *Imagine donc que tu dégustes des escargots au beurre d'ail chaud.* Quand Sylvia a eu fini de vomir, elle s'est tournée vers moi, a pris l'air aimable de circonstance et m'a fait un doigt d'honneur. Clic.

« Bonne à encadrer, si tu veux mon avis. »

Elle m'a adressé un pauvre sourire, avant de retomber dans sa détresse.

La journée tirait à sa fin. Beiataaki commençait à se montrer moins soucieux en ce qui concernait les vagues, mais plus soucieux à l'idée de voir tomber la nuit. Sous l'équateur, le soleil se couche toujours à la même heure, disparaissant à dix-huit heures tous les jours de l'année. Bientôt, en arrivant au sommet des vagues, nous avons vu Tarawa se profiler peu à peu à l'horizon. Encore une fois, en raison de la proximité de l'atoll, les vagues sont devenues plus abruptes et plus hautes. Le ciel gris s'assombrissait, ce qui les faisait paraître encore plus menaçantes. Nous pouvions discerner Tarawa clairement, à présent, notre petite île trempée comme une soupe. Rien n'est plus lugubre qu'un atoll au crépuscule d'une journée de grisaille, tapi contre un rideau de pluie qu'agitent des rafales. Le spectacle était d'une rare mélancolie.

Beiataaki savait très bien où il allait. Il avait passé sa vie entière à négocier la passe qui sépare l'océan du lagon de Tarawa. Le chenal était claire-

1. Le mot *cheese*, qui signifie « fromage », est censé donner l'air souriant à la personne qui le prononce.

ment indiqué sur la carte qu'il utilisait pour établir notre position et, en se servant uniquement du GPS, il était à même de situer l'entrée du chenal à une quinzaine de mètres près. Mais cela ne suffisait pas. Il fallait absolument repérer les balises avant de se risquer dans la passe. En nous précipitant sur le récif, la moindre erreur nous coûterait la vie. Pas un bateau ne peut résister à un récif lorsqu'il est battu par des vagues de huit mètres.

Des lumières ont commencé à scintiller sur Tarawa. Le coucher de soleil manquait de majesté. On aurait dit que le ciel se vidait de ses couleurs. Chaque fois que nous arrivions au sommet d'une crête, avant de disparaître dans le creux, la balise que nous cherchions en faisait autant. Pendant les quelques éphémères secondes où la vague nous hissait tout en haut, nous scrutions l'eau, nous efforçant d'apercevoir la silhouette espérée, et à mesure que le ciel s'obscurcissait, notre inquiétude croissait. Il ne nous restait plus que quelques minutes, à présent, avant que le ciel ne vire au noir complet. Les vagues, compte tenu de leur hauteur et de leur creux, paraissaient de plus en plus menaçantes. Je me suis rendu compte que je pouvais tout juste détacher ma main crispée comme une griffe sur le bastingage. Sylvia, Bwenawa et Atenati s'étaient à présent aventurés sur le pont, afin de se joindre à la recherche de la balise. Nous voulions tous rentrer chez nous. La seule idée de passer la nuit à tourner en rond sur une mer démontée, en attendant le petit jour, ne nous paraissait pas supportable.

« La voilà ! » ai-je hurlé.

Elle était ballottée comme un bouchon, disparaissant avant de reparaître, une ombre noire qui ne tenait pas en place. Elle était bien à quatre cents mètres à bâbord de notre proue.

« Oui, je la vois, a dit Beiataaki. Tu as de bons yeux. »

Sylvia m'a contemplé avec une ferveur nouvelle. « Tu es mon héros », a-t-elle déclaré. En général, quand Sylvia fait ce genre de déclaration, il y a — comment dire ? — un petit quelque chose de mordant dans le ton qu'elle prend, et ça n'a pas manqué en cette occasion. Mais tout à coup, elle était redevenue un peu plus guillerette. Verdâtre, mais guillerette.

Nous nous sommes faufilés le long du chenal. Il était beaucoup plus large que celui de Maiana et lorsque nous avons pénétré dans le lagon, on aurait dit que quelqu'un avait tendu la main pour tourner le bouton permettant d'éteindre la mer. Les creux ne faisaient même pas deux mètres, et l'eau est devenue tout à fait plate lorsque nous nous sommes approchés du port de Betio. Le dépaysement était complet. J'étais désormais tout à fait habitué à la violence de l'océan, et lorsque je suis redescendu sur la terre ferme, j'ai cru que j'allais me mettre à vomir à mon tour. Mes yeux s'étaient accoutumés à un monde qui montait et descendait. Je titubais, les jambes écartées. J'avais pris le pli de faire passer mon poids d'une jambe sur l'autre pour garder mon équilibre. Bref, je m'étais « amariné », comme on dit. Je me sentais mal à l'aise, mon sens de l'équilibre était troublé par cette surface stable et immobile ; donc à chaque pas, j'attendais un instant que ce coin-là de ma cervelle perçoive la transition de la mer à la terre ferme et fasse les ajustements nécessaires.

« Ah, que je suis heureuse de me retrouver sur le plancher des vaches ! a soupiré Sylvia.

— J'ai la tête qui tourne », ai-je répondu.

Le lendemain, Tarawa étincelait sous le soleil. L'île avait eu droit à un grand nettoyage qui s'était fait trop longtemps attendre. Les citernes étaient pleines. Le vent était tombé. Les vagues étaient restées.

« Tu as vu ? » C'était Mike, qui m'appelait depuis la résidence générale de Nouvelle-Zélande.

« C'est superbe. »

Je ne mentais pas. J'avais oublié qu'une vague se brisant sur un récif pouvait être autre chose que féroce et traîtresse. À marée basse, je me suis risqué jusqu'au bord du récif où de grandes vagues cristallines, comme celles qu'on voit pour le coup dans les revues de surf, déferlaient en parfaits rouleaux. Elles étaient dodues, arrondies, et se brisaient selon un rythme régulier.

Sylvia elle-même en a paru impressionnée. « Ça, ce sont de vraies vagues », a-t-elle déclaré. Bien avant nos récents déboires, Sylvia s'était montrée quelque peu agacée par ma passion croissante pour les vagues. Un matin où j'étais rentré à la maison après une séance de *bodyboarding* et où j'avais longuement commenté les conditions méchantes et dit à quel point j'étais gonflé à bloc d'avoir su prendre une vague particulièrement impressionnante, elle m'a demandé : « Tu as bien dit *méchantes* ?

— Oui.

— Et aussi *gonflé à bloc* ?

— Oui.

— Tu me fais penser à mes anciens petits copains. »

Ses anciens petits copains sont montés d'un cran dans mon estime.

« J'ai passé toute ma jeunesse à écouter des mecs parler des conditions méchantes et du fait qu'ils étaient gonflés à bloc. C'est même pour ça que j'ai quitté la Californie. Et voilà que ça recommence avec toi ? »

Que dire ?

« Je veux que tu saches une chose : si jamais tu t'adresses à quelqu'un en lui disant *mon poteau*, je me tire. »

Pour aller où ? ai-je pensé. On est sur un atoll. De toute façon, mon vocabulaire n'était guère susceptible de muter davantage. Je tenais mon jargon de surfeur d'un ex-hippie néo-zélandais hyper-lettré, qui vivait dans l'isolement le plus complet depuis une vingtaine d'années.

Ce matin-là, Mike m'a proposé d'aller sur la digue de Betio. « Compte tenu de la marée, ça devrait être bon vers seize heures. »

En tout état de cause, je n'étais pas censé utiliser le pick-up du FSP pour transporter des surfeurs et leur matériel d'un bout de l'atoll à l'autre. Pour Sylvia, la camionnette était un des avantages en nature de son boulot. Quand on n'en avait pas besoin pour transporter des gens et du matériel ayant un rapport quelconque avec le FSP, Sylvia avait le droit de s'en servir à titre privé. Elle était extrêmement scrupuleuse quant à la manière honnête d'utiliser un véhicule de fonction. Tout le monde sur l'île savait que ce pick-up était celui du FSP. Ça jaserait sérieusement si l'on voyait deux *I-Matang* foncer le long de la route un jour de semaine, avec des planches de surf sur le plateau arrière. J'avais beau assurer en personne une bonne part de l'entretien de cette camionnette et passer une grande partie de mon temps à conduire le personnel du FSP d'un endroit à un autre, Sylvia était très à cheval sur les principes et il me paraissait peu probable qu'elle se laisse attendrir si je lui demandais de me rendre service.

Je lui ai téléphoné à son bureau. « Coucou, lui ai-je lancé. Il faut que j'aille chercher une nouvelle bouteille de gaz.

— Ah bon ? Je croyais qu'on en avait acheté une la semaine dernière.

— À mon avis, elle était mal remplie. La camionnette est disponible ?

— Non.

— D'accord. J'arrive dans deux minutes. »

Nous nous sommes garés le long de la jetée, Mike et moi, et nous avons contemplé les vagues. Il faudrait ramer dur avec les mains juste pour arriver jusqu'à elles, à près de huit cents mètres, mais une fois là-bas, nous aurions fait le plus pénible. Un étroit chenal avait été creusé à travers le récif, à coups de dynamite. Les pêcheurs l'empruntaient et il nous permettait de court-circuiter la zone d'impact des vagues.

« En dix-sept ans de présence, je crois bien que c'est ce que j'ai vu de mieux », m'a déclaré Mike.

J'ai enfilé mes palmes et je me suis installé sur mon *bodyboard*, qui, pour être franc, ne valait pas un clou. On aurait plutôt dit une de ces petites planches qu'utilisent les gens qui apprennent à nager, mais cela me suffisait. Nous avons suivi le chenal et passé un long moment à traîner du côté de la zone d'impact, fascinés par les rouleaux. Leur mouvement a quelque chose d'hypnotique : une protubérance surgit soudain du vide bleu, en se roulant sur elle-même, et devient une force pure qui s'élève pour former une muraille d'eau, avant de se replier et d'avancer pendant un long moment plein de tension pour se dissiper dans un bruit de tonnerre. Quelquefois, je crois que je pourrais passer des heures entières à regarder les vagues, mais ce n'était pas le cas ce jour-là. Nous nous sommes propulsés avec les mains pour nous mettre en position, puis pendant une bonne heure nous avons pris une vague après l'autre, chacune plus parfaite que la précédente. Je me suis prudemment rapproché de la zone d'impact, décidé à prendre mes vagues à leur point le plus haut, ce qui me permettrait de prolonger ma glissade et de passer de longues minutes à décrire des sinuosités. Et c'est alors qu'elle est apparue.

La vague scélérate. Celle qui en a avalé plusieurs autres. Celle qui est née d'on ne sait quelle tempête dans le sud de l'océan ; qui s'est transformée en monstre épouvantable au cours d'une semaine de coups de chien au centre du Pacifique ; la vague que nous avions redoutée tout le long du trajet en revenant de Maiana. Eh bien, cette vague-là approchait désormais ! Nous étions pris à l'intérieur. Les vagues de ce type n'explosent pas comme font les autres. Elles déchaînent leur violence plus loin de la terre. Mike a tourné sa planche face à elle. Ses bras m'ont fait penser à un personnage de dessin animé, ils tournaient à toute vitesse comme un pédalier emballé. Quand la vague l'a attrapé, il s'est retrouvé collé à la muraille d'eau et j'ai pu voir qu'elle était trois fois plus haute que lui. Il s'y est cramponné, escaladant la montagne liquide. Il s'est élevé jusqu'au sommet, puis il a disparu de l'autre côté de la lèvre écumante.

J'étais trop profondément enfoncé. Impossible de suivre Mike. La vague s'est mise à basculer et vaciller. Elle a aspiré encore un peu plus d'eau. Je me suis mis beaucoup plus en avant sur ma planche, pour libérer mes bras, puis j'ai nagé plus vite qu'aucun homme n'a pu nager avant moi. J'avançais en diagonale par rapport au déferlement, dans l'espoir de prendre la vague de vitesse avant qu'elle ne se brise. Mais elle a explosé dans un bruit de tonnerre. J'ai su alors que je ne pourrais pas la franchir à temps.

Et, du coup, je suis devenu con. Le sens commun m'a abandonné. Mon instinct de survie est parti en vacances. Il n'y avait qu'un seul choix raisonnable : plonger le plus profondément possible, mais je n'en ai rien fait. Aucune courroie ne me reliait à ma planche. Si je plongeais, je serais condamné à rentrer à la nage jusqu'au rivage pour y récupérer ma planche et, allez savoir pourquoi, ce modeste inconvénient a mis ma cervelle au point mort. Donc, au lieu de plonger, j'ai fait un demi-tour sur ma planche, en me disant, malgré toutes les preuves du contraire, que je pourrais quand même attraper la vague au sommet, filer comme un bolide le long de son creux et me donner ainsi assez d'élan pour garder une longueur d'avance sur l'eau bouillonnante. Je me trompais.

Je puis témoigner ici même qu'il est parfaitement déplaisant de se trouver juste sous une vague de six mètres quand elle se brise. Il y a d'abord la dimension physique : la vague vous arrache votre planche et vos palmes, et tout à coup, vous ne savez plus où est le haut ni où est le bas, vous ne pouvez plus respirer, ni voir, mais vous entendez toujours, et ce que vous dit cette vague, c'est qu'elle est fort capable de vous pulvériser. Vient ensuite le sentiment d'être écrabouillé, roué de coups, projeté avec force. Et puis, il y a la douleur. Et la panique aussi. L'expérience est terrifiante. Cette vague est infiniment plus puissante que vous, et quand elle vous le prouve de cette façon-là, votre psychisme n'en sort pas indemne. Quand j'ai refait surface, meurtri, hors d'haleine, figurez-vous que j'ai bel et bien prié, j'ai dit « merci de m'avoir épargné ce coup-ci, dorénavant je ne le ferai plus, promis, juré », et patati et patata ; ensuite, j'ai fouillé la plage en quête de ma planche, j'ai retrouvé mes palmes qui dansaient à la surface de l'eau peu profonde ; puis je suis retourné affronter les vagues et l'océan avec respect et humilité.

« Tu l'as attrapé, le monstre ? m'a demandé Mike, tandis que je venais me ranger à côté de lui, étudiant la houle et cherchant à deviner ce qui m'attendait.

— Non, mon poteau, ai-je dit. Mais il ne m'a pas loupé, lui. »

14

Où l'auteur explore l'univers des chiens de Tarawa, particulièrement l'univers de ses chiens à lui, qui sont devenus, en grandissant, les chiens les plus balèzes de l'île, peut-être parce qu'il les nourrissait, ce qui l'a incité à considérer ses chiens sous un jour différent, surtout quand on lui expliquait que les chiens, c'était kang-kang (« miam-miam »).

Un jour, après être allé explorer le récif, Vaclav, un chien timoré, blanc aux yeux verts, que nous avait offert Tiabo — parce qu'on dirait un chien *I-Matang*, nous avait-elle expliqué —, est revenu à la maison en compagnie d'une chienne que nous appelions toujours le chien marron. Celle-ci n'a pas tardé à être affublée d'un petit nom affectueux, La Marronne, parce que Sylvia n'a pas accepté le nom d'Olga, que je préconisais. La Marronne, à son tour, nous a amené sa mère, une gentille bête noire au long museau, que la communauté canine considérait à l'évidence comme la pute du quartier ; elle est très vite devenue Maman Chien, du fait qu'elle a introduit chez nous sa dernière portée en date, quatre chiots glapissants, plus pitoyables que mignons en raison de leur calvitie due à la gale, mais néanmoins plutôt futés ; ils n'ont pas mis longtemps à comprendre que Sam, notre chat, était armé de griffes et n'aimait pas qu'on vienne l'enquiquiner. Tout ça pour dire qu'assez soudainement, nous nous sommes retrouvés maîtres de sept chiens et d'un chat, ce qui n'était pas idéal.

Le chat a été le premier arrivant. Il s'était sauvé de chez lui alors qu'il n'était encore qu'un minuscule chaton, prouvant ainsi qu'il était d'une intelligence hors du commun. Selon mes estimations, l'espérance de vie moyenne d'un chat aux Kiribati est d'environ cinq heures. Les I-Kiribati, en effet, considèrent que les chats sont inutiles, immangeables, et trempent dans la magie noire. En général, les portées sont ramassées dès qu'on les trouve, fourrées dans un sac et noyées. Les I-Kiribati n'éprouvent aucune sympathie, aucune tendresse envers le monde animal. Même les enfants, à qui l'on prêterait volontiers un sentiment de compassion pour le sort de petites bêtes sans défense, s'amusent à attraper les chatons ou les chiots par la queue pour les envoyer valdinguer, jusqu'au moment où ça ne les amuse plus et où ils les balancent carrément dans la mer à marée descendante. Cependant, Sam, notre chat, est parvenu, on ne sait trop comment, à éviter ce sort et à trouver le chemin d'une maison habitée par des *I-Matang*, où il s'est mis à miauler et à geindre et à nous offrir un si piteux spectacle que nous nous sommes sentis obligés de le laisser entrer chez nous. Aussitôt, il s'est approché du canapé sur lequel il s'est hissé à la force des griffes, il s'y est installé le ventre en l'air et s'est aussitôt endormi juste sous le ventilateur accroché au plafond. Ses puces aussi ont fait comme chez elles.

Ensuite, nous avons eu Zeus. Arrivés de fraîche date à Tarawa, nous conservions à l'égard des chiens des sentiments de type SPA. Ils ne devaient pas durer, soit dit en passant. Très vite, j'en viendrais à être fort content de moi-même si les pierres que je leur lançais faisaient couler le sang, mais à l'époque un tel comportement était inimaginable. Zeus faisait peine à voir. C'était un petit chiot à qui la gale avait d'ores et déjà arraché par touffes toute la fourrure qu'il possédait, dont le bidon était distendu par la présence de vers, dont la peau était couverte d'entailles et de coupures visiblement infectées. J'aurais dû lui tordre le cou sans attendre et mettre fin à ses souffrances. Mais il était maigrichon et mignon, et quand j'ai commis l'erreur de lui donner un peu de pain, il a fixé sur moi deux yeux si pleins de bonheur et de gratitude que je n'ai pas su quoi faire. Il n'y avait pas de vétérinaire sur l'île. Le dernier en date, un volontaire finlandais, avait vidé les lieux après avoir perdu à peu près les trois quarts d'une jambe, par la faute d'une redoutable infection consécutive à une blessure reçue en s'éraflant la peau sur le récif de corail. Le nouveau véto se faisait attendre. Lorsque Mike a débarqué chez nous un jour, je lui ai aussitôt demandé s'il ne voulait pas prendre ce petit chien. « Il est très affectueux, ai-je assuré.

— Tu veux parler de cette cruelle caricature de chien ? m'a-t-il demandé. La seule chose à faire, avec une bête pareille, c'est de l'écraser sous un rocher.

— Bon, oui, peut-être, mais je ne m'en sens pas tout à fait capable.

— Prends ton temps. »

Pour finir, nous avons décidé d'emmener le chien au FSP, où nous étions sûrs qu'il deviendrait en grandissant un chien de garde chéri par toute l'équipe. Nous l'avons baptisé Zeus, en nous disant qu'il avait sans doute besoin d'un petit remontant pour son ego. Sylvia m'a expliqué ensuite que Zeus n'avait tenu, en tout et pour tout, qu'une heure au FSP, avant d'être bouffé par un autre chien.

« Tu veux rire.

— Non. Pauvre petite bête ! »

J'avais toujours pensé que l'expression « Les loups se dévorent entre eux » devait être prise au sens figuré, mais avec les chiens des Kiribati, à ce qu'il semblait, elle avait aussi un sens propre auquel il fallait s'habituer. La vie est dure pour les chiens, aux Kiribati. Il suffit de la comparer à celle que mènent leurs cousins américains, avec des hôtels où ils peuvent séjourner, des visites mensuelles chez le pédicure, toute une gamme d'aliments pour gourmets, sans parler de l'affection et de la déférence qu'on leur témoigne, lesquelles auraient désormais tendance à me faire vomir. Ma mère, par exemple, paraît penser que les règlements et la discipline ne doivent s'appliquer qu'aux enfants ; donc, quand sa chienne beagle saute sur la table et se met à vider les verres, tout en dévorant la dinde du *Thanksgiving*, elle court chercher son appareil de photo. « C'est une bête très indépendante, vois-tu », me dit-elle. Oui, eh bien, si cette chienne venait séjourner à

Tarawa, je ne me mouille pas trop en assurant qu'elle finirait aussi sur la table au moment du dîner. Je sais que les I-Kiribati n'ont pas de tables, mais vous voyez ce que je veux dire.

Les I-Kiribati, en effet, surtout ceux des îles du nord, mangent les chiens. Je comprenais fort bien pourquoi. Aux Kiribati, le choix des aliments est si réduit que de temps à autre, quand j'apercevais une personne particulièrement bien en chair, je songeais aussitôt à une longe de porc. Comprenez-moi bien. Je n'avais aucune envie de becqueter le bras de mon voisin, mais une fois qu'on est parvenu à digérer les vers de mer crus et les murènes bouillies, on commence à envisager les possibilités alimentaires de manière un peu plus créative. Il n'empêche que j'ai quand même reçu un choc qui m'a coupé le souffle un jour où je traînais sur la plage, à Tarawa Nord, et où je suis tombé sur deux types occupés à écorcher un chien, dans le but de le rôtir. Vous imaginez un peu : vous emmenez le pauvre Max se promener et pendant qu'il batifole avec insouciance, comme le font les chiens au cours de leurs promenades, dans votre tête, vous êtes occupé à mettre au point une marinade. Très vite, le toutou s'est retrouvé empalé sur une broche et — bon, je sais que je vais crouler sous les lettres haineuses si je le dis, mais je dois bien le reconnaître — il sentait vachement bon.

Il n'empêche que rien n'a pu me convaincre de manger un chien que je ne connaissais pas, même si l'on m'assurait qu'il était *kang-kang* (« miam-miam »). Et ce parce que la plupart des chiens de Tarawa présentent un aspect tout à fait répugnant. Si vous combinez la gale et la famine et que vous leur ajoutez un milieu social canin qui récompense la sauvagerie la plus sanguinaire, vous avez peu de chances d'obtenir à l'arrivée un chien du type champion confirmé. Non, ce sera plutôt un chien du type darwinien le plus pur. Un dur de dur.

Je m'en suis rendu compte en élevant Vaclav. Quand Tiabo nous l'a offert, sans que nous lui ayons rien demandé, c'était encore un chiot. « Vous avez besoin d'un chien de garde, m'a-t-elle dit, et j'ai fait un gros effort pour ne pas me vexer. Voici un chien de garde *I-Matang*. »

Vaclav avait le poil blanc, ou en tout cas quelques poils blancs. La gale ne l'avait pas épargné, lui non plus ; donc il était principalement rose chair, exactement comme nous autres, les *I-Matang*. Au bout de quatre heures, et de cinq « accidents », nous avons décidé qu'il vivrait dehors. Nous l'avons nettoyé, nous l'avons nourri de ce que l'atoll offrait de meilleur, à savoir du poisson et du riz, et c'est avec une bouffée d'orgueil que nous l'avons entendu aboyer pour la première fois comme un vrai chien, un de ces aboiements profonds et sonores, du genre « touchez pas à ma maison ».

Cela dit, il en avait bavé. À Tarawa, les chiens ont un profond instinct territorial. Vaclav l'a découvert un jour où il m'avait courageusement accompagné à la supérette Angirota. Le trajet n'était pas bien long, mais à cent mètres à peine de chez nous, une demi-douzaine de chiens du voisinage l'ont attaqué et ont voulu le mettre en pièces pour avoir eu l'audace de traverser leur territoire ; ce n'est que grâce à des jets de pierre féroces et d'une extrême précision que je suis parvenu à le sauver. Il boitait bas et se traînait à grand-peine, saignant de manière inquiétante par plusieurs entailles. J'ai redouté que nous n'allions droit à une fin affreusement pathétique, mais en quelques heures à peine, il était parvenu à reprendre le dessus, ayant appris une précieuse leçon. Dehors, les loups se dévorent entre eux et les chiens en font autant.

Bientôt, il s'est fait une amie. La Marronne avait à peu près le même âge que lui, et ensemble, à marée basse, ils patrouillaient sur le récif, qui est considéré comme une espèce de *no dog's land* par la communauté canine. À marée basse, Sam, le chat, hantait lui aussi le récif. Il pêchait volontiers. Tapi au bord d'une mare, il en sortait un poisson d'un habile coup de patte, puis il le rapportait à la maison et jouait avec jusqu'à ce qu'il meure. Et c'était la même chose pour les geckos. Chaque fois que nous entendions le doux bruit de succion d'un gecko qui perdait prise, Sam filait comme un météore, prenait l'animal dans sa gueule avec autorité, sans se laisser abuser par le coup sournois du « ah, j'ai perdu ma queue » et il le rapportait à l'intérieur, où il le tourmentait sans pitié jusqu'à ce qu'il expire aussi. Ensuite, il trouvait un obscur recoin au fond duquel il cachait le cadavre. Sous l'équateur, la décomposition ne se fait pas attendre. Quelques heures plus tard, guidés par notre odorat, nous prenions part à une partie follement amusante de « cache-gecko ». Sam adorait ça.

Vaclav et La Marronne, eux aussi, rapportaient du récif d'intéressantes trouvailles. En règle générale, il s'agissait de crânes. N'importe quel jour de la semaine, notre jardin de derrière abritait au bas mot une demi-douzaine de crânes de chiens ou de porcs, aussi lumineux que de l'albâtre à force d'avoir été blanchis par le soleil ; le cartilage du museau se fissurait pour former des orbites vides. Tous les jours, à marée descendante, je flanquais les crânes dans l'océan, où ils étaient ballottés comme les sinistres vestiges de quelque sacrifice kurzien (eh oui, le revoilà, ce cher Kurz), dans l'espoir qu'ils seraient emportés au-delà du récif avant que la mer ne remonte. Et tous les jours, les chiens trouvaient de nouveaux crânes qu'ils rongeaient avec délectation.

Nous avions commencé à nourrir La Marronne, si bien qu'elle n'est jamais repartie. Nous avions commencé à la nourrir, parce qu'un jour où elle s'était approchée un peu trop près de la gamelle de Vaclav, celui-ci avait couché les oreilles d'un air menaçant, montré les crocs, froncé le nez et finalement émis un grognement sauvage ; et comme La Marronne n'avait pas battu en retraite pour autant, il s'était jeté sur elle avec une férocité si confondante que j'ai cru qu'il allait tuer son ancienne amie. Je l'ai attrapé par la peau du cou et j'ai décidé que, bon Dieu, deux chiens valaient mieux qu'un. J'ai désormais acheté des poissons plus gros.

Assez vite, La Marronne est devenue une bête de grande taille, grasse et charnue. Tiabo a été très impressionnée. Elle l'a jaugée d'un œil expert. « Je crois bien que La Marronne va être *kangkang*, m'a-t-elle dit.

— Ah bon ? » me suis-je étonné, en examinant la chienne d'un peu plus près. C'était un bel animal que la gale avait épargné. « Tu crois vraiment qu'elle serait savoureuse ?

— Ici, on aime bien les chiens marron, a répondu Tiabo. Surtout quand ils sont gras. »

Tiens, tiens… Je me suis interrogé. Le poisson, j'en avais par-dessus la tête. Les vaches, au fond, ce sont de très gros mammifères. Elles aussi ont de beaux yeux tristes. Elles aussi sont sans doute des créatures intelligentes. Or, j'aurais mangé une vache, s'il y en avait eu une à moins de cinq mille kilomètres de Tarawa. Alors pourquoi pas un chien ? Un chien en bonne santé ? Un chien marron bien gras ? J'ai un peu augmenté les rations de La Marronne. Juste histoire de ménager nos possibilités culinaires.

La Marronne, à ce qu'il semble, avait mis sa mère au courant du tour favorable qu'avaient pris les événements, et celle-ci est venue, elle aussi, installer ses pénates dans notre jardin. C'était une chienne discrète qui connaissait tous les tours et les détours de la vie canine à Tarawa. Elle évitait les bagarres et restait sur son quant-à-soi ; quand je donnais à manger à Vaclav et à La Marronne, elle se manifestait, avec espoir, mais elle ne mendiait jamais. Elle n'a toutefois jamais eu droit à une gamelle de riz au poisson. S'il y avait eu un supermarché où faire provision de sacs de quinze kilos de croquettes, j'aurais probablement pris en charge ce troisième chien, mais ce n'était pas le cas et, à vrai dire, j'avais assez de bouches à nourrir. Néanmoins, cela n'a jamais empêché Maman Chien, comme Sylvia avait commencé à l'appeler, de faire partie de notre service de sécurité.

Et je dois dire qu'à partir du moment où Vaclav et La Marronne se sont mis à aboyer comme des adultes, ils ont fait du bon boulot, tous les trois. C'était avec une vive jubilation que je les regardais foncer comme des suppôts de Satan chaque fois qu'ils prenaient en chasse un voyeur encore plus con que les autres. « Allez-y, mes toutous ! Un bon coup de croc là où ça compte. »

Grâce à leur remarquable finesse sensorielle, ils étaient capables de distinguer les amis des ennemis. Les gosses venaient toujours l'après-midi chercher du petit-bois et des *te non*. Nous avions conclu un pacte : ce qui était par terre était à eux, ce qui restait sur l'arbre était à nous. Les promeneurs occasionnels, le coutelas à la main, ne passaient plus à proximité de la maison, mais suivaient le récif comme ils le faisaient quand il s'agissait des demeures de leurs compatriotes. Les gens qui venaient me rendre visite m'appelaient depuis la route, et si quelqu'un s'avisait d'approcher, il ne tardait pas à être accueilli d'abord par un aboiement interrogatif — juste pour nous avertir —, lequel se transformait, selon les circonstances, en sonorités qui déclenchaient très vite chez l'arrivant un instinct de fuite éperdue. Cependant, lorsque deux missionnaires mormons sont venus frapper à la porte sans provoquer la moindre réaction chez les chiens, j'ai décidé que leur dressage n'était pas encore tout à fait au point. Nous n'avions aucune envie de voir débarquer chez nous le frère Jeb et le frère Brian.

Jeb et Brian étaient deux missionnaires mormons âgés de vingt ans et originaires de l'Utah. Ils voulaient mon âme.

« Entrez, ai-je dit. Je vous sers une tasse de thé ?

— Non, merci.

— Une cigarette, alors ?

— Non, vraiment, merci.

— Et une bière ?

— Non, nous n'avons pas le droit. »

Eh oui, justement ! La caféine, la nicotine et l'alcool sont trois excellentes raisons qui m'empêcheront toujours de devenir mormon. Sans parler de leur théologie haute en couleur et de ses rocambolesques élucubrations. Moi, je dis : chacun fait comme il veut, mais fichez-moi la paix ! Quand je leur ai demandé s'ils avaient réussi à se trouver quelques épouses, ils ont décidé de continuer leur tournée et de tenter leur chance ailleurs. Mais ils l'ont fait très gentiment et j'ai eu beau faire de mon mieux pour me comporter en parfait connard, ils ont conservé une politesse sans faille, comme j'ai toujours pu le constater partout où j'ai côtoyé des mormons. Mais quand même, je me suis efforcé d'apprendre aux chiens l'art de grogner chaque fois qu'ils apercevraient un pantalon. À Tarawa, il n'y a que les missionnaires mormons qui en portent.

Notre vie avec nos animaux a vite pris un tour routinier. Tous les jours, je faisais cuire une grande marmite de riz et je partageais notre poisson en cinq portions clairement délimitées. Les bons morceaux étaient pour Sylvia et moi, bien entendu. Sam avait droit à toutes les parties sanguinolentes et les deux chiens recevaient le reste, y compris la tête et la queue. Et puis, un beau jour, nous avons remarqué que notre jardin grouillait de chiens ; de chiens méchants se livrant à on ne sait quel rituel barbare, dans le cadre duquel ils en venaient littéralement à s'entre-tuer. Des rixes éclataient soudain, jusqu'au moment où le vaincu finissait par fuir en clopinant pour aller mourir dans un coin. Chaque fois que c'était possible, je faisais de mon mieux pour arrêter le carnage. Me tenant à une prudente distance, je bombardais de pierres les combattants, qui finissaient par aller continuer la lutte sur le récif. Mais bientôt ils revenaient. Maman Chien était en chaleur.

Les amours canines n'offrent pas un spectacle ravissant. À l'instar des adolescentes humaines, Maman Chien ne voulait pas entendre parler des braves types propres sur eux. Elle avait un penchant pour le plus gros, le plus vicelard, le plus méchant cabot de Tarawa, celui qui lui permettrait sans doute de donner le jour à des rejetons eux aussi gros, vicelards et méchants, lesquels seraient peut-être — je dis bien « peut-être » —, capables de survivre plus d'un mois ou deux. Si d'aucuns sont enclins à remettre en cause le darwinisme, qu'ils viennent donc à Tarawa étudier les rites nuptiaux des chiens de l'île. Le vainqueur triomphant qui a fait la conquête de Maman Chien était un bestiau hideux qui aurait pu passer pour le croisement d'un rottweiller gonflé aux stéroïdes et d'un bœuf — non, je ne veux pas dire « un bouvier », je dis bien « un bœuf ». Je le haïssais, ce clébard. C'était la quintessence de la méchanceté. Il avait perdu un œil dans l'une de ces rixes, ce qui lui donnait l'air encore plus menaçant. J'espérais de tout mon cœur que quelqu'un allait se décider à le bouffer.

Quelques semaines plus tard, les bébés sont nés. Il y en avait sept. Quelques jours plus tard, il n'y en avait plus que six, puis cinq, puis quatre. Mon plus fervent désir était que Maman Chien emmène sa portée ailleurs, mais malheureusement, ils sont restés avec nous. Dans ces circonstances, Vaclav a fait preuve d'un véritable stoïcisme. Les bébés ont vite appris qu'il ne fallait pas s'aventurer dans les parages de sa gamelle, puis une fois cette règle établie, il a fait comme s'ils n'existaient pas. La Marronne a manifesté une adoration effrayante et quasi maternelle envers ses demi-frères et sœurs et j'ai fait des vœux pour que le nouveau vétérinaire arrive dans les plus brefs délais. Vaclav lui aussi commençait à laisser pendouiller des appendices obscènes. Sans parler du chat, qui passait désormais ses nuits à se battre et qui, pour autant que nous puissions en juger, parvenait immanquablement à se faire casser la figure. L'heure des judicieuses ablations avait sonné, c'était évident.

À Tarawa, personne ne faisait castrer ses chiens, même lorsqu'il y avait un vétérinaire en exercice. Sur Christmas Island, les chiens étaient interdits, mais à Tarawa, le contrôle canin prenait la forme d'une tournée irrégulière effectuée par un employé de la fourrière armé d'un long bâton et d'un nœud coulant. La tournée en question ne remédiait en rien au problème canin de Tarawa. Elle n'était pas faite pour ça, d'ailleurs. Les chiens capturés servaient à nourrir les prisonniers.

À part ça, les chiens en surnombre étaient obligés de se débrouiller seuls. Je m'étais demandé comment Maman Chien faisait pour nourrir les survivants de sa portée. C'était une bête pleine de ressources. Il en faut quand on est chien à Tarawa. Je m'imaginais qu'elle se contentait de fouiller parmi les détritus abandonnés sur le récif, mais, à ma stupéfaction, j'ai découvert un jour qu'elle jouait un rôle nettement plus actif en tant que vivandière de la tribu. Un après-midi, alors que toute notre ménagerie somnolait à l'ombre, un petit chien d'environ sept mois est passé non loin de là. Nos chiens ont levé la tête, puis, décidant que leur territoire n'était pas menacé, ils ont repris leur somme. Maman Chien, toutefois, a bondi sur le promeneur. Il a poussé des glapissements pathétiques. Quelques instants plus tard, Maman Chien lui avait sectionné une patte arrière et la distribuait à ses chiots.

Si je n'avais pas habité Tarawa depuis déjà plusieurs mois, j'aurais sans doute été horrifié et dégoûté par cet acte de cannibalisme, mais depuis mon arrivée mon seuil de tolérance envers les actes horribles et dégoûtants s'était sérieusement élevé. Alors que sur les divers continents où j'avais vécu, j'avais attribué aux chiens toutes sortes de caractéristiques anthropomorphiques, à Tarawa je ne voyais en eux que des animaux sauvages prêts à faire tout ce qu'il fallait pour survivre. Ce qui me troublait dans l'incident que je viens de rapporter, ce n'était pas que ces chiots mâchouillaient avec voracité des morceaux d'un congénère, mais qu'ils n'arriveraient peut-être pas à tout finir, donc ce qui resterait ne tarderait pas à puer abominablement et ce serait évidemment à moi qu'il incomberait d'évacuer la carcasse. Or ce n'était pas une besogne que je voulais entreprendre de manière quasi régulière. J'ai donc résolu de me débarrasser des bébés. J'ai convaincu quatre personnes que ces chiots étaient superbement racés et, un par un, chaque fois que Maman Chien regardait ailleurs, je les ai ramassés pour aller les apporter à leurs nouveaux maîtres. Puis je me suis résigné à nourrir aussi Maman Chien. J'ai acheté de plus gros poissons.

À mon grand désarroi, Maman Chien n'a pas tardé à être de nouveau en chaleur et le cycle s'est répété : son ventre a gonflé, ses tétines ont reparu. Je me suis demandé si je serais capable de noyer les bébés de mes mains. J'en doutais. Il restait en moi un résidu de fibre occidentale, qui me disait qu'il fallait être un franc salaud pour noyer des petits chiots.

Fort heureusement, le nouveau vétérinaire, ou plutôt la nouvelle vétérinaire est arrivée et j'ai pris les dispositions nécessaires pour éviter à nos autres animaux les conséquences de leurs impératifs hormonaux. C'est le chat qui a essuyé les plâtres. Tous les matins, il rentrait à la maison avec de nouvelles blessures et, même s'il avait survécu à sa petite enfance, il paraissait évident qu'il ne survivrait pas à son âge adulte s'il n'était pas castré. J'ai donc attrapé Sam et je l'ai emporté dans la camionnette. S'il ne vous est encore jamais arrivé de conduire un véhicule à changement de vitesse manuel tout seul avec un chat libre de ses mouvements, je vous recommande de faire des pieds et des mains pour esquiver cette aventure. Je m'étais fourré dans la tête l'idée saugrenue que notre chat resterait sagement assis sur le siège du passager, mais en réalité, quelques secondes à peine après le démarrage, il est parvenu à venir se percher sur le sommet de mon crâne d'où il a pris son élan pour sauter par la fenêtre ; malheureusement pour lui, elle était fermée, ce qui lui a valu de traverser quelques instants de franche panique, exprimée en me lacérant l'épiderme, avant de s'interrompre un moment pour se soulager. Le temps d'arriver au cabinet de la vétérinaire, à Tanaea, je saignais de plusieurs égratignures et je puais le pipi de chat.

« Salut, ai-je lancé, je suis ravi de vous connaître. Bienvenue à Tarawa. J'ai un chat à faire opérer. Pour le moment, il est enfermé dans la boîte à gants de la voiture. »

Hillary, une jeune vétérinaire volontaire venue de Grande-Bretagne, a eu la gentillesse de me fournir un antiseptique et des pansements. J'ai récupéré le chat, et une fois qu'il a été calmé, Hillary l'a anesthésié. C'était Manibure, son assistant, qui allait pratiquer la castration.

« Je comprends qu'il soit bagarreur, a noté Manibure. Il a de grosses couilles.

— Écoutez, je vous en prie, arrangez-vous pour les désamorcer toutes les deux. Moi, je veux un chat débonnaire. »

À mon retour, quelques heures plus tard, j'ai trouvé Sam, *sans cojones*[1], qui commençait à émerger.

« Tenez, a dit Hillary, en me tendant une poignée de seringues. Il lui faut des antibiotiques pendant quelques jours.

— Euh… Je vais être obligé de planter une aiguille dans la peau de ce chat ?

— Mais oui. Ne vous en faites pas, voyons. C'est tout simple. Vous soulevez la peau et vous enfoncez l'aiguille, c'est tout. »

Je me suis efforcé d'assimiler la leçon. Sam m'avait labouré la couenne uniquement parce que je l'avais emmené en voiture. Je ne pouvais qu'imaginer à quels sévices j'aurais droit quand je lui percerais la peau à coups d'aiguille. Mais je m'inquiétais à tort. Du fait que les giclées de testostérone féline ne parcouraient plus son organisme, il n'est jamais allé au-delà d'une humble remontrance du genre « mais qu'est-ce que tu me fais ? », même le jour où j'ai carrément percé la peau de part en part pour envoyer une dose entière d'antibiotique fendre l'air de son arc immense et inutile.

Quelques jours plus tard, j'ai emmené les chiens. Comme on pouvait s'y attendre, ils ont beaucoup mieux supporté le trajet en voiture. Ils ont même exulté en traversant le territoire interdit où d'autres chiens faisaient la loi. *Nanananané-reuh, vous pouvez pas nous attraper-er.*

« Dites donc, il était moins une pour La Marronne, a remarqué Hillary. Encore un jour ou deux et elle était en chaleur. »

J'ai chaudement remercié la vétérinaire et Manibure de nous avoir évité ce cauchemar. Le

1. En franco-espagnol dans le texte.

soir même, les deux chiens bondissaient dans tous les sens, comme s'ils n'avaient pas passé la matinée sous le bistouri. Ah, on peut dire qu'ils ont du ressort, ces chiens des îles !

Je n'ai pas tardé à revoir Hillary. C'était inévitable sur un petit atoll comme le nôtre. Je lui ai demandé si tout se passait bien pour elle, nouvelle venue à Tarawa.

« Écoutez, je vais vous dire, je ne comprends pas vraiment ce que je fais ici. Manibure travaille parfaitement et sa formation est presque achevée. Avec les porcs, il sait ce qu'il faut faire. Et vous êtes les seuls à m'avoir amené vos animaux pour les faire stériliser. Les Kiribati me paraissent, certes, être un endroit très intéressant, mais j'ai bien peur de m'ennuyer, professionnellement parlant.

— Vous vous spécialisiez dans quels genres d'animaux dans votre pays ?

— Les vaches et les chevaux. »

J'ai rigolé. Aux Kiribati, il y en avait à peu près autant que de licornes.

« Je viens juste d'apprendre des tas de techniques nouvelles et épatantes, mais ça m'étonnerait que j'aie l'occasion de m'en servir ici. Tenez, il existe, par exemple, une nouvelle manière incroyable de stériliser les chiennes après la conception et j'aurais vraiment voulu tenter le coup, mais…

— J'ai la chienne qu'il vous faut.

— Sans blague ?

— Oui. Le seul problème, c'est qu'elle a tendance à vagabonder et que je ne peux pas prévoir exactement quand il sera possible de vous l'amener.

— Aucun souci, c'est moi qui passerai chez vous et on fera ça sur place. »

Dès le lendemain, Maman Chien était attachée à

la table où nous prenions nos repas. Hillary avait apporté toute sa panoplie d'instruments et, une fois la chienne profondément anesthésiée, elle s'est mise au travail, incisant avec habileté le ventre de l'animal.

« Ah, non, c'est dingue ! Vous voyez ce que je vois ? » s'est-elle écriée. Hillary abordait son métier avec un enthousiasme exubérant.

« Ah, oui, c'est... euh... c'est très intéressant.

— Jamais je n'ai vu une telle masse de graisse sur un chien. C'est sidérant. »

Pourtant Maman Chien n'était pas une grosse bête. Selon les critères occidentaux, on l'aurait même trouvée malingre. Cette graisse, c'était sa petite réserve d'énergie intérieure. Le darwinisme à l'ouvrage.

« Aïe, aïe, aïe !

— Il y a un problème ? ai-je demandé.

— Oui. Et même plusieurs. Vous voyez ça ?

— Euh... ouais. (Je passe les détails.)

— Ses bébés sont morts. Voyez ? Ils se sont déjà transformés en pus. Elle serait morte dans quelques jours.

— Ah, c'est bien ennuyeux, ça.

— En effet. L'opération va être beaucoup plus compliquée. Vous allez me donner un coup de main, hein ? »

Pendant toute l'heure qui a suivi, j'ai exécuté les ordres d'Hillary — *tenez ça, mettez votre doigt là, tirez, et maintenant remettez tout à l'intérieur.* Quand Sylvia est rentrée à la maison, elle n'a pas été le moins du monde étonnée, ni perturbée, de constater que sa table de salle à manger avait été transformée en table d'opération pour chien, même si elle a ensuite mis un temps infini à la nettoyer à fond. J'ai su alors que nous avions l'un et l'autre mentalement franchi le pas entre le monde continental et le monde insulaire, où n'importe quoi peut arriver et arrive le plus souvent.

Quelques heures plus tard, j'ai été ébahi de voir Maman Chien vaquer à ses occupations en agitant la queue. Cette bête que l'on venait, au sens propre du terme, d'éviscérer se comportait comme s'il s'agissait d'une journée tout à fait ordinaire dans la vie d'un chien de Tarawa. Était-elle une espèce de monstre anormal ou bien était-elle conforme à ce que produit la nature quand on la laisse tranquille et que les éleveurs ne s'en mêlent pas ? Il me semblait que ces chiens, à partir du moment où ils étaient nourris et dressés, étaient d'excellents chiens. Je suis prêt à parier que si on organisait une épreuve de force et d'intelligence, un chien de Tarawa laisserait loin derrière lui n'importe quel chien à pedigree des pays occidentaux.

Grâce à Hillary et aux contribuables britanniques, je pensais avoir fixé une fois pour toutes le nombre d'animaux autorisés à venir squatter notre maison ; donc, quand j'ai été réveillé une nuit par les jappements piteux d'un chiot sous notre fenêtre, *jappe, jappe, jappe*, je n'étais pas en veine de générosité. Je suis sorti, j'ai ramassé le bébé et je l'ai emporté sur le récif, puis, afin de me faire clairement comprendre, j'ai commencé à lancer de petites pierres dans sa direction pour l'inciter à déguerpir. Vingt minutes plus tard, il était de retour. *Jappe, jappe, jappe.* Ce manège s'est prolongé pendant environ trois nuits d'un sommeil sans cesse interrompu, jusqu'au moment où j'ai fini par perdre patience ; je suis sorti en trombe de la maison, j'ai ramassé le chiot, je l'ai emporté sur le rocher, où j'étais bien décidé à lui tordre le cou avant de le jeter à la mer. De toute façon, il était foutu d'avance, ce bébé. Mais je n'ai pas pu. Eh oui, bien sûr qu'il m'a regardé avec ses grands yeux tristes de petit chiot ! Au lieu de quoi, le lendemain, j'ai ramassé la bestiole et j'ai exploré les environs jusqu'au moment où j'ai trouvé une chienne dont le pelage présentait des marques analogues. Bon, on ne va pas chipoter, me suis-je dit, en déposant le bébé devant sa nouvelle maman. Je ne l'ai jamais revu, ce chiot.

15

Où l'auteur dépeint le comportement des hauts fonctionnaires du pays (ivrognerie et banditisme), le système très particulier de gouvernement (stalinisme sous les cocotiers), la qualité des services gouvernementaux (Staline, au moins, il obtenait des résultats), faisant suivre ce tableau par un compte rendu du Concours interministériel de chants et de danses, à l'occasion duquel toutes les activités gouvernementales sont restées au point mort pendant près de deux mois, même si personne ne s'en est aperçu, compte rendu conclu par le scandaleux résultat de la compétition, puisque c'est le ministère du Logement qui l'a emporté avec une danse affichant sans vergogne des influences polynésiennes, tandis que les autres concurrents marinaient dans leur bile.

Dans les autres endroits du monde, les gouvernements concentrent, d'ordinaire, leurs efforts sur la défense de leur nation, l'instruction de leur jeunesse, la politique monétaire et la gestion des caisses de retraite. Certes, une poignée de gouvernements — enfin, disons peut-être plus qu'une poignée — ont poursuivi des ambitions moins louables, par exemple l'hégémonie mondiale et la domination planétaire dans le domaine de la gymnastique rythmique, mais la plupart... bon, d'accord, beaucoup d'entre eux... oui, je sais, quelques-uns... écoutez, on ne va pas faire le réveillon là-dessus... consacrent leur énergie à la sécurité et à l'amélioration de la qualité de vie de leurs concitoyens.

Mais pas aux Kiribati. Dans ces îles, il n'y a pas de force armée, parce que les citoyens reconnaissent, avec beaucoup de sagesse, que personne d'autre ne veut de leur pays. D'ailleurs, eux-mêmes ne sont pas fous de joie de l'avoir. C'est là qu'ils ont envie de vivre, bien sûr, mais tout bien considéré, ils auraient préféré que les Britanniques continuent de les gouverner. Le pays n'a pas non plus besoin de mettre au point une politique monétaire, puisque sa monnaie est le dollar australien. Il y a eu à Canberra un bref instant d'inquiétude, lorsque le président Tito a décidé de doubler les salaires de tous les fonctionnaires : on a craint que cela ne déclenche une inflation en Australie, et puis on s'est rappelé qu'il s'agissait, somme toute, des Kiribati, un pays dont la population entière tiendrait à l'aise dans le nouveau stade olympique de Sydney. D'ailleurs, même en doublant son propre salaire, le président Tito, le haut fonctionnaire le mieux payé des Kiribati, touchait quand même moins de dix mille dollars américains par an, ce qui ne me paraissait pas franchement énorme. Et tout comme Sylvia et moi, il ne savait sans doute pas comment faire pour les dépenser.

Le gouvernement des Kiribati n'a, pour ainsi dire, aucun lien non plus avec l'Éducation nationale. Il n'existe qu'une seule école publique à Tarawa, l'école King George V, où les fonctionnaires envoient leurs enfants. À n'importe quel moment de l'année, une bonne moitié des *I-Matang* résidant à Tarawa s'y trouvent justement dans le but de « remanier le programme » de la KGV, comme on appelle cet établissement. Cela dure depuis des années sans que l'on puisse discerner de changement flagrant dans le programme en question, qui date de l'ère coloniale. Notons, cependant, que tous ces consultants ont toujours englouti la majeure partie du budget de l'Éducation nationale. Quant aux autres enfants du pays, ils s'accommodent des écoles dirigées par les missions religieuses. Et les retraites, me direz-vous ? Rares sont les I-Kiribati qui vivent assez vieux pour en toucher une.

On est donc en droit de se demander ce que fait précisément le gouvernement des Kiribati. Pour autant que j'ai pu voir, ses membres passent énormément de temps à boire et à se castagner. Aucun atelier sur le réchauffement de la planète ne peut s'achever sans que le secrétaire adjoint à l'Environnement ne se soit effondré inconscient dans une mare de vomis à la bière. Aucune réunion organisée pour débattre de la coopération interministérielle sur les problèmes de transport ne peut avoir lieu sans une rixe acharnée entre le chef des services de Santé publique et le sous-secrétaire aux Transports. Et aucune réception en l'honneur d'un des rares diplomates en visite ne saurait passer pour réussie tant qu'on n'aura pas envoyé valdinguer les sièges, au cours d'un splendide étalage de vandalisme alcoolisé. Plus on est haut placé dans la hiérarchie, plus les esclandres de ce genre sont monnaie courante. Le vice-président du pays, par exemple, a décidé de rendre hommage à l'ambassadeur du Japon, en visite officielle, en vidant une douzaine de cannettes de Victoria Bitter avant de tabasser sa femme, sous les regards horrifiés de la délégation nipponne.

On pourrait donc penser que le gouvernement des Kiribati fonde son exercice du pouvoir sur la pratique du laisser-faire. Eh bien, là, on se tromperait du tout au tout. Car, en matière de pouvoir, ce gouvernement est, en réalité, un émule du modèle nord-coréen. Il pratique ce que je me plais à appeler le stalinisme sous les cocotiers. Il contrôle tout et ne fait rien.

Sur les îles extérieures, c'était parfait — je parle de la partie « ne fait rien ». L'économie de subsistance est rarement améliorée par les diktats du capital. Mais à Tarawa, l'indifférence et l'inaction pouvaient être exaspérantes. L'État est propriétaire des coopératives alimentaires, spécialisées dans le poisson en boîte périmé, lequel est, comme on le pense bien, la denrée de choix du consommateur saturé de poisson frais. Il contrôle les infrastructures, en conséquence de quoi le courant électrique qui dure plus de quelques heures avant de s'interrompre est une authentique rareté. Air Kiribati, autre domaine d'État, est un désastre imminent. Et on peut en dire autant de tous les bateaux qui appartiennent à l'État.

C'est aussi l'État qui gère l'hôpital, étant bien entendu que j'emploie ici le mot « hôpital » dans son sens le plus généreux. Il s'agit, en effet, d'un ensemble de piteuses constructions de plain-pied, où les chiens errent parmi les lits des patients ; où les mouches tourmentent les malheureux occupants, parce que personne ne s'est donné la peine d'installer des moustiquaires aux fenêtres — alors que les grillages nécessaires sont aisément disponibles à la quincaillerie du village ; où la salle des urgences n'a pas l'eau courante, ce qui lui vaut d'être souillée du sang d'innombrables blessés ; où l'incinérateur ne marche plus depuis, oh, écoutez, ça fait bien plusieurs années à présent, ce qui fait que l'île est jonchée de détritus dangereux ; où l'équipement radiologique reste inutilisé parce que personne ne s'est donné la peine de commander de film ; et on peut en dire autant des produits nécessaires à une anesthésie générale, d'ailleurs, ce qui fait que les patients doivent subir leurs opérations sous le seul effet d'une anesthésie locale, et rien que de l'écrire, j'en ai la tremblote. Bref, l'hôpital de Tarawa, c'est l'endroit où l'on va pour mourir.

Les I-Kiribati savaient tout cela. C'est pour cette raison que personne, jamais, n'allait à l'hôpital s'il ne se sentait pas prêt à aller s'asseoir à la droite du Seigneur. En attendant ce moment, les gens du coin avaient recours, pour soigner leurs maux, à des plantes indigènes que l'on disait douées de vertus médicinales, à des massages thérapeutiques et à la magie. Ce n'était que lorsqu'une tumeur formait une saillie alarmante sous la peau, lorsqu'une blessure virait à la gangrène avancée, lorsqu'on ne parvenait pas à extraire le couteau planté dans le cœur que l'on amenait le patient à l'hôpital ; il était alors beaucoup trop tard pour faire quoi que ce soit, inutile de le dire. Et il ne faut pas croire que les six ou sept médecins de Tarawa étaient tous incompétents, même si je dois bien avouer que moi aussi je me méfiais quelque peu de l'avis médical de praticiens formés en Birmanie, au Nigeria et en Papouasie-Nouvelle-Guinée. Dans leur sagesse infinie, les Nations unies envoient dans les îles du Pacifique des médecins originaires des coins les plus défavorisés d'Afrique et d'Asie, sur le plan médical. Et parallèlement, elles envoient des médecins originaires des coins les plus défavorisés du Pacifique travailler dans les hôpitaux d'Afrique et d'Asie. Je suis sûr qu'il y a une excellente raison à cela, mais mon cerveau fonctionne trop lentement pour comprendre laquelle. Mais voilà que je m'égare. Le principal problème que devaient affronter les médecins de Tarawa, c'était tout simplement qu'ils ne disposaient pas des outils de diagnostic, des médicaments ou de la salle des urgences propre, qui leur auraient permis de faire correctement leur travail. Sylvia a passé deux ans à tenter de faire don d'un équipement hospitalier, gratuitement, pour rien, un cadeau du peuple américain, formation incluse, mais elle n'y est jamais parvenue pour la bonne raison que le secrétaire d'État à la Santé publique, lui-même médecin, n'a pas pu se résoudre à donner son consentement. C'était un homme très occupé, perpétuellement parti aux quatre coins du monde assister à des congrès sponsorisés par les Nations unies, par l'OMS et par des tas d'autres organisations qui croient que la meilleure façon de venir en aide au Tiers-Monde est de faire miroiter des offres aux quelques rares citoyens de ces pays qui détiennent le pouvoir de faire quelque chose et de les trimballer jusqu'à un palace genevois où ils peuvent… où ils peuvent faire quoi, à propos ? En règle générale, le programme de ces congrès met l'accent sur les « opportunités de travailler en ligne ».

Pendant longtemps, j'ai cru que le gouvernement était irrécupérable, que ses ministères étaient entièrement peuplés de sycophantes oisifs, dont la seule et unique ambition était de gaspiller chacun des dollars qui arrivaient dans le pays sous forme d'aide étrangère. J'ai découvert qu'en réalité, ce n'était pas le cas. Les ministères avaient bel et bien d'autres ambitions. Chacun avait un objectif, une volonté de réussir, un désir d'être à son meilleur, et son personnel était choisi en fonction de cet état d'esprit. Les diplômes universitaires ne comptaient pas. L'expérience non plus. Le savoir-faire indispensable que chaque fonctionnaire devait apporter à son ministère, c'était son talent pour la danse.

Chaque année, le jour de la fête de l'Indépendance, les ministères se disputaient l'honneur de remporter le Concours interministériel de chants et de danses. C'était le clou de cette fête et les ministères passaient des mois à se préparer. Le soir, des *maneaba* de Tarawa Sud émanait le grondement produit par des centaines de fonctionnaires occupés à chanter et à danser jusqu'aux petites heures du matin. On créait des costumes : de longs pagnes d'herbes et des corsages en pandanus pour les femmes, et pour les hommes des *lavalava* assortis, des brassards ouvragés et des couronnes qui paraissaient s'inspirer de la statue de la Liberté. À mesure que la fête de l'Indépendance approchait, tout semblant d'activité officielle cessait complètement. Pendant un mois entier, chaque équipe, composée d'une centaine de membres, voire davantage, jeûnait de l'aube au crépuscule. Chose presque impensable, la consommation d'alcool était interdite. Et plus ahurissant encore, les ébats sexuels l'étaient aussi. Les esprits de la danse — et je peux vous dire qu'ils planaient sans répit au-dessus des participants — exigeaient de la pureté.

Je trouvais ce sacrifice bien grand pour de tels esprits. Dans un pays comme les Kiribati, où la plupart des gens luttent jour après jour pour avoir de quoi manger à leur faim, l'ascétisme n'a pas sa place. D'ailleurs, un végétalien ne ferait pas long feu aux Kiribati. Et même un végétarien, moins pur et moins dur, aurait peu de chances de survivre sur un atoll. Aux Kiribati, on mange ce qui est disponible au moment où ça l'est. Et l'idée qu'un fonctionnaire pouvait refuser de boire de l'alcool me paraissait être le comble de l'abnégation, que seule surpassait son abstinence sexuelle. Les I-Kiribati me semblaient plutôt portés sur la copulation. Leurs conversations fourmillaient d'allusions grivoises, et au cours des mois qui avaient précédé l'arrivée de nos chiens, lorsque nous sortions le soir, il était bien rare que nous ne trébuchions pas, en rentrant chez nous, sur un couple en rut en train de s'accoupler dans notre jardin, loin de la place publique où se déroule la vie de famille des insulaires.

« Le jeûne, je peux comprendre, ai-je dit à Sylvia. Et je trouve la mise hors la loi de l'alcool une excellente chose. La plupart de ces types ne s'en porteront que mieux. Mais, il me semble évident que la règle "baise interdite" va être vachement dure pour les danseurs.

— Et moi, a répondu Sylvia, il me semble évident que tu n'as jamais parlé de leur vie sexuelle avec les femmes d'ici. »

C'était vrai. J'avais cru comprendre qu'en mettant ce sujet sur le tapis quand je bavardais avec les femmes de ma connaissance, j'aurais commis un faux pas culturel de taille, une bévue qui aurait pu inciter les maris outragés à venir me faire la peau.

« Et d'ailleurs, maintenant que j'y songe, a continué Sylvia, ne t'avise pas de questionner une seule des femmes d'ici au sujet de sa vie sexuelle. Elle croira que tu cherches à te placer, et ça me reviendra aux oreilles — tu sais bien que ça ne rate jamais — et, du coup, on s'attendra à ce que je te bouffe le nez. »

Cela aussi, c'était vrai. Bouffer le nez de quelqu'un, au sens le plus littéral du terme, était une manière acceptable de manifester sa jalousie. Au début, j'avais cru que le nombre important de personnes affligées d'un nez tronqué était dû à la lèpre, mais non, en réalité, c'était juste le signe d'un tempérament jaloux. Les hommes bouffaient le nez des femmes, et vice versa. Cela n'entraînait pas nécessairement la fin de leur histoire d'amour. Les couples dépourvus de nez n'étaient pas rares aux Kiribati. Il existait, me semblait-il, une face cachée de la vie sexuelle des I-Kiribati. J'ai demandé à Sylvia de me dire ce qu'elle savait.

« Tu n'as jamais entendu parler de quelqu'un qui baise à sec ? a-t-elle demandé.

— C'est dans le *Kama Sutra* ça, non ?

— C'est quand une femme n'a plus de lubrification. Elle peut l'empêcher en introduisant dans son vagin un mélange de corail et de plantes. Pour les hommes d'ici, c'est le *nec plus ultra*. Ils prétendent que ça augmente leurs sensations.

— Non ?

— Mais si.

— Je croyais que ça n'arrivait que dans les régions tribales du Pakistan.

— Eh bien, ici aussi. Et justement, tout comme dans les régions du Pakistan dont tu parles, on estime qu'il est tout à fait acceptable de faire sa cour à une femme en l'enlevant de force.

— Je n'en avais pas la moindre idée.

— C'est parce que tu es un homme et que les femmes d'ici ne parlent jamais à un homme de ce genre de choses. Et si je te disais que Kineita a enlevé Beita ? »

Beita travaillait au FSP. Kineita était son mari. Leur couple représentait pour moi le modèle même de la félicité conjugale. Ils étaient tendres. Kineita était un mari respectueux, aux petits soins pour sa femme. Ils avaient un petit garçon de deux ans, très précoce.

« Beita était amoureuse d'un autre homme, a poursuivi Sylvia. C'était lui qu'elle voulait épouser, pas Kineita. Mais, à ce qu'il semble, lui n'était pas disposé à accepter son refus, alors il l'a enlevée et l'a gardée chez lui pendant deux semaines, jusqu'à ce qu'elle accepte de l'épouser. »

J'ai trouvé ça ahurissant. « Mais enfin, pourquoi est-ce que sa famille ou l'autre gars ne sont pas allés la récupérer ?

— Qu'est-ce que tu crois qu'il lui a fait, Kineita, pendant ces deux semaines ? Il lui a fait son affaire. Sa famille était couverte de honte. Et l'autre gars n'a plus voulu d'elle, à aucun prix. Alors elle a bien été obligée d'épouser Kineita.

— Pourtant, on dirait qu'elle est plutôt heureuse avec lui.

— Elle l'est. Il appartient à l'Église adventiste du septième jour. Donc, il ne boit pas et il ne la bat pas. »

Je me suis rendu compte qu'aux Kiribati, cela

faisait de lui un oiseau rare. Et en plus, il avait un emploi sûr. Il se trouvait que Kineita était aussi un excellent danseur. D'ailleurs, il allait défendre les couleurs du ministère de l'Éducation nationale, où il s'occupait du remaniement du programme.

À mesure que le concours approchait, les différents ministères ont achevé de mettre au point leurs équipes de chanteurs et de danseurs. Certains prenaient au sens plutôt large la définition du fonctionnaire ministériel. Ainsi, le ministère de l'Environnement, par exemple, avait repéré le talent de Bwenawa et de Tiabo, qui dansaient l'un et l'autre à merveille, et il a invité le personnel du FSP à venir se ranger sous sa bannière. Le FSP s'occupait d'environnement, n'est-ce pas ? Donc, son personnel était à l'évidence du ressort du ministère de l'Environnement. Tout le monde était surexcité. Sylvia, elle aussi, a été invitée à danser. On était d'avis que la nouveauté offerte par le spectacle d'une *I-Matang* prenant part à une des danses assises permettrait de marquer des points supplémentaires auprès des juges.

« Je sais bien que je devrais, m'a dit Sylvia. Ce serait une expérience culturelle. Et il faut que j'en fasse. C'est pour ça que nous sommes venus ici, non ? Mais en même temps, je n'ai aucune envie de passer les quatre semaines qui viennent dans un *maneaba*, sans jamais me coucher avant trois heures du matin, pour apprendre à danser la danse assise. J'ai tort, hein ?

— Non, je suis sûr que tu auras d'autres occasions d'enfiler un pagne d'herbes et un corsage en feuilles de pandanus. »

Inutile de dire que moi, j'étais très content que

Sylvia refuse de danser. On aurait estimé qu'elle aussi devait se plier aux sacrifices nécessaires, afin d'être sûr que les esprits de la danse lui rendraient visite. Or, ces sacrifices, je n'avais aucune envie d'y prendre part. Et en plus, je n'étais pas particulièrement tenté par l'idée de voir les esprits de la danse habiter le corps de Sylvia. Ils me fichaient la trouille. Chaque fois que je voyais une danseuse terrassée par les esprits, j'étais affreusement mal à l'aise. Ça commence par des glapissements et des gémissements incontrôlés, suivis de larmes, et pour finir la danseuse s'effondre sur le sol où elle se trémousse comme un poisson hors de l'eau jusqu'au moment où elle s'évanouit. Les spectateurs opinent d'un air approbateur, tandis qu'on l'emporte hors du *maneaba*. C'est un peu comme de regarder une schizophrène faire une crise d'épilepsie. Moi, ça me collait les boules. J'aurais préféré que les esprits de la danse laissent ces femmes tranquilles.

Cependant, les I-Kiribati ne demandent pas mieux que de se laisser ensorceler par les esprits de la danse. Chaque jour, le personnel du FSP arrivait dans les bureaux en titubant, après avoir passé une soirée prolongée à répéter pour le concours. Ils étaient épuisés, insuffisamment nourris et tout à fait sous-excités à l'idée de travailler. Au point que la pause déjeuner d'une heure se transformait en pause sieste de trois heures. À midi pétant, chacun de sortir sa natte, puis le personnel au grand complet s'installait pour une sieste de groupe, à l'exception de Bwenawa, exilé dans une autre pièce parce qu'il ronflait.

« Que veux-tu que je fasse ? » me demandait Sylvia.

En effet, elle ne pouvait rien faire. Tarawa tout entière avait été happée dans le tourbillon du Concours interministériel de chants et de danses. De l'aube au crépuscule, tous les endormis qui composaient les équipes, privés de nourriture et de sexe, passaient leurs journées à tituber mollement sans rien faire. Le soir, tous les *maneaba* de l'île assez grands pour accueillir les concurrents vibraient sous le tonnerre de centaines de voix vociférant les chansons des anciens. Moi, je trouvais ça divin : un mois entier sans *La Macarena !*

Enfin, la fête de l'Indépendance est arrivée. Sylvia et moi avions été invités à assister au spectacle depuis la tribune officielle, ce qui était un grand honneur pour le FSP, même si la tribune en question était une plaque de béton dont l'intégrité structurelle n'inspirait pas confiance. On nous avait dit d'arriver pile à sept heures trente du matin. En règle générale, je ne fête jamais rien à sept heures trente du matin. Le plus souvent, c'est une heure où je ne suis même pas conscient. Mais si le début des opérations avait été fixé à une heure aussi matinale, c'était pour une bonne raison. Sur ce qu'on appelait avec optimisme le champ de manœuvre, des centaines d'écoliers étaient ordonnés comme des régiments nazis assistant aux rallyes de Nuremberg. Au premier plan, se tenaient les membres de la police, une vingtaine de veinards chargés de représenter la puissance de feu de la nation. Cette puissance consistait en une vingtaine de mousquets, d'un modèle qui n'avait pas été utilisé depuis la guerre des Boers. Chacun d'eux était équipé d'une baïonnette. En revanche, il n'y avait pas de munitions. On était à court. Depuis 1908.

J'aimais à me dire que les forces de police des

Kiribati n'étaient pas armées. Dans d'autres pays du Pacifique, des forces armées insulaires font passer le temps en fomentant des coups d'État, ou bien en déclenchant des guerres civiles, ou en exploitant des ouvertures fort lucratives dans le commerce de la drogue, et en se comportant pour le reste comme les petites brutes qui font régner la terreur dans les cours de récréation et qui se trouveraient avoir des mitraillettes M16 entre les mains. Aux Kiribati, en revanche, la plus grande ambition du policier lambda n'est pas d'être armé d'un mousquet, mais d'être sélectionné pour faire partie de *Te Brass Band*, la fanfare de la police. Ceux-là se tenaient à côté de leurs camarades en armes, attendant, comme toutes les personnes présentes, que le président et le vice-président et les autres spécialistes du blablabla aient fini de parler. Car ce n'étaient pas les discours qui manquaient. Et longs comme des jours sans pain avec ça. Sans oublier tous les hommages à rendre. Pendant ce temps, le soleil n'en finissait pas de monter dans le ciel. Le terrain, une vaste étendue de corail blanc et nu, a commencé à crépiter et, dans la foulée, les participants rangés dessus se sont mis à tomber comme des quilles.

Le premier à s'affaisser a été un agent de police. Il a lâché son mousquet, en vacillant, et il s'est effondré sur le sol. Aussitôt, deux hommes équipés d'un brancard sont venus le ramasser pour l'emporter jusqu'à un endroit au bord du terrain où l'on avait installé un dais qui ménageait un coin d'ombre. La prochaine victime était une écolière. Elle aussi a été rapidement mise à l'ombre. Le temps que les discours soient terminés, onze personnes avaient succombé à des coups de chaleur. Et il n'était encore que neuf heures trente du matin. À propos, j'ai pensé à vous dire qu'il fait très chaud aux Kiribati ?

Emmenés par la fanfare qui jouait avec tant de fougue qu'elle aurait fait un malheur à n'importe quel *Oktoberfest*, les participants encore valides ont commencé à défiler. Les I-Kiribati adorent marcher au pas. Encore un vestige de l'héritage colonial que leur ont laissé les Anglais. J'ai toujours éprouvé beaucoup de curiosité pour les habitudes et traditions qui ont survécu au départ des Anglais. Avec beaucoup de bon sens, les I-Kiribati ont laissé tomber tout ce qui avait trait au cricket, qui est sans doute le sport le plus abrutissant jamais conçu. Malheureusement, le *corned-beef* s'est incrusté. De même que les marches au pas. Vêtus du costume traditionnel, les écoliers et étudiants ont évolué en formations tout autour du champ. Pas de charge par-ci, pas ralenti par-là, pas de l'oie de temps à autre, petit trémoussement de loin en loin, ils ont démontré toute l'étendue de leur savoir-faire. Les spectateurs étaient enchantés d'assister à cet étalage de prouesses martiales de la part de leur jeunesse. Ils se tenaient les côtes de rire et s'affalaient les uns sur les autres. Les I-Kiribati ont une façon tout à fait charmante de diluer tout ce qui s'apparente à de la pompe dans une salubre dose d'enfantillage.

En début d'après-midi, les festivités se sont transportées dans le *maneaba* de l'Église protestante des Kiribati, à Bikenibeu, l'un des plus vastes *maneaba* de l'île. Quand le Concours interministériel de chants et de danses a débuté, le public désireux d'y assister a dû rester debout. J'ai tenté de trouver quel pouvait être l'équivalent américain de cette manifestation. J'ai fait un effort mental pour imaginer les employés du ministère de la Défense, en pagnes et *lavalava,* s'apprêtant à défier sur la piste de danse les redoutables fonctionnaires des services d'Hygiène et de Santé publique. J'ai même essayé de me représenter Madeleine Albright dans un corsage ajusté, fait de feuilles de pandanus, mais cette image n'a pu se concrétiser devant mon regard intérieur, ce qui n'était peut-être pas plus mal.

Chaque ministère alignait plus d'une centaine de chanteurs, ministre compris, et il n'était pas possible de rester de marbre en les écoutant. Les percussions étaient assurées par un instrument qui ressemblait à une bibliothèque posée à l'envers, sur laquelle une demi-douzaine d'hommes frappait du plat des deux mains. Un animateur bondissait aux quatre coins du *maneaba* en gesticulant pour inciter les chanteurs à se donner encore plus à fond. Les danseuses alliaient langueur et souplesse, avec des gestes de la main et des regards extrêmement stylisés et évocateurs, contrebalancés par une sensuelle ondulation des hanches qu'accentuait le port du pagne. À la différence des femmes, les hommes ont plus de liberté dans les mouvements de jambes et c'étaient eux qui étaient chargés d'assurer le rythme de la danse en tapant des pieds et en claquant des mains, selon une chorégraphie bien établie. Chaque geste était lourd de signification. Il n'y a pas de danse libre aux Kiribati, mais il y a du rythme, et quand on regardait les danseurs, il était aisé de constater que ces gens avaient le rythme dans le sang. Sauf, bien sûr, ceux qui se laissaient emporter par les esprits. Eux pleuraient, frémissaient, meuglaient, jusqu'au moment où ils s'effondraient sur le sol du *maneaba* pour une bonne secousse. Et hop, plusieurs points de bonus !

Quand le tour du ministère de l'Environnement est arrivé, Bwenawa s'est avancé au milieu de la piste. C'était lui l'animateur. Il a ondulé. Il s'est pâmé. Il a encouragé les chanteurs à monter la gamme, puis à la redescendre. Il se tournait vers les hommes pour avoir du grave très grave. Puis d'un geste, il encourageait les femmes à augmenter les aigus. Avec son épaisse toison de cheveux ondulés, il était devenu le Leonard Bernstein des Kiribati. Je me suis tourné vers les danseurs. Tiabo commençait à larmoyer. Elle frémissait. Non, ne t'évanouis pas, ai-je pensé. Ça me met mal à l'aise. Mais les esprits l'ont esquivée et elle est restée debout.

Après coup, j'ai demandé à Bwenawa ce qu'il pensait de leur numéro.

« Pas très bon, m'a-t-il répondu. Mais on s'est bien amusés. »

Alors même que nous parlions, le ministère du Logement s'est avancé sur la piste. Ils étaient fortiches. Les danseurs étaient un peu plus hardis ; les danseuses un peu plus souples. Leurs corsages en feuilles étaient un peu plus moulants. Leurs pagnes accrochés un peu plus bas sur les hanches. Elles se déhanchaient. Elles ondulaient. De manière suggestive.

« Tu as les yeux qui te sortent de la tête, cochon, m'a lancé Sylvia.

— Au fond, tu aurais peut-être bien fait d'y prendre part », ai-je riposté.

Lorsqu'ils ont eu fini leur danse spectaculaire, ils ont envoyé des baisers aux *unimane* qui faisaient office de juges. Le public a laissé échapper un hoquet collectif. Puis, il s'est mis à pouffer. Aux

Kiribati, quand on pouffe, c'est davantage une manifestation de gêne que d'hilarité.

« Ce n'était pas une danse I-Kiribati, ce truc. Ça ressemblait davantage aux danses polynésiennes », a expliqué Bwenawa, visiblement outré.

Les juges étaient sortis tenir un conciliabule en privé. Ils sont restés longtemps absents. En attendant, la tension est montée. Il y avait plus d'un millier de personnes massées autour du *maneaba*, chacune nourrissant une opinion tranchée quant au ministère qui méritait la palme tant convoitée. Lorsque les juges sont revenus, ils ont annoncé leur choix. Le ministère du Logement était vainqueur. Ses danseurs et ses chanteurs ont poussé des clameurs. Les autres ont applaudi du bout des doigts.

Et puis, la tension est retombée. Des gens se sont mis à crier. À pousser. La pagaille la plus franche régnait. Je ne comprenais pas ce qui se passait. Ma connaissance de la langue I-Kiribati n'était pas assez bonne pour me permettre de saisir les insultes soigneusement formulées. Il était évident, cependant, que beaucoup de gens prenaient mal cette décision. Sylvia et moi nous sommes laissés dériver jusqu'à la périphérie du tumulte, où nous avons découvert le secrétaire d'État à l'Éducation qui observait l'esclandre d'un air pensif. Je le trouvais sympathique. À la différence de la plupart des membres du gouvernement, il était convaincu de la nécessité de défendre la culture I-Kiribati contre les empiétements de l'influence du monde continental.

« Salut, lui ai-je dit. Ça marche bien, ce remaniement du programme ? »

Il a ri. Il connaissait l'humour des *I-Matang*.

Je lui ai demandé ce qu'il pensait de la décision des juges.

« Elle est mauvaise, a-t-il répondu en secouant la tête. Ce n'était pas une danse I-Kiribati, ça. Dans nos danses à nous, chaque geste veut dire quelque chose. C'est tout à fait spécifique. Mais ce qu'a fait le ministère du Logement, ça ressemblait aux danses de Tahiti. » Le secrétaire d'État à l'Éducation s'est mis à onduler. « Rien à voir avec ce qu'on fait aux Kiribati. » Il s'est tu un instant. « Mais les filles étaient rudement mignonnes, non ? »

16

Où l'auteur pénètre au plus profond de l'esprit du romancier et — pour le plus grand bien des générations futures — disserte sur tout ce qui est nécessaire pour produire de la littérature, le plus noble de tous les arts, où bien des gens sont appelés, mais très peu sont élus.

On continue…

17

Où l'auteur emprunte un avion d'Air Kiribati, survit, explore l'île de Butaritari, réputée pour son esprit festif, et passe à diverses réflexions sur le sort de ceux qui se retrouvent coincés sur une île, l'auteur ayant eu amplement le temps de réfléchir à ce sort, parce que, s'il faut dire les choses comme elles sont, Air Kiribati n'est pas une des compagnies aériennes les plus fiables du monde.

Plus nous passions de temps à Tarawa, Sylvia et moi, plus nous finissions par comprendre que vivre dans un tel lieu revenait à faire l'expérience d'une forme viscérale de troubles bipolaires. Il y a l'extase des « hauts », lorsqu'on se laisse emporter, dans un *maneaba* au bord du lagon, tout vibrant des chants et des danses de centaines d'insulaires en folie. Et puis il y a les « bas » écrasants, où l'on succombe à une apathie dépressive causée par la chaleur inexorable, les accès sporadiques de maladie, l'isolement impitoyable, les privations alimentaires et l'idée qu'il n'y a aucune vraie raison pour que les maux dont souffre Tarawa, la surpopulation et tous les problèmes de santé et de société qui en découlent, soient dans leur ensemble aussi épouvantables. C'est justement après une de ces crises de déprime que j'ai accepté, avec une surprenante docilité, la proposition de Sylvia, qui était de prendre l'avion d'Air Kiribati pour nous rendre à Butaritari, une des îles septentrionales. Nous devions accompagner *Te Iitibwerere,* une compagnie théâtrale locale que Sylvia avait engagée pour monter des spectacles porteurs de messages sur l'importance des légumes verts à feuilles et la bonne manière de soigner la diarrhée, entre autres sujets qui ne sont pas nécessairement explorés sur les scènes de Broadway. Et c'est ainsi que nous nous sommes retrouvés à l'aéroport où, sans vouloir écouter nos instincts les plus raisonnables, nous avons entrepris de nous présenter au comptoir d'Air Kiribati pour un départ immédiat.

S'il faut dire la vérité, j'aurais préféré visiter une grande cité, un de ces endroits où il existe une vieille ville. En dépit de certaines illusions contraires à cette notion, j'étais citadin dans l'âme. J'étais loin d'être insensible aux attraits du confort, de la commodité et des choix. J'aimais le bourdonnement des métropoles, l'énergie qui émane de centaines de milliers de gens entassés les uns sur les autres, ayant choisi de travailler et de vivre au milieu de foules d'autres gens, et je goûtais particulièrement les petits coins de répit, les cafés, les bars, les restaurants, qui vous encourageaient à traîner et à vous amuser. La journée parfaite aurait été la suivante : explorer une librairie et contempler l'élégance de maisons anciennes en briques dans des quartiers séculaires, puis glander dans un café en parcourant la liste des pièces et des films que je ne verrais sans doute pas, siroter ensuite quelques bières dans un troquet accueillant tout près de là, savourer un repas dans un restaurant proposant une cuisine sublime et une atmosphère à la bonne franquette, avant de regagner un délicieux hôtel, sûr et certain que l'électricité fonctionnerait et que l'eau coulerait. Et en plus, ce serait l'automne, comme ça je porterais un chandail.

Mais hélas, Air Kiribati ne propose pas de week-ends à Copenhague, tous frais compris. Au lieu de cela, nous allions emprunter le *wanikiba*, ou pirogue volante, jusqu'à Butaritari, une île qui nous intriguait car elle était luxuriante et verdoyante, qualités quand même inhabituelles aux Kiribati, et sa population avait, dans toutes les autres îles, la réputation d'être exceptionnellement langoureuse et décontractée. Tout cela piquait notre curiosité. On peine à faire comprendre clairement combien il est difficile d'acquérir une telle réputation aux Kiribati, où la conservation de l'énergie est un art cultivé depuis fort longtemps et, pour autant que nous puissions le voir, déjà très abouti. En outre, Butaritari était connu pour être un endroit où l'on s'amusait ferme et c'est ce qui nous a finalement convaincus de nous y rendre. Chacune des îles des Kiribati est connue pour une qualité particulière — Maiana pour ses pieux mensonges, Tabiteuea Nord parce qu'on y règle les différends à coups de couteau, Onotoa pour sa frugalité, Abemama parce qu'on y pratique la sexualité orale (je ne rigole pas) — et la perspective de passer une semaine à paresser et à faire la fête nous semblait une séduisante manière d'apprendre à mieux connaître les Kiribati. Mais pour y arriver, il fallait emprunter un avion d'Air Kiribati et le fait que je me sois présenté pour les formalités d'enregistrement sans le soutien d'un milligramme d'héroïne en dit long sur la bonne volonté avec laquelle je partais explorer une île où l'absence d'un tout-à-l'égout en bon état de fonctionnement n'influait pas sur la qualité générale de la vie.

À Tarawa, l'état de la compagnie Air Kiribati était le sujet de conversation préféré, après le transit intestinal. *On t'a raconté la fois où l'avion s'est trouvé à court de carburant en plein vol, si bien que le pilote a été obligé de planer pour atterrir*, vous dira-t-on. Ou bien… *la fois où le moteur est tombé en panne,* ou encore *la fois où le pilote a perdu connaissance en plein vol,* ou même *la fois où ils ont oublié d'allumer le feu de signalisation de l'aéroport,* ou, tenez, ma préférée, *la fois où le pilote m'a laissé piloter*. Hélas, trois fois hélas, il ne s'agissait pas de simples « on-dit » ! Jamais je ne m'étais senti aussi mal à l'aise en me présentant pour un embarquement. Et pour ne rien arranger, le fonctionnaire de l'aéroport, qui ne portait pas de chaussures, paraissait mécontent de mon poids. Son visage qui jusque-là n'avait reflété qu'une indifférence bienveillante s'est crispé sous l'effet de ce qui ressemblait fort à une grimace. Debout sur une balance rouillée et antédiluvienne, remplissant mon rôle dans un rite de pré-embarquement fait tout exprès pour instiller l'angoisse dans le cœur des passagers, j'ai regardé les plis qui barraient le front de cet homme gagner en profondeur, j'ai vu ses yeux se mettre à loucher sous l'effet d'une intense concentration et j'ai écouté les étranges gloussements qui sortaient d'entre ses lèvres : « Toc, toc, toc », a-t-il dit. On aurait dit que mon poids était une offense personnelle. Et je me permets d'ajouter que je suis loin d'être gros.

À vrai dire, une fois sur la balance, j'ai été surpris de voir combien de kilos j'avais perdus — plus de douze — sans le moindre effort de ma part. Quand j'étais arrivé à Tarawa, je pointais à mon poids de forme, donc il ne s'agissait pas de la disparition d'une surcharge pondérale. Non, il s'agissait d'un authentique dépérissement chez un homme naguère fier de ses intestins inoxydables. Pour ceux qui souhaitent perdre du poids, le régime Tarawa est ce qui se fait de plus efficace — des ankylostomes, des ascaris lombricoïdes, un soupçon de salmonella, un zeste de dysenterie, assaisonnez à votre goût avec un peu de choléra — résultat garanti, sauf pour les dames. Sylvia, quant à elle, n'a pas perdu un gramme, ce qui a confirmé à mes yeux que les femmes, lorsqu'elles sont menacées, possèdent une constitution bien plus forte que celle des hommes. Bien entendu, tout cela est très logique. La vie aux Kiribati prend une nette tendance darwinienne et les hommes, mis à part un bref et merveilleux moment, sont assez inutiles sous l'angle de l'évolution de l'espèce, si bien qu'on peut se permettre de les laisser dépérir, alors que les femmes sont programmées pour survivre. L'expression « sexe faible » est peut-être valable quand il s'agit de soulever de la fonte, mais la nature n'est pas une affaire de culturisme.

D'ailleurs, j'ai bien failli perdre quelques kilos supplémentaires quand j'ai eu sous les yeux l'appareil dans lequel nous allions voler. Sans doute un vieux modèle espagnol à hélice, mis en circulation avant l'ère Franco. Il penchait de manière inquiétante, laissant filtrer un air d'épuisement. Tandis que le fonctionnaire de l'aéroport multipliait les tut-tut-tut soucieux en contemplant nos petits sacs à dos, qui pesaient trois fois rien, moi, j'ai observé le pilote qui montait sur un escabeau et tirait sur une des deux ailes jusqu'à ce qu'elle soit alignée avec l'autre. Après quoi, j'ai fumé dix-huit cigarettes. Sylvia elle-même en a réclamé une. Or, elle ne fume pas. Elle est originaire de Californie.

Je ne voulais pas faire un esclandre, mais tout en traversant le tarmac, j'ai pensé qu'il était de mon devoir de faire remarquer aux membres de la troupe *Te Iitibwerere* que les deux moteurs étaient reliés aux ailes à l'aide de ruban à masquer. Oui, du ruban à masquer. Ils ont trouvé ça hilarant et j'ai compris alors que la mentalité des I-Kiribati me resterait à jamais impénétrable. On nous a expliqué que le ruban ne servait pas exactement à relier les moteurs aux ailes, mais simplement à recouvrir les parties de l'avion entièrement rongées par la rouille. Curieusement, tout en examinant les mètres et les mètres de ruban à masquer dont le fuselage était emmailloté, je ne me suis pas senti rassuré.

L'intérieur de l'appareil, un modèle de la firme CASA, faisait penser à celui d'un vieil autocar scolaire délabré, équipé de banquettes, mais il n'était ni aussi vaste ni aussi confortable. Tandis que nous roulions le long de la piste, je me suis surpris à espérer que quelqu'un avait songé à écarter les chiens, cochons et autres enfants qui l'occupaient en règle générale. Les cochons, qu'on se le dise, sont des animaux imbéciles, même s'ils font de l'atterrissage à Tarawa une expérience inoubliable, comme nous l'avions découvert plus tôt. Une fois dans les airs, un vent coulis bien frais s'est fait sentir dans la cabine et nous l'aurions trouvé fort agréable s'il avait été dû à la climatisation. À l'évidence, un petit surcroît de ruban à masquer n'aurait pas fait de mal. Deux hommes, plus débrouillards que moi, ont trouvé un certain confort sur le tas de bagages dispersés en vrac dans le fond de l'appareil et, tandis que le moteur toussait et crachait, tandis que l'avion tremblait, je me suis surpris à envier leur coma éthylique. Au-dessous de nous, l'océan Pacifique paraissait placide, somptueux, d'une ampleur incroyable, un univers bleu se déroulant à l'infini. Il me semblait présomptueux de survoler une immensité aussi grandiose que cet océan à bord d'un engin aussi pitoyable que le nôtre, et lorsque nous avons entamé notre descente, il m'a paru inquiétant d'apercevoir, à une faible distance, l'île de Makin, un petit atoll qui, selon la tradition populaire, serait le refuge des esprits de tous les I-Kiribati qui ont cessé de résider dans le monde temporel. Toutefois, les missionnaires combattent cette croyance.

L'atterrissage sur une piste jonchée de pierres, que l'on avait débarrassée de ses cocotiers, a été tout à fait conforme à ce que j'attendais. Terrifiant. La porte réservée aux passagers s'est coincée et nous avons dû nous faufiler par la porte arrière utilisée pour la cargaison. Très vite, nous avons eu l'impression d'être des envahisseurs venus de Mars. « *I-Matang, I-Matang* », scandait un chœur de voix minuscules. Elles se sont tues, toutefois, quand j'ai montré les dents, et les plus jeunes enfants se sont même éparpillés dans la nature. Aux Kiribati, les parents disent volontiers à leurs enfants d'être sages, sinon un *I-Matang* va venir les dévorer, ce qui a eu pour merveilleux résultat de convaincre la partie la plus jeune de la population que les *I-Matang* sont tous des cannibales. Moi, bien sûr, je n'ai pas fait grand-chose de mon côté pour détromper ces bambins. Les activités littéraires, que je m'imaginais alors poursuivre, ne sont pas facilitées par un public d'enfants agglutinés aux fenêtres, me regardant de tous leurs yeux implorer le ciel en silence de m'envoyer une pensée. Aux Kiribati, seuls les salauds peuvent jouir des bienfaits de la solitude.

En compagnie des *Te Iitibwerere*, nous nous sommes empilés dans la Land Rover du Conseil de l'île, un véhicule rayé et cabossé, sur la portière duquel était peinte au pochoir l'inscription *Avec les compliments de la République populaire de Chine*. Cette Land Rover était conduite par un employé portant le titre de « *island clerk* », qui se prononce *clark*, à l'anglaise, afin de rappeler au visiteur qu'on est ici dans un pays du Commonwealth, où, comme en Angleterre, la prononciation n'a pas grand-chose à voir avec l'orthographe.

« Combien de voitures y a-t-il à Butaritari ? » ai-je demandé au « *clark* ».

Il a réfléchi un long moment. « Trois, a-t-il fini par répondre.

— Et il y en a combien qui marchent ? a demandé Sylvia.

— Une. »

Nous avons foncé le long de l'unique et déserte route en terre battue de l'île, en direction du principal village. Il y avait deux gîtes pour les visiteurs à

Butaritari. La compagnie *Te Iitibwerere* était logée dans celui qui appartenait à l'État, mais nous en savions désormais assez long sur la sensibilité du gouvernement des Kiribati pour choisir le gîte privé, une bâtisse en parpaings bien nette, avec trois chambres, dont on remarquait surtout la salle de séjour énigmatique. Sur un des murs, une fresque représentait une jeune fille, les seins à l'air, agenouillée dans une attitude suppliante devant une cannette de bière Foster. Sur un autre était fixé un crucifix luminescent, au-dessus duquel pendait le drapeau de l'Église protestante des Kiribati. De toute évidence, nous étions tombés par hasard sur une représentation d'avant-garde de la dualité de la nature humaine, et j'ai noté par-devers moi qu'il me faudrait absolument reproduire un jour ce décor et le vendre pour une somme colossale à Charles Saatchi, le collectionneur d'art britannique — connu pour ses idées plutôt dispendieuses de ce qui constitue une œuvre d'art. Une carcasse de vache ? Une pièce vide ? *Vous en demandez combien ?*

La lumière du jour s'est estompée et, tandis que nous traversions le village à pied, l'air nous a paru prendre des teintes roses et bleues. L'heure du dîner approchait, on allumait des feux et la fumée s'est installée au-dessus du village comme une fine brume, capturant la douce lumière du soleil couchant. Les maisons devant lesquelles nous passions étaient des structures traditionnelles : des plates-formes en bois de cocotier, posées sur des pilotis, avec un toit triangulaire en feuilles de pandanus. Ces huttes, appelées *bua*, étaient groupées sur le terrain familial, où des volailles, des cochons et des chiens se disputaient des restes. Les tout-petits allaient nus et les vieilles femmes revenaient à l'ancienne coutume en dévoilant leur poitrine au crépuscule. Beaucoup d'autres, hommes et femmes, portaient des *lavalava* qu'ils enroulaient autour d'eux par-dessus un tee-shirt. Un vieillard édenté, un des anciens du village, fort respecté, nous a chaleureusement accueillis, vêtu d'un tee-shirt dépenaillé sur lequel on pouvait lire *C'est la merde*, ce qui paraissait de circonstance aux Kiribati.

Le bleu du lagon s'est assombri pour se fondre dans le ciel et il n'était plus possible de distinguer les petits îlots qui s'élevaient du récif des nuages nettement coupés en deux par l'horizon. Nos perceptions étaient béatement focalisées sur les chansons vespérales et la beauté d'un coucher de soleil finissant, lorsque nous sommes tombés sur un vestige traumatisant de la Seconde Guerre mondiale. Sur une petite plage, des vaguelettes ondulantes clapotaient autour des restes squelettiques d'un hydravion japonais, détruit lors de l'attaque américaine de 1943, destinée à libérer l'île de l'occupation japonaise commencée en décembre 1941. Des petits garçons jetaient des pierres à la carcasse rouillée, comme leurs pères l'avaient sûrement fait avant eux. Un peu plus loin, un petit sanctuaire composé d'une dalle en pierre sur laquelle était peint un soleil levant commémorait les victimes nippones.

Le crépuscule a très vite cédé la place à la nuit, trop vite pour nous qui avons dû regagner notre gîte à tâtons dans l'obscurité, en attendant le lever de la lune. Il n'y avait pas d'électricité sur l'île. Des lanternes à kérosène oscillaient, accrochées aux poutres de bois et aux habitations à toit de feuilles, à la lumière desquelles les personnes et les objets n'étaient plus que des ombres virevoltant au milieu d'une lumière orangée incandescente. Les chiens sortaient de leur torpeur de la journée. Ils se battaient quelque part à proximité ; nous avons entendu des aboiements saccadés, puis un seul chien qui couinait, puis des gémissements et enfin le silence. À Butaritari aussi, on mangeait les chiens, mais, regrettablement, la demande n'était jamais à la hauteur de l'offre ; donc, comme à Tarawa, nous emportions quelques grosses pierres lors de nos promenades.

De retour au gîte, nous avons été accueillis par Edma, la matrone qui préparait nos repas. Elle était très attentionnée. Sans doute était-elle convaincue que des *I-Matang* préféreraient manger les aliments auxquels ils étaient habitués ; aux Kiribati, cela prenait la forme de *corned-beef*, avec double ration de graisse, sortant directement de la boîte pour être dressé sur un lit de riz. Cette conserve était considérée comme un mets recherché dans toutes les îles et je crois bien qu'Edma a été déconcertée quand nous lui avons demandé de nous servir uniquement des produits frais locaux ; elle s'est sûrement dit que nous étions vraiment bizarres pour vouloir manger ce que les I-Kiribati aimeraient tant éviter, eux qui ont avalé du poisson et du fruit à pain tous les jours de leur vie. Mais, ça nous était bien égal. Rien n'aurait pu nous inciter à manger du *corned-beef* en boîte, nourriture immonde s'il en est, et qui donne des flatulences par-dessus le marché.

Plus tard dans la soirée, nous avons compris pourquoi les quelques maisons en parpaings de Butaritari n'étaient utilisées que pour y entreposer des marchandises et recevoir dans la journée. En regardant les geckos filer le long des murs pour se gorger de nuages d'insectes, il nous a paru évident que les fenêtres n'étaient pas équipées de moustiquaires. Les murs en parpaings emprisonnaient la chaleur de la journée et rien ne venait agiter l'air stagnant. Des rats crapahutaient tout autour de nous. Sylvia n'était pas à l'aise. Dehors, il y avait une *bua* inoccupée dans laquelle nous avons été tentés de nous replier. Tout en réfléchissant à la chose, nous avons remarqué que la chienne de la maison était en chaleur, ce qui avait attiré une bonne douzaine de mâles qui ne cessaient de s'agresser les uns les autres pour avoir le privilège de lui faire son affaire, si bien que nous sommes restés dans la maison, morts de chaud, piqués à tout propos par les moustiques carnivores et tout à fait insensibles au charme des rongeurs de céans. « En tout cas, il n'y a pas de cafards », ai-je remarqué d'une voix joyeuse. Il fallait bien remonter le moral à Sylvia.

Heureusement qu'il ne faisait pas toujours nuit à Butaritari. Nous avions deux journées devant nous avant le début du théâtre au village, donc nous avons parcouru l'atoll de notre côté. Nous nous sommes presque entièrement cantonnés au rivage du lagon, où la nature offrait un décor de paradis terrestre si séduisant qu'on n'a aucune peine à comprendre pourquoi, au XIXe siècle, les marins abandonnaient leur navire et leur ancienne vie pour s'y installer. À marée basse, le lagon battait en retraite, laissant derrière lui une vaste étendue de vase nue et désolée, au large de laquelle l'océan chatoyait comme un mirage. Mais à marée haute, quand l'eau limpide et azurée était de retour, venant doucement lécher la plage de sable fin où l'on ne voyait pas une seule empreinte de pied, le décor changeait, et, les yeux perdus dans l'infini, souffrant peut-être d'une très légère insolation, l'idée nous venait soudain que l'essence même de la vie était issue de la couleur bleue : bleu liquide, bleu pâle, bleu profond, toutes les nuances du bleu, séparées d'abord par les vagues qui se brisaient sur un récif lointain, puis par l'horizon. Il est tout à fait possible de passer des heures entières sans rien faire d'autre que de se laisser dériver comme du bois flotté dans une eau aussi tiède que l'air tropical, en jetant de brefs regards aux arbres des mangroves solitaires qui sortent hardiment du lagon et au mur de cocotiers penchés sur le rivage, offrant le répit bienvenu de leur ombre.

Bien entendu, au moment où nous étions convaincus d'avoir retrouvé le paradis terrestre, voilà qu'un serpent de mer aux anneaux fortement contrastés s'est amené. Cet animal est connu pour être la créature la plus venimeuse du monde et sa présence, alors que nous passions équipés de nos masques, au-dessus d'un vieux piège à poissons, ne nous a pas emplis d'allégresse. Je ne suis pas le seul, je sais, à considérer les serpents comme une manifestation tangible du mal et je serais enchanté si l'évolution jugeait bon d'attacher de grands drapeaux à ces bêtes rampantes, afin que nous puissions toujours savoir où elles se trouvent. Peut-être suis-je resté traumatisé depuis l'époque où j'étais paysagiste et où, dans le jardin de notre maison de famille, j'ai assisté à un combat épique entre une vipère cuivrée en colère et une débroussailleuse implacable. Depuis, je me suis toujours méfié des bestioles qui rampaient. Le serpent de mer, cependant, ne rampait pas, il ne nageait même pas, il se contentait de flotter dans l'eau tiède, s'abandonnant agréablement aux courants, et je me suis rappelé que pour se faire mordre par cet animal, qui est peut-être le plus léthargique du monde, il fallait être coupable de la plus extrême connerie. Dans les seuls exemples que je connaissais de serpents de mer ayant passé à l'attaque, la personne mordue lui avait enfoncé un doigt dans la gorge ou avait tenté d'instituer le *coitus interruptus* entre deux amoureux, donc je ne pense pas que ce qui en a résulté a irrémédiablement nui au patrimoine génétique de l'humanité. Sylvia elle-même, à l'évidence grisée par le soleil, m'a assuré qu'elle trouvait ce serpent « très joli ». Puis, elle s'est mise à parler aux sternes néréis ; « cui-cui », leur criait-elle. Eh oui, voilà ce qui arrive sur les plages bordant le lagon de Butaritari.

Le grand plus de Butaritari, c'était qu'avec une population de trois mille âmes, tout juste, cet atoll était aussi proche de la pureté intégrale qu'il pouvait l'être. Le récif resplendissait de bonne santé et, à marée basse, les odeurs émanant de la plateforme sous-marine étaient tout à fait libres de cette puanteur fétide où se mêlaient la décomposition, les détritus et la merde, laquelle empoisonnait l'existence de tout le monde à Tarawa. Un matin, nous avons quitté notre gîte pour nous mettre en quête d'une bonne plage côté océan, où de sympathiques explorations avec masque et tuba viendraient interrompre des heures de néant divin. Nous nous sommes dirigés vers Ukiangang, un village proche de l'extrémité occidentale de l'île. La route s'écartait du lagon pour rejoindre le milieu de l'atoll, où les brises ne pouvaient plus l'atteindre. Dès le milieu de la matinée, le soleil était féroce. À mesure que nous passions devant les rares *bua* édifiées le long de cette portion de la route, nous pouvions voir les habitants qui somnolaient à l'ombre, attendant que l'intensité du soleil se soit quelque peu atténuée avant de ressortir. Quelquefois, une voix d'enfant retentissait, annonçant à qui voulait l'entendre que des *I-Matang* passaient devant la maison. Sinon, il n'y avait pas un bruit.

On n'avait pas de mal à comprendre pourquoi les habitants de Butaritari avaient cette réputation de paresseux parmi leurs concitoyens des autres îles. Les pluies relativement abondantes avaient rendu la vie sur cet atoll plutôt confortable. À la différence des îles Gilbert centrales et méridionales, où il n'y a presque pas de précipitations et où la sécheresse sévit, Butaritari connaît les bienfaits d'une vraie saison des pluies. L'agriculture de subsistance exige donc beaucoup moins d'efforts. Sur la plupart des atolls, lesquels proposent un des environnements les plus défavorables de la planète, seuls les cocotiers parviennent à prospérer ; mais à Butaritari, nous avons vu des arbres croulant sous les fruits, arbres à pain, pandanus, bananiers, papayers, ainsi que de nombreux petits jardins. Il y avait même un tel surplus de fruits qu'on laissait par terre une grande partie de ceux qui y étaient tombés, ce qui était impensable sur les autres îles des Kiribati. Quant aux produits de la mer, aussi bien le lagon que l'océan grouillaient de poissons. J'avais toujours pris l'expression « richesse de subsistance » qu'utilisent parfois les spécialistes du développement international pour un oxymore, mais à Butaritari, où l'économie monétaire ne comptait guère, elle paraissait tout à fait à sa place.

En approchant des silos à taros en dehors d'Ukiangang, nous avons quitté la route principale pour suivre à travers le bush une piste étroite qui remontait le long d'une péninsule faisant saillie vers le nord. Personne ne paraissait habiter cette langue de terre, donc nous avons laissé tomber nos pierres antichiens. Après avoir parcouru une certaine distance, nous nous sommes soudain trouvés devant un océan bien décidé à affirmer sa domination sur l'atoll. Les vagues se brisaient avec violence sur le récif, émettant un rugissement ininterrompu, ponctué par les claquements secs que l'on associe à la foudre ou à un feu d'artillerie. Le récif ne s'étendait pas sur plus de quinze mètres avant de s'affaisser vers les profondeurs, si bien qu'au moment où elles se brisaient, les vagues possédaient encore la hauteur et la force de la houle du grand large, envoyant déferler vers le rivage un chaos d'écume. S'attardant à la surface de l'océan, juste au-delà de l'endroit où les vagues se brisaient, on pouvait voir des pêcheurs sur de petites pirogues traditionnelles à balancier, montant et descendant avec les vagues, en quête du dîner de la famille.

Nous avons cherché la petite baie ou crique d'où les pirogues étaient parties, selon toute vraisemblance, dans l'espoir de trouver des eaux plus calmes où nous pourrions profiter de nos masques et tubas. Après avoir crapahuté à travers un paysage d'étroites anfractuosités et de rochers glissants qui vous tordaient les chevilles à chaque pas, nous sommes tombés sur une petite anse bordée de sable doré où des douzaines de pirogues étaient alignées sous des dais de feuilles. Nous nous sommes aventurés dans l'eau turquoise où nous avons nagé au milieu de coraux et de poissons aux couleurs éblouissantes. La marée montante nous a chahutés, en s'infiltrant dans nos tubas et en nous propulsant dangereusement près des gros rochers qui affleuraient aux endroits les plus malcommodes. Au moment où nous faisions volte-face pour regagner la plage, nous avons été entourés de dauphins, une bande de vingt et quelques individus, désireux de nous faire admirer la perfection de leurs joyeux ébats : ils bondissaient dans les airs, en se tordant dans tous les sens, avant de retomber dans l'eau, et tout en nageant autour de nous, ils paraissaient aussi heureux de nous voir que nous étions, nous, de les contempler, ce qui était franchement impossible.

Sur nos îles, les acteurs de *Te Iitibwerere*, la compagnie théâtrale avec laquelle nous étions venus, étaient l'équivalent des vedettes d'Hollywood. Certes ils n'avaient pas d'argent et ne vivaient pas dans de somptueuses demeures, certes ils n'étaient pas non plus traqués par les paparazzis et les chasseurs d'autographes, certes le Botox et les *coaches* sportifs à domicile ne jouaient pas un rôle de premier plan dans leur existence, mais dans le monde du spectacle des Kiribati, ils étaient des stars. À Butaritari, ils devaient se produire dans chacun des villages de l'île. Il y avait cinq femmes et un homme, que nous appellerons « le Séducteur », étant donné qu'il était alors marié avec une des actrices de la troupe et fricotait avec une autre, ce qui n'était pas sans donner un certain piment à leurs représentations. Ils séjournaient dans un gîte contigu au nôtre, une maison en parpaings qui appartenait à l'État et ressemblait à s'y méprendre à un poulailler. Il manquait certains éléments du confort moderne, tels que des lits, l'eau courante et un générateur, en plus de quoi les rats y étaient plus nombreux que dans notre gîte à nous. Il avait, en revanche, l'avantage d'être perché sur une digue qui dominait le lagon. À Butaritari, les heures séparant le crépuscule de l'aube s'écoulent lentement et paisiblement, à moins, bien sûr, que vous n'ayez entrepris de voyager à la fois avec votre femme et votre maîtresse, ce qui nous incitait, presque tous les soirs, à nous incruster au milieu de nos acteurs. Vers le coucher du soleil, on nettoyait un poisson, et une bouteille qui avait jadis contenu de la sauce de soja et qui était maintenant remplie à ras bord de *sour toddy* circulait. On grattait une guitare et les comédiens chantaient sous la lumière blanche de plus en plus vive d'une lune croissante et d'un million d'étoiles. Sur un atoll des zones équatoriales, le clair de lune resplendit.

« OK, a lancé Tawita, en terminant un air ravissant pour se tourner vers Sylvia et moi. Et maintenant c'est à vous. Il faut chanter. »

C'était le moment que je redoutais. On nous demandait souvent de chanter. Les I-Kiribati ne se font jamais prier pour chanter. Parce qu'ils ont des voix d'ange. Mais moi, quand je chante, les petits enfants se mettent à pleurer, les chiens geignent et les rats foncent vers l'étendue d'eau la plus proche pour s'y noyer. Et Sylvia, qui est d'une beauté renversante, qui possède un intellect impressionnant et dont la présence à mes côtés est la lumière de ma vie, chante comme une vache en gésine. Des villages entiers s'éparpillent dans le bush quand nous nous mettons à chanter ensemble. J'ai tenté de l'expliquer à Tawita, mais elle n'a rien voulu savoir. « Il faut chanter. Ne faites pas les chochottes. »

Nous avons donc chanté. Notre choix s'est porté

sur *Tambourine Man* de Bob Dylan. Nous l'avons chanté exactement comme Bob, avec des voix rauques et nasillardes et un sens de l'harmonie très particulier. *Heeey Mr. Tambourine Man / Play aaa song fer me / I'm nooot sleepy and there is no place I'm goiiiiing tooo.*

Nous n'avions pas encore fini que les comédiens étaient partis se noyer dans le lagon. Non, là, je plaisante. Mais ils se sont presque noyés dans leurs larmes de rire. Ils ont commencé par ricaner, puis ils ont pouffé, de là ils sont passés aux rires à gorge déployée avant de se tire-bouchonner sous l'effet d'une irrépressible hilarité.

« Arrêtez ! a glapi Tawita. C'est épouvantable.

— Oui, ai-je reconnu. Nous le savons.

— Il ne faut plus jamais chanter.

— C'est justement ce que nous allions vous proposer. »

Au fil des journées, les acteurs nous ont pilotés au milieu du protocole en vigueur dans le *maneaba*, dont la fonction cumule en gros celles de mairie, de centre social, d'église, de motel aux tarifs avantageux et de sénat des États-Unis, mais en plus digne. Un *maneaba*, généralement construit en bois de cocotier, feuilles de cocotier pour le toit et cordes en fibre de cocotier, peut faire dans les trente-cinq mètres de long et vingt mètres de haut, et c'est là que se déroulent à peu près tous les événements importants. Les Kiribati sont un pays profondément conservateur et, à l'intérieur du *maneaba*, l'étiquette a une grande importance. En ma qualité d'*I-Matang*, accoutumé à une culture qui n'a plus guère de place pour les formes et la tradition, j'ai fait très attention. Il y avait des règles, a expliqué Tawita. Par exemple, les femmes ne doivent jamais y montrer leurs cuisses. Les seins, rien à redire. Les cuisses, non. Il faut retirer ses souliers avant de pénétrer dans le *maneaba* et il est mal vu de s'y asseoir les jambes tendues, montrant la plante noircie de ses pieds aux personnes assises en face. Le mieux, c'est de s'asseoir en tailleur, mais comme on peut être sûr qu'une fois installé dans un *maneaba*, on va y rester assis au moins deux bonnes heures, on se retrouve bientôt en train de s'étirer et de se dérouiller les jambes, discrètement, osant de temps à autre tendre au moins un pied. Il ne faut jamais porter de chapeau à l'intérieur du *maneaba* et même, sur certaines îles, il faut enlever son chapeau quand on passe simplement devant. Et si vous passez à vélo, il faut mettre pied à terre et marcher. « Et aussi, a continué Tawita, ça s'appelle comment quand on fait une odeur avec le derrière ?

— Péter, ai-je proposé.

— Oui. Il ne faut jamais péter à l'intérieur du *maneaba*. »

Nous avons ingurgité tout cela et, tout en entrant dans le *maneaba* du village de Kuma, nous répétions intérieurement nos discours respectifs. En effet, nous allions devoir nous présenter en I-Kiribati et nous étions bien décidés à ne pas commettre d'impair. Étant donné que l'I-Kiribati n'avait strictement aucun rapport avec les langues que nous parlions, nous avions été obligés d'apprendre nos phrases par cœur, ce qui donne à celui ou celle qui vous les enseigne l'occasion de faire des polissonneries. Les collaborateurs de Sylvia racontaient avec délectation ce qui était arrivé à une des précédentes directrices du FSP, une femme qui manquait particulièrement d'humour, lorsqu'elle avait demandé de l'aide pour les quelques phrases avec lesquelles elle devait accueillir le ministre de l'Environnement, venu participer à un atelier. Au lieu des quelques amabilités passe-partout qu'elle avait prévues, on lui avait fait dire : « J'aimerais bien voir votre pénis. » Encouragée par les rires qui avaient salué cette entrée en matière, elle avait continué en corsant ses propos : « Il me semble qu'il est de taille. » J'ai beaucoup de respect pour l'humour des I-Kiribati. J'aime sa grivoiserie.

Tandis que nous nous installions dans le coin du *maneaba* réservé aux visiteurs, une femme nous a offert des noix de coco dans la primeur, qui sont rafraîchissantes, nourrissantes et impossibles à boire avec une discrétion de bon aloi, les bruits de succion étant garantis. Bientôt, le village entier était massé à l'intérieur du *maneaba* et, après qu'un *unimane* nous a eu souhaité la bienvenue au village de Kuma, on nous a priés de nous présenter. Observant la coutume, qui est de faire part de votre nom, du nom de votre père et du nom de l'île dont il est originaire, je me suis levé pour dire, en I-Kiribati : « Salut à tous, je suis Maarten, fils de Herman de Hollande.

— *Aiyah, aiyah*, a répondu le village. Bienvenue parmi nous, Maarten, fils de Herman de Hollande. »

J'ai trouvé que ça sonnait vraiment bien. Ce « Maarten, fils de Herman de Hollande » vous avait une sonorité médiévale. Certes, ce n'était pas aussi évocateur que « Vlad l'Empaleur », par exemple, mais quand même, « Maarten, fils de Herman de Hollande », ça en imposait.

Après quelques mots de ma part, Sylvia a pris ma suite : « Salut à tous, je suis Sylvia, fille de Joe de Californie.

— *Aiyah, aiyah.* Bienvenue parmi nous, Sylvia, fille de Joe de Californie.

— Tu sais, ma chérie, ai-je glissé, la Californie fait partie des États-Unis.

— Oui, je sais, a-t-elle répondu. Pour le moment. »

Un par un, les comédiens se sont présentés. Maintenant que tout le monde se connaissait, la pièce pouvait débuter. On penserait volontiers que les diarrhées infantiles et les infections respiratoires constituent des sujets qu'il n'est pas évident d'aborder sur une scène de théâtre, mais les *Te Iitibwerere* ont fait face à ce défi avec brio, peut-être parce que, aux Kiribati, la diarrhée et les infections respiratoires sont au centre de drames quotidiens, mais peut-être aussi parce que la tradition orale, sous forme de récits et de chants, est encore le principal moyen de transmettre le savoir dans ces îles. Il n'y a pas d'écrivains aux Kiribati. Bien que la population soit plutôt bien alphabétisée, elle n'a rien d'autre à lire que ce que lui fournissent les différentes Églises, ce qui veut dire qu'à peu de chose près, tout ce qu'elle sait d'elle-même est transmis oralement. D'où la pertinence d'une pièce sur la colique. À New York, les pièces de théâtre dissèquent l'ennui de la vie contemporaine ; aux Kiribati, elles explorent l'art de la réhydratation. L'auditoire a laissé fuser des rires entendus, a opiné d'un air sagace, ce qui a fait très plaisir à Sylvia. C'est une chose que d'être assise dans un bureau climatisé de Washington, occupée à scruter des milliers de pages pleines de jargon en vogue — « il faut disséminer le savoir en ligne » — et c'en est une tout autre de se trouver dans un village au bout du monde, en train de regarder les habitants recevoir les informations nécessaires à leur santé d'une manière intelligente, efficace, aisément compréhensible, dans la langue de tous les jours. S'il s'était agi d'un programme sanitaire financé par la Banque mondiale, on aurait dépensé des millions de dollars et même davantage sous forme de consultants et de voyages aériens en classe affaires, pour accoucher d'un rapport publié quatre ans plus tard, recommandant aux I-Kiribati d'édifier un barrage.

Tandis que les comédiens et les anciens du village échangeaient une nouvelle tournée de discours, on a apporté le déjeuner au centre du *maneaba*, où il est resté intact pendant un long moment. Un très long moment. Des mouches, d'une taille impressionnante, grouillaient au-dessus des aliments. Une demi-douzaine de femmes agitaient mollement les mains au-dessus d'assiettes en plastique qui n'importe où ailleurs auraient été considérées comme jetables, mais qui aux Kiribati seraient réutilisées jusqu'à la nuit des temps. Il y a eu un rab de discours. On a remercié Sylvia d'avoir offert vingt dollars pour contribuer à la préparation du repas. Quelques chansons ont été chantées à pleine voix. On a posé sur nos têtes des guirlandes et des couronnes de fleurs. On nous a saupoudré le cou de talc. On a vaporisé du déodorant *Impulse* sous nos aisselles. Et enfin, nous avons pu commencer à manger. Ah, non… un dernier discours. Un des anciens, un homme au doux visage de pleine lune, nous a expliqué qu'on ne nous attendait que pour le lendemain — ce sont des choses qui arrivent, il n'y a qu'un seul radio-téléphone sur Butaritari —, alors on espérait que nous voudrions bien excuser la simplicité du repas. Ne vous en faites pas, avons-nous répondu. Ce sera sûrement délicieux. Nous nous trompions.

Vous êtes-vous jamais demandé quel goût avait une anguille aussi grosse qu'un python ? Ah non ? Écoutez, je peux vous certifier que c'est le mets le plus abominablement répugnant jamais consommé par des êtres humains. De la graisse de poisson, bouillie et gluante, qu'il a bien fallu avaler, étant donné que, selon la coutume, le village entier nous regardait silencieusement déguster notre repas et que tout le monde serait sans doute offensé si nous laissions les nausées avoir le dessus. Pendant dix longues minutes, le village n'a rien fait d'autre que de nous tenir à l'œil. Quelques hommes se rasaient en nous observant. Avec leur machette. Ce sont des durs, ces gens-là, je vous le dis. C'est tout à fait *kang-kang*, avons-nous minaudé, alors qu'une nouvelle douzaine de mouches venait se poser sur les morceaux d'anguille que nous tenions à la main. Et puis enfin, les anciens du village, les hommes, les enfants et les femmes, dans cet ordre, se sont mis à manger, et maintenant que je n'étais plus le centre de l'attention, j'ai commencé à déposer discrètement derrière moi le contenu de mon assiette, en guise de cadeau pour les chiens galeux qui se tenaient sur le pourtour du *maneaba*.

Puis nous avons dansé. Aucune description ne saurait exagérer l'exubérance avec laquelle les I-Kiribati dansent, comme nous avions déjà pu le constater lors du Concours interministériel de chants et de danses. Toutefois, la danse qui fait naître chez les insulaires un grain de folie, c'est *te twist*. Quelle que soit l'heure, du jour ou de la nuit, à laquelle a lieu une réunion au *maneaba*, le moment vient toujours où l'on ramène à la vie le générateur du village, afin qu'il déverse son énergie dans un radio-cassette-CD japonais, et avec une stupéfiante rapidité, toutes les anciennes coutumes disparaissent pour être remplacées par l'atmosphère trépidante d'une disco en plein air, qui s'emploie non pas à nourrir les passions sexuelles, mais plutôt à propager l'imbécillité la plus éhontée. C'est le summum de l'impolitesse que de dire non à quelqu'un qui vous invite à danser *te twist* et, comme nous étions, Sylvia et moi, ce qui se faisait de plus exotique en matière d'invités, nous avons été assaillis d'invitations : Sylvia de la part des beaux jouvenceaux du village et moi de la part des vieilles tantines. Au son d'une musique pop tendance océan Pacifique et de l'inusable *La Macarena*, nous avons twisté, décrit des moulinets, joué des hanches et des épaules. Pendant que nous dansions, quelqu'un a été assez attentionné pour nous vaporiser avec son déodorant *Impulse* et nous faire pleuvoir du talc dans le cou. La tantine avec qui je dansais m'a incité à me montrer de plus en plus imbécile et, au moment où j'entamais une série de mouvements extrêmement proches de ceux d'un poulet tout étonné d'avoir perdu sa tête, des femmes surgissant de tous les coins du *maneaba* se sont ruées sur moi, comme les troisième ligne d'un pack de rugby, me happant dans de féroces étreintes. Elles étaient sacrément gaillardes, ces gueuses. Je n'étais peut-être plus aussi bien en chair que je l'avais été, mais je n'étais en aucune façon une demi-portion et pourtant elles m'ont fait valdinguer comme une poupée de chiffon. Plus tard, une fois sorties du *maneaba*, les comédiennes de notre troupe ont expliqué à Sylvia que c'était une méthode assez risquée, mais néanmoins pratiquée de temps à autre, pour faire savoir qu'un homme était à leur goût.

« Tu aurais dû leur taper dessus, lui a dit Tawita. Il y a des femmes qui leur auraient bouffé le nez, si elles avaient fait une chose pareille à leur mari. Tu devrais au moins exiger des nattes et des bananes.

— Tu rigoles ou quoi ? s'est écriée Sylvia. Tu n'as pas vu la façon dont elles l'ont bousculé ? Non, moi, je ne m'en mêle pas. Elles peuvent bien lui faire ce qu'elles veulent. »

À Butaritari, nous avions l'impression d'avoir découvert le véritable bout du monde, l'endroit où l'on savait que juste au-delà de l'horizon les navires allaient basculer dans le vide. De telles illusions vous venaient toutes seules, lorsqu'on laissait son regard se perdre dans cette immensité bleue et qu'on se disait que derrière soi, il n'y avait guère qu'un mince ruban de terre séparant l'océan du lagon. Cependant, tandis que nous parcourions l'atoll d'un bout à l'autre, sur des bicyclettes d'emprunt (la chaîne de l'une avait préféré s'absenter, l'autre n'avait pas de freins, ce qui n'avait aucune importance sur cette île bien plate), contemplant les hommes qui pêchaient et les femmes qui s'occupaient de leurs jardins, sans parler des enfants qui nous observaient timidement depuis les hauteurs que leur offraient ces cocotiers auxquels ils grimpaient avec une telle aisance, il nous semblait parfois que les rythmes de la vie étaient entièrement concentrés sur Butaritari et que le reste du monde, l'univers des continents et des grandes métropoles, n'existait que sous la forme d'un rêve lointain. Mais le reste du monde avait pris pied sur Butaritari, bien sûr. Quand Robert Louis

Stevenson s'y était rendu, en 1889, l'île n'était guère qu'un royaume dissolu, gouverné par l'alcool, les armes à feu, les négociants meurtriers et les missionnaires assiégés. Stevenson, toutefois, en fut très vite réduit aux éternelles lamentations des *I-Matang* coincés sur un atoll : « Il me semble que je me mettrais à pleurer devant un plat de navets », écrivit-il dans une lettre. Et ailleurs : « J'avais appris à faire fête à la chair du requin, parce qu'elle offrait un peu de variété ; et une montagne, un oignon, une pomme de terre irlandaise ou un bifteck, étaient depuis longtemps perdus pour mes sens, mais chers à mes aspirations. » Dans quel autre endroit du monde, les privations sont-elles restées aussi constantes ?

La plus profonde incursion du monde extérieur à l'époque moderne a eu lieu au moment de la Seconde Guerre mondiale. Dans un premier temps, peu après l'attaque contre Pearl Harbor en 1941, les Japonais avaient établi une garnison à Butaritari. Les îles Gilbert, et Tarawa tout particulièrement, faisaient partie intégrante de la périphérie défensive établie par le Japon autour de ses conquêtes dans l'Est et le Sud-Est asiatique. En 1943, les marines américains anéantirent les forces nippones au cours d'une bataille immortalisée sous le nom de bataille de Makin.

Après la guerre, les missionnaires revinrent, et Butaritari réintégra le giron colonial sous domination anglaise, mais à la différence des autres îles des Kiribati, où l'Amérique et son folklore n'ont guère de retentissement, Butaritari conserva une vive affection pour les États-Unis. Par le plus grand des hasards, notre visite a coïncidé avec les célébrations commémorant l'anniversaire de la bataille de Makin. Elles devaient avoir lieu dans le village d'Unkiangang, et le matin du jour de la fête, nous avons couvert à pied les trois bons kilomètres qui nous en séparaient, fort désireux d'assister à la cérémonie. Nous sommes arrivés juste à temps pour assister au concours de marche au pas. Entre l'école et le vaste *maneaba* d'Ukiangang, il existe une clairière qui fait office de place du village et là, des douzaines d'enfants défilaient en formation — droite, gauche, droite, gauche — passant devant le portrait d'un GI grassouillet et bienveillant, qui accueillait les insulaires sortant de leurs abris, et devant des centaines de spectateurs en pleine effervescence, qui se tordaient de rire chaque fois que l'équivalent du sergent-major lançait des ordres — « Oouuahh èèhh, oouuahh ôohh » — avec une exagération digne des Monty Python. Il m'a semblé que tout le monde portait un tee-shirt aux connotations américaines. *Monster Truck Madness*, disait l'un. *Mes parents sont allés à Reno et tout ce que j'ai eu c'est ce tee-shirt minable*, précisait un autre. Monsieur *C'est-la-merde* était parmi nous. Et une fois de plus, j'ai été sidéré de constater à quel point les articles vestimentaires circulaient aux quatre coins du monde. Ils auraient pu en raconter des histoires, tous ces tee-shirts. Un vieil homme, vêtu d'un tee-shirt élimé de l'US Marine Corps, s'est approché de nous pour chanter à la perfection *The Battle Hymn of the Republic*. Il l'a débité d'un bout à l'autre, de Tripoli à Montezuma, comme dit l'hymne des marines américains. En dehors de ça, il ne parlait pas un mot d'anglais.

Avec la chaleur de midi, les festivités n'ont pas tardé à se déplacer vers l'ombre qu'offrait le *maneaba*. Il s'agissait principalement de danses traditionnelles et, en regardant les danseurs et danseuses frémir, se balancer, onduler à qui mieux mieux, j'ai constaté, une fois de plus, à quel point les filles de ces îles pouvaient être belles et je me suis dit : « Bon Dieu, elle va faire mal, celle-là, quand elle aura trois ou quatre ans de plus. » Et puis j'ai regardé celles qui avaient trois ou quatre ans de plus et j'ai commencé à me demander ce qui arrivait au juste aux jeunes filles I-Kiribati, entre les âges de seize et vingt ans, pour les empêcher, à quelques rares exceptions près, de devenir les belles femmes qu'elles auraient dû être. Tout à coup, une pensée m'est venue : les quelques mois que je venais de passer aux Kiribati n'avaient rien fait pour ma propre beauté. Sur ces entrefaites, on a vu s'avancer jusqu'au centre du *maneaba* un groupe de jeunes garçons qui n'inspiraient pas confiance. Ils portaient des shorts informes qui pendaient. Et des bandeaux autour de la tête. Ils affichaient des airs furieux et menaçants. Quelqu'un a branché une radio-cassette-CD et, à l'intérieur de ce *maneaba*, dans le village d'Ukiangang, sur l'île de Butaritari aux Kiribati, on a entendu Vanilla Ice. *Ice Ice Baby*. Les garçons dansaient avec cette espèce de dégaine « tagada-tsouin-tsouin-regardez-je-n'ai-plus-d'épaules » popularisée par le chanteur en question. J'ai jeté un coup d'œil aux *unimane*. Ces hommes étaient capables de vous réciter leur généalogie en remontant cinq cents ans en arrière, voire davantage, ils savaient déchiffrer l'eau et le ciel, construire un édifice de la taille du *maneaba* sans utiliser un seul clou, bref, ils savaient comment survivre sur un atoll équatorial à l'autre bout du monde. Que diable allaient-ils penser de cette soudaine intrusion de la chanson la plus atroce jamais enregistrée — bien pire, infiniment pire que tout ce qu'a pu enregistrer Yoko Ono —, une chanson qui, j'ose le dire, est la quintessence de tout ce qu'il y a de méprisable et de banal dans la civilisation occidentale ? Eh bien, je suis navré de vous faire savoir que les *unimane* ont été ravis d'entendre *Ice Ice Baby*. Ils ont souri, scandé la musique en agitant la tête, regardant d'un air béat leurs petits-fils se dandiner comme des jeunes souteneurs à la coule.

J'avais envie de hurler : *Arrêtez-moi ces conneries tout de suite ! Faites-moi confiance ! C'est pour votre bien !* Mais je me suis retenu et j'ai formulé en silence une fervente prière pour que ce bref interlude reste sans suite.

Nous devions passer une semaine à Butaritari, mais comme nous le redoutions, tout en nous y attendant à moitié, notre séjour s'est prolongé. Indéfiniment. L'unique radio de l'île a, en effet, annoncé qu'Air Kiribati n'assurerait pas son vol hebdomadaire entre Tarawa et Butaritari. Personne ne paraissait savoir quand les vols reprendraient, ni — ce qui était plus inquiétant — pourquoi celui que nous devions prendre avait été annulé. Quelquefois, des mois entiers pouvaient s'écouler avant la reprise de certains vols pour une des îles extérieures. Donc nous avons attendu. En rongeant notre frein.

Rester en souffrance sur une de ces îles n'a vraiment rien de romantique. On se sent coincé, privé de toute espèce de choix, et c'est alors que notre nervosité d'Occidental refait surface, une caractéristique dont nous pensions nous être débarrassés depuis longtemps. Nous avons commencé à nous sentir profondément contrariés par l'inefficacité propre au Tiers-Monde. Nous n'en finissions plus de critiquer l'indolence et l'incompétence qui sont les deux principaux traits de caractère des hommes en place dans ces régions. Sylvia s'inquiétait pour les affaires urgentes à régler et le temps de travail perdu. Et moi… moi, non. Néanmoins, nous boudions comme des enfants gâtés, refusant de quitter notre gîte et préférant chercher une évasion dans nos lectures.

À mesure que les jours passaient, l'île a commencé à nous paraître stagnante et immobile, rien ne semblait bouger, ni changer, en dehors de nos perceptions, car à nos yeux Butaritari, la langoureuse, l'insouciante, n'était plus le paradis idyllique de nos imaginations. Les sourires et les regards appuyés que nous adressaient les habitants ne nous semblaient plus charmants, ni amicaux. Nous savions que nous suscitions une vive curiosité et nous avons bientôt eu l'impression d'être des bêtes curieuses exhibées au milieu d'une foule, afin de distraire les populations. Lorsque nous allions nous asseoir devant notre gîte pour lire, des douzaines de personnes s'arrêtaient pour nous regarder faire. Nos sourires devenaient figés, comme ceux des masques de carnaval. Nous n'étions même plus capables de voir la beauté de l'île. Les arbres nous paraissaient lointains et moqueurs, l'océan était une barrière nous séparant de nos vies quotidiennes. Nous avions, momentanément, perdu notre sens du fatalisme et notre goût de l'absurde.

L'avion a quand même fini par arriver, avec cinq jours de retard, tombant des nuages comme une fiente, par un jour de tempête où le vent faisait ployer les cocotiers qui bordaient de part et d'autre ce que l'on appelait, faute de mieux, la piste d'atterrissage, et où les averses frappaient le sol avec toute la véhémence d'un feu de mitraillette. Le représentant d'Air Kiribati sur Butaritari, que nous avions trouvé la veille au soir vautré sur la route, n'ayant pas su estimer quelle quantité de *sour toddy* il fallait pour parvenir au stade de l'ivresse totale, ou peut-être ayant su l'estimer à la goutte près, a néanmoins surveillé avec avidité la pesée préalable à l'embarquement, l'œil chassieux, acceptant tous les excédents de bagages et empochant l'argent qui contribuerait sans aucun doute à lui assurer sa ration d'alcool de l'après-midi. Notre pilote, la seule et unique femme employée par Air Kiribati, ce qui n'est peut-être pas anodin, à moins que ça ne le soit, a quand même fini par renâcler en sentant son appareil frémir sous le poids de la moto qu'on insérait à bord avec la plus grande difficulté. Lorsqu'on a enfin fermé les portes, l'air était chargé d'une puanteur de corps ruisselants de sueur, de bananes bien mûres et de poisson cru. Bientôt, cependant, les fissures et les interstices qui trouaient le fuselage permettraient à une brise fraîche et revigorante d'envahir la cabine. Ce vol allait être le pire vol de ma vie, et si je n'ai pas totalement succombé à la panique et au mal de l'air, ce ne peut être que pour une seule raison : nous rentrions chez nous.

18

Où l'auteur raconte la bataille de Tarawa,
aujourd'hui oubliée en Amérique, parce que
l'Amérique est du genre pays d'aujourd'hui,
voire quelquefois pays de demain,
mais bien rarement pays d'hier, et ne s'attarde
donc pas sur la mort des soldats du passé,
ce qui est impossible à Tarawa.

On dit souvent que les Américains n'ont aucun sens de l'histoire. Demandez à un étudiant qui était Jimmy Carter et il vous répondra sans doute que c'était un général de la guerre de Sécession, qui a eu lieu en 1492, après que des citoyens américains ont déversé des tonnes de thé dans le golfe du Tonkin, ce qui a déclenché la Première Guerre mondiale, laquelle s'est achevée par l'invasion de l'île de la Grenade et le développement de la presse à coton. Pour ne rien vous cacher, une telle réponse m'en boucherait un coin. Dans la vraie vie, la réponse serait plutôt : *Tout le monde s'en fout !*

Dans d'autres pays du monde, les gens connaissent un peu mieux l'histoire américaine. Ils savent, par exemple, en quelle année précisément la CIA a renversé leur gouvernement. Aux États-Unis, en revanche, l'histoire est en grande partie enfouie sous la surface, abandonnée et reléguée à l'intérieur de manuels d'un ennui si mortel qu'on est bien obligé de conclure qu'ils ont été écrits par des créationnistes politiquement corrects, dont le seul objectif était de n'offenser personne. Et, bien sûr, ce n'est pas uniquement dans les manuels que l'histoire américaine a été expurgée. Cela fait plus de dix mille ans que notre contrée est habitée ; les Européens s'y baladent depuis le XVe siècle, ce qui fait quand même sacrément longtemps, selon n'importe quels critères. Et pourtant, en dehors de Boston — je n'arrive pas à trouver d'autre endroit —, on peine à citer un seul édifice antérieur au XXe siècle. En Europe, chaque ville possède un monument à la mémoire de ses fils tombés pendant les deux guerres mondiales. En Amérique, chaque ville possède un centre commercial. Il n'y a que dans les Grandes Plaines que l'on peut voir des vestiges révélateurs d'existences vécues et perdues, des vieilles fermes abandonnées où grincent des histoires oubliées, mais la seule raison pour laquelle ces planches sont encore debout, c'est que le paysage est si lugubre et si menaçant que personne d'autre depuis n'a eu envie d'y construire une maison. Non, plus jamais. Franchement — et loin de moi la pensée de faire de la peine aux bonnes gens du Dakota du Nord —, je n'arrive pas à croire que vous n'êtes pas encore tous partis.

Et même sur les terrains où de terribles événements ont eu lieu, par exemple les champs de bataille de la guerre de Sécession, où l'issue des combats a transformé le cours de l'histoire, l'endroit a le plus souvent été pomponné, dépoussiéré, verni, en sorte que le visiteur ne voit rien. Ainsi, à Manassas, je me suis trouvé devant un espace récemment tondu, une jolie ferme, un ravissant mur de pierre, mais surtout devant un lieu idéal pour un pique-nique. Je n'ai pas vu la bataille qui a coûté la vie à des milliers d'hommes. C'était trop propre.

Quel contraste avec Tarawa, où rien n'est propre ! En règle générale, c'était justement ce qui me hérissait. Il existe peu de spectacles aussi déprimants qu'une longue digue composée de détritus divers — vieilles voitures, vieux pneus, boîtes de conserve, barils de pétrole, et j'en passe — fendant en deux un lagon couleur d'émeraude. C'était pourtant ce qu'on pouvait faire de mieux avec les débris du monde des *I-Matang*. Dans les pays continentaux, une fois qu'elle a été retirée de la vue, une voiture hors d'usage est vite oubliée. Mais sur Tarawa, rien ne peut être hors de la vue. Si la nature ne dévore pas les détritus, ils restent sur l'île, le plus souvent là où leur existence d'objets utiles a pris fin. Et parmi eux, il faut inclure les vestiges de la bataille de Tarawa, une des plus sanglantes de la Seconde Guerre mondiale.

L'amiral japonais chargé de défendre l'atoll avait prédit qu'un million d'hommes et mille années de combats seraient nécessaires, avant qu'il ne soit possible d'en déloger ses soldats. En fait, cela prit trois jours à la deuxième division de marines. La bataille de Tarawa fut livrée sur le petit îlot de Betio, qui fait moins de deux kilomètres carrés et demi de superficie. Le 21 novembre 1943, les marines américains s'approchèrent de Betio sous le soleil matinal. Ayant mal évalué l'ampleur de la marée, ils ne purent traverser le récif dans leurs véhicules blindés de débarquement et durent parcourir cinq cents mètres dans l'eau à découvert, ce qui leur valut soixante-dix pour cent de morts et de blessés au cours de la première vague d'attaque. Il y avait quatre mille trois cents soldats japonais à Betio, ainsi que plusieurs centaines de travailleurs coréens ; en l'espace de ces trois jours, tous perdirent la vie, à l'exception de dix-sept soldats qui se rendirent parce qu'ils étaient trop grièvement blessés pour continuer de se battre et ne trouvaient pas la force intérieure nécessaire pour se suicider. Les marines, eux, perdirent mille cent treize hommes. Aujourd'hui encore, quand on creuse de nouveaux puits, on trouve des cadavres. Et il y a aussi des engins qui n'ont jamais explosé. De temps à autre, on découvre une bombe. On apporte du port des conteneurs de la marine marchande que l'on empile très haut autour d'elle, afin de diriger l'explosion. Et puis après — BOUM.

Les traces de cette bataille existent aujourd'hui sous forme d'objets à l'abandon au milieu des paysages terrestres et marins, dénués de la pompe qui accompagne d'ordinaire les vestiges de guerre. Sur terre, la lessive est accrochée à des mitrailleuses antiaériennes. La tourelle d'un petit char gît, comme un détritus, dans une clairière où vont se nourrir cochons et volailles. Les blockhaus servent à la fois de poubelles et de toilettes publiques. Les gros calibres japonais restent entourés de sacs de sable, désormais pétrifié, à l'ombre desquels on joue au volley-ball. Sur le récif, les débris de la bataille perdurent sous forme de dangers sous-marins pour les bateaux. Côté océan, le récif est jonché de pièges à char, de munitions, des restes d'un avion Zéro japonais et d'un B-29 américain. Chacune de ces reliques marque l'endroit où un homme est mort et un autre homme a tué ; et du fait que rien ne les sacralise, ces traces de la guerre ne vous donnent pas assez de recul pour prétendre qu'il s'agit d'autre chose.

S'il existe une image indélébile de la bataille de Tarawa, c'est une photo de douzaines de marines morts, flottant dans les hauts-fonds juste au bord de ce qu'on appelait alors Red Beach II. J'ai souvent lancé ma planche à voile depuis Red Beach II. À vingt mètres de la plage, à peine, gît un véhicule de débarquement tout rouillé. Au bord du récif, on peut voir la cage thoracique brune d'un navire échoué depuis belle lurette, où les tireurs japonais abattirent jadis un par un les marines qui pataugeaient, nageaient ou flottaient vers une plage n'offrant pas le moindre abri. Un peu plus loin, il m'est arrivé de diriger ma planche au-dessus des ailes et du fuselage d'un B-29 Liberator. Quand je franchissais l'entrée du port, je me trouvais confronté aux carcasses rouillées de plusieurs véhicules de débarquement. Près de la plage, se trouvait un tank Sherman sur la tourelle duquel jouaient les enfants.

Sur l'atoll, la bataille de Tarawa est une partie de la vie quotidienne qu'il est impossible d'éviter. Je me suis souvent aventuré jusqu'à Betio, à la suite d'une rumeur assurant que l'on pouvait trouver des fruits frais dans tel ou tel commerce, et chaque fois je tombais sur une mitrailleuse antiaérienne, ou bien un blockhaus en béton, ou un morceau de char, et je me disais : *Ah oui, bien sûr, cinq mille cinq cents hommes ont été tués ici même.* Au bout de quelque temps, l'idée que Tarawa a été le site d'une violence inimaginable et qu'il serait bon de se le rappeler finit par s'infiltrer en vous. Cela me contrariait de me dire que parmi mes amis et relations américains, un seul avait entendu parler de la bataille de Tarawa et, comme par hasard, c'était justement un marine. Peut-être est-ce parce que je suis allé en Bosnie. Une fois qu'on a vu un jardin public transformé en cimetière, on comprend qu'il ne faut pas oublier les batailles.

Quelques monuments commémorent la bataille de Tarawa. Dans les années 1960, des soldats du génie naval américain, les Navy Seabees, ont commencé à travailler à une digue reliant Betio au reste de l'atoll, laquelle devait commémorer le fameux affrontement. Elle n'a jamais été achevée. Une autre guerre a éclaté et ces hommes ont été envoyés au Vietnam. Finalement, ce sont les Japonais qui ont mené à bien l'entreprise et la digue porte aujourd'hui le nom de Nippon Causeway (ou « digue nippone »). On trouve sur Betio deux autres monuments. L'un est un sanctuaire shintoïste, honorant les morts japonais et coréens. Tous les mois, un des ouvriers japonais travaillant dans le port vient l'entretenir : il le fourbit et il élimine les détritus et les mauvaises herbes. Ce monument est toujours d'une propreté impeccable. L'autre monument se dresse devant la mairie de Betio. C'est une capsule témoin en forme d'obélisque. Ici personne ne lutte contre les mauvaises herbes. Il y a un mât, mais pas de drapeau. On peut lire :

« Suivez-moi. »
2e Division des marines,
USMC

Bataille de Tarawa,
20 novembre 1943

À nos camarades des Marines
qui ont tout donné !
Le monde est libre grâce à vous !
Que Dieu tienne vos âmes en repos

1 113 morts 2 290 blessés

Le fer de lance de la victoire
lors de la Deuxième Guerre mondiale dans le Pacifique central
« *Semper Fideli* »

Et de l'autre côté :
Monument à la mémoire des marins, aviateurs,
chapelains, médecins et surtout
des membres du corps des Marines

30 morts 59 blessés

Scellée le 20 novembre 1987
Camp Lejeune, NC, USA.
À ouvrir le 20 novembre 2143
De notre monde au vôtre
La liberté par-dessus tout

Dans la maison voisine de celle où Sylvia avait grandi vivait un survivant de la bataille de Tarawa. À l'époque, elle n'en savait rien ; il était mort peu après qu'elle a terminé ses études secondaires. Ce n'est que lorsque ses parents ont expliqué à la veuve de ce monsieur que leur fille était partie s'installer à Tarawa que Sylvia a su qu'elle avait vécu pendant toutes ces années à deux pas d'un ancien combattant de cette bataille. Personne n'était au courant.

L'ancien marine n'en parlait jamais. Sa veuve a expliqué que dans les années qui avaient suivi leur mariage, il arrivait souvent à son mari de se réveiller au beau milieu de la nuit en hurlant, terrorisé, hanté par cette expérience. Mais il n'avait jamais rien dit. Les survivants eux-mêmes n'ont pas envie de se rappeler la bataille de Tarawa. Donc, tout ce qui reste de cet affrontement, ce sont ces ruines qui se délitent lentement sur un récif au milieu du Pacifique équatorial, tout près de la Nippon Causeway.

19

Où l'auteur, ayant commencé à avoir vent de rumeurs concernant de scandaleux événements à Washington, regrette soudain de se trouver dans une telle situation et un tel endroit du monde et ne songe plus qu'à se procurer des journaux à sensation, une télévision, une liaison Internet, mais tout lui est refusé.

Dans le domaine de la lecture, la situation était désespérée. J'avais lu de bout en bout tous les livres que nous avions apportés. J'avais lu aussi tous les livres de Mike. J'avais péniblement parcouru les maigres miettes littéraires laissées sur place par de précédents directeurs du FSP. J'ai lu un récit biographique des derniers jours de la famille Romanov. J'ai lu *Dune*. Puis je l'ai relu. Moi, mes lectures, je ne les aime ni trop sérieuses ni trop bêtes, un peu comme le livre que vous êtes en train de lire.

Mais un livre, on ne peut le lire qu'un certain nombre de fois, pas plus. Je suis tout à fait certain que j'ai été le seul homme du Pacifique à lire trois fois *De si jolis chevaux*[1] ; c'est d'ailleurs ce qui explique peut-être pourquoi, quand j'écrivais moi-même, je me retrouvais en train de pondre des phrases d'environ quatre pages chacune, pour retracer la chute triste, mais inévitable, d'une feuille morte. Plus troublante encore que la pénurie de livres, cependant, était l'absence totale de journaux et de magazines. À Washington, j'avais été accro à l'actualité, pour ne pas dire carrément obsédé. Au point d'avoir le sentiment qu'un dimanche n'était pas un dimanche si je ne l'avais pas passé enfoui sous vingt kilos de papier journal. Je lisais même *Parade*, c'est vous dire. Les jours de semaine, je commençais dès le matin à lire le *Washington Post*, puis le *New York Times* et enfin, du fait que je respectais le travail de ses journalistes sur les événements de Slovénie, le *Financial Times*. Qu'il s'agisse du débat sur la santé publique, de la course au fauteuil de gouverneur en Virginie-Occidentale ou des récents événements au Mali, j'étais informé de tout, et pas qu'un peu.

Mais à Tarawa, hélas !, je vivais dans un état d'ignorance inconnu des Occidentaux depuis la découverte du papyrus. Bien souvent, j'en étais réduit à solliciter le bon vouloir d'autres *I-Matang* : « Je suis prêt à t'échanger mon numéro de décembre 1978 du *Scientific American* — consacré à une grande nouveauté qu'on appelle "ordinateur" — contre ton *Newsweek* de mars 1986. J'aimerais bien revivre un peu l'affaire Iran-Contra. » À midi, j'allumais religieusement mon poste pour écouter le bulletin d'actualités en langue anglaise de Radio Kiribati. Je m'étais complètement entiché de la

1. Une œuvre de Cormac McCarthy, Actes Sud, 1993.

petite musique qui le précédait — c'était le thème principal de *Le Bon, la Brute et le Truand* —, mais le bulletin lui-même semblait fait tout exprès pour mettre en valeur l'importance de médias libres et indépendants. Invariablement, l'émission, contrôlée par le gouvernement, commençait par une annonce du genre : *On a pu constater que les récentes pannes d'électricité avaient été une véritable aubaine pour les magasins qui vendent des lampes à kérosène.* Après quoi, on passait directement à Radio Australia pour apprendre que : *Aujourd'hui à Wagga Wagga...*

Et ce n'était pas le journal bimestriel des îles qui risquait d'arranger les choses. On y trouvait une page consacrée à « Ce qui se passe dans le monde », où le gouvernement faisait paraître ce qu'il considérait comme les nouvelles internationales les plus importantes du moment. Un des gros titres caractéristiques de cette page était « Des pierres précieuses font vivre le souvenir de Diana ». Les I-Kiribati, en effet, n'étaient peut-être pas au courant de la fin de la guerre froide, ni même, à vrai dire, du fait qu'il existait quelque chose qu'on appelait le « froid », mais grâce à leur gouvernement, ils étaient parfaitement informés de tout ce qui touchait de près ou de loin à Diana. Moi, je ne me souciais plus guère de la princesse. Bon, elle était morte. Tournons la page. Mais le gouvernement, lui, ne voulait pas tourner la page ; donc tous les quinze jours environ, nous avions droit à un nouveau détail, totalement dénué d'intérêt, concernant la vie et la mort de la princesse Diana.

J'ai fini par limiter ma chasse à l'actualité au poste de radio ondes courtes que mon père, toujours sagace, nous avait offert en guise de cadeau d'adieu, lorsque nous étions partis pour les Kiribati.

Malheureusement, je n'arrivais pour ainsi dire jamais à trouver d'autres stations que Radio Bhoutan, ce qui en dit quand même long sur le degré extrême d'isolement qui caractérise ces îles. À l'occasion, il m'arrivait de choper cinq ou six minutes de la BBC, avant qu'elle ne s'abîme de nouveau dans le vide éthéré, et il est probable que je tombais en général sur les émissions diffusées à Londres pendant la nuit, car j'avais droit le plus souvent à des sujets du genre « Jardins du pays de Galles » ou « Chants folkloriques de Bolivie ». Je m'étais presque résigné à vivre dans un monde où l'actualité n'avait plus cours, lorsque je suis tombé sur une bribe de nouvelle qui m'a aussitôt donné un appétit d'ogre en matière de bulletins d'information, assortis de commentaires et de rumeurs en tout genre, à la suite de quoi je me suis lancé, aux petites heures du matin, dans de pitoyables tentatives pour passer au crible la fréquence des ondes courtes, en déplorant une fois de plus que mon univers ne soit pas occupé par CNN, par *Time*, par les journaux du dimanche américains, et tout particulièrement par la presse à scandale. Je voulais à n'importe quel prix quelques infos concernant une dénommée Monica.

Pour tout ce qui tient du grand spectacle, j'ai un faible qui ne date pas d'hier et je suis prêt à faire des pieds et des mains pour en épuiser les délices. J'ai donc sombré dans un violent désespoir à l'idée de rater toutes les croustillantes nouvelles liées à un scandale cochon entourant la Maison-Blanche, surtout ce scandale-là. Qu'il était donc délicieux ! Salace ! D'une bêtise à couper le souffle ! De temps à autre, au cours des heures précédant l'aube, je tombais sur la station « Voice of America ». Inévitablement, elle retransmettait le classement du hit-parade, confirmant ainsi que les services de propagande de notre pays restaient persuadés que la banalité la plus insipide était le meilleur moyen de captiver les cœurs et les esprits dans les autres pays du monde. Si ces gens tenaient absolument à rester au ras des pâquerettes, il me semblait que la scandaleuse affaire Clinton leur offrait d'infinies possibilités. Hélas, je suis navré de le dire, mais cette offre, « Voice of America » l'a refusée, préférant faire savoir aux autres habitants de la planète que c'était à travers les Backstreet Boys et Mariah Carey que l'on avait le plus de chances de comprendre les États-Unis.

Finalement, j'ai découvert que si je me branchais sur une fréquence bien particulière à six heures du matin pétantes, je serais en mesure d'entendre environ cinq minutes et demie du bulletin d'actualité de la BBC, *Newshour*, avant qu'il ne soit tout à fait parasité. Un présentateur a fait le résumé des événements de la journée — révolution en Indonésie, économie mondiale en chute libre, problèmes en Argentine. Bon, allez, vas-y, me suis-je dit. A suivi une analyse. Mais la BBC elle-même estimait que le scandale Clinton était assez important au niveau mondial pour faire partie des gros titres, donc pendant la minute et demie qui restait avant l'intrusion des parasites, j'ai écouté — notez bien que je ne veux pas en faire tout un fromage, parce que enfin je suis un homme adulte, qui connaît la vie, et non pas un potache —, j'ai écouté, disais-je, une correspondante de la BBC, dénommée… euh, Judy Swallow[1], expliquer les événements de la journée : *Aujourd'hui, l'Amérique entière parle d'un*

1. Le verbe *to swallow* signifie « avaler ».

cigare et d'une robe bleue tachée... et puis, crac, les parasites. Quel cigare ? Qu'est-ce qu'il a d'important, ce cigare ? Et cette robe bleue, pourquoi en parle-t-on ? Des taches de quoi ?

C'était à devenir fou.

Bien résolu à obtenir davantage d'informations, j'ai décidé un jour de m'abonner au *New Yorker*. Je savais, bien sûr, que plusieurs mois s'écouleraient avant l'arrivée du moindre magazine, mais je me suis dit que si quelqu'un me postait chaque numéro, certains d'entre eux finiraient par atteindre Tarawa. J'étais disposé à attendre. Certes, le temps de parvenir jusqu'à moi, ces magazines seraient tout à fait dépassés sur le plan de l'actualité. Mais pour moi, les nouvelles seraient quand même fraîches. Je ne savais rien, moi. À Tarawa, il n'y avait guère que quelques douzaines de maisons qui avaient le téléphone et nous figurions parmi les veinards qui habitaient l'une d'entre elles. J'ai donc appelé le service des abonnements internationaux du *New Yorker*.

« Bonjour. J'aimerais m'abonner au *New Yorker*, s'il vous plaît.

— Votre nom ? » a demandé une voix ténue dans un crépitement de parasites.

Je le lui ai donné.

« Numéro de téléphone ?

— 28657. »

Il y a eu un silence.

« Je n'ai pas assez de chiffres, monsieur, a signalé la voix.

— Euh, je n'en ai pas d'autres à vous proposer. Je vous appelle d'un petit pays, un tout petit pays.

— L'ordinateur refuse de continuer si je n'ai pas rempli toutes les cases.

— Il vous en manque combien, de chiffres ?

— Cinq.

— Bon, alors, marquez 28657-00000.

— Adresse ?

— Boîte postale 652, Tarawa, république des Kiribati.

— J'ai besoin d'un nom de rue, monsieur.

— Il n'y en a pas. Il n'y a qu'une seule rue, ici. »

Nouveau silence.

« L'ordinateur refuse de continuer si je n'inscris pas un nom de rue.

— D'accord. Mettez "Grand-Rue".

— Très bien, monsieur. Vous avez dit "Tara-quelque chose". C'est une ville ?

— Non, c'est une île.

— Il me faut une ville.

— Il n'y en a pas sur notre île.

— L'ordinateur refuse de...

— Mettez "Bikenibeu".

— Bikeni-quoi ?

— B-I-K-E-N-I-B-E-U.

— Très bien. Quel État ?

— Madame, il n'y a pas d'États ici. Ni de villes. Ni de rues. Il n'y a que des îles.

— Il me faut un État, monsieur. L'ordinateur refuse de continuer...

— Mettez T-A-R-A-W-A.

— Pays ?

— Kiribati.

— Kiri-quoi, monsieur ?

— K-I-R-I-B-A-T-I.

— Désolée, monsieur, mais je ne trouve pas ce nom dans ma banque de données.

— C'est un pays indépendant. Il existe depuis presque vingt ans. Vous n'allez pas me dire que la banque de données du *New Yorker* n'a pas été mise à jour depuis vingt ans.

— Le nom n'y figure pas, monsieur. Y en a-t-il un autre que je pourrais essayer ?

— Essayez Gilbert Islands.

— Ah, oui, j'ai Ocean Island, Gilbert and Ellice Islands.

— Ça ne fait jamais que soixante-dix ans qu'Ocean Island ne s'appelle plus Ocean Island, mais Banaba.

— Bana-quoi ?

— Quant aux Gilbert and Ellice Islands, elles forment désormais deux pays différents. Les Gilbert Islands font partie des Kiribati, alors que les Ellice Islands s'appellent aujourd'hui Tuvalu.

— Tuva-comment ?

— Aucune importance. Allons-y pour le nom colonial.

— Très bien, monsieur. Je vais vous répéter vos coordonnées. Votre adresse est : Boîte postale 652, la Grand-Rue, Bikenibeu, Tarawa, Ocean Island, Gilbert and Ellice Islands. Numéro de téléphone : 28657-00000. C'est bien cela ?

— Oui. Enfin, non. Combien cela va-t-il coûter précisément pour faire envoyer le *New Yorker* jusqu'à la mauvaise île dans le mauvais pays ?

— Voyons. Vous n'êtes pas en Europe ?

— Non.

— Ni en Asie ?

— Non.

— Ni en Amérique latine ?

— Non.

— D'accord. Donc, vous êtes dans Autres. »

Elle a alors énoncé un chiffre mirobolant. Déjà, l'appel téléphonique, à lui seul, me coûtait l'équivalent du PNB des Kiribati. J'aurais pu m'abonner quand même, si j'avais été un fonctionnaire colonial britannique résidant sur Banaba en 1910, mais ce n'était pas le cas, et il m'a paru imprudent de dépenser une fortune pour recevoir un magazine dont les employés ne croyaient pas plus que ça à l'existence des Kiribati.

Ayant dû renoncer à cet abonnement, je me suis rabattu sur les autres *I-Matang* de l'île. La plupart étaient australiens. « Qu'est-ce qui vous est revenu aux oreilles ? ai-je demandé. C'est quoi, cette robe bleue ? »

À chaque fois, les Australiens commençaient par s'écrier : « Les Américains sont tellement pudibonds...

— Ouais, ouais, ouais, m'écriais-je. Tout ce que vous voudrez. Allez, dites-moi tout ce que vous savez. »

Ils ne savaient rien.

« Je vais voir ce que je peux découvrir, a proposé Sylvia. J'ai rendez-vous avec une consultante britannique demain. » Sans être aussi obsédée que moi par le récent remue-ménage à Washington, Sylvia laissait percer une évidente curiosité. C'était quand même son président qui était en cause.

« Bon, je lui ai demandé ce qu'elle savait du cigare, m'a-t-elle annoncé le lendemain.

— Et alors ? ai-je questionné, bavant littéralement d'envie de savoir.

— Elle n'a pas voulu me le dire, mais elle était rouge comme une pivoine.

— Rouge comme une pivoine ? Tu veux dire que c'est une histoire qui peut faire rougir ? Mais qu'est-ce qu'il a donc fait avec ce cigare, Bill Clinton ? Ah non, je n'en peux plus ! »

J'essayais de m'imaginer ce qui devait se passer en Amérique. Le scandale Clinton à la télévision vingt-quatre heures sur vingt-quatre et sept jours sur sept. Dans la presse, des titres non pas gros, mais énormes. Des rumeurs plein Internet. Des articles de fond, dans les magazines, quant à ce qui en résulterait pour les États-Unis. Les républicains occupés à saliver. Ah, comme j'aurais voulu être là-bas ! Au lieu de quoi, j'étais au bord d'un récif, sous la lumière blanche d'un million d'étoiles, en train de regarder les pêcheurs de nuit patrouiller le récif en quête de pieuvres, tandis que je tournicotais les boutons de ma radio ondes courtes, rêvant de tomber avant toute autre chose sur un monologue de Jay Leno[1].

1. Humoriste américain, présentateur du *Tonight Show*, sur NBC.

20

Où l'auteur fait un petit topo de l'industrie de l'aide étrangère, dont les émissaires, ou consultants, arrivent tous les mois, pour peu que les services aériens le leur permettent, afin de faire l'article en faveur de modèles de développement durable qui ont marché comme sur des roulettes en Afrique, puis fait suivre ce petit topo de quelques pensées concernant la menace rouge à Tarawa, à savoir les sinistres agents de la Chine, dont les complots néfastes ont été déjoués à d'innombrables reprises par la séduisante amie de l'auteur, laquelle s'est lancée dans la magie noire de l'art de l'espionnage, oui, dans un jeu périlleux, un jeu qu'elle ne maîtrisait pas du tout, ce qui a eu pour résultat direct l'envoi à Washington de certaines informations erronées, et pour résultat indirect Dieu sait quelles conséquences imprévues dans les relations sino-américaines.

J'ai décidé de diversifier ma carrière littéraire plutôt que de m'en tenir aux romans. De temps à autre, je soumettais quelques miettes de mon art à Sylvia. Elle se montrait extrêmement positive. « Euh… oui, c'est très… descriptif », a-t-elle dit après avoir lu un passage dans lequel je décrivais un arbre et qui m'avait bien coûté six semaines de travail. Mais le jour où elle m'a déclaré, de la manière la plus encourageante qu'elle ait pu trouver, que mon protagoniste, le héros de mon livre, évoquait pour elle « la caricature d'une gargouille », j'ai su qu'il était temps d'élargir mon champ d'action. J'ai accepté de relire des documents et de les mettre en forme pour le compte de l'industrie locale de l'aide étrangère.

En une semaine passée à remanier une « étude de faisabilité », j'ai gagné plus que l'I-Kiribati moyen ne gagnait en un an. Cette étude, financée par la FAO à Rome, recommandait la mise en œuvre d'un projet visant à installer à Butaritari de petites exploitations maraîchères familiales, dont les légumes seraient vendus à des grossistes de Tarawa, lesquels les revendraient aux coopératives qui pourraient alors les proposer aux consommateurs de notre atoll. Sans doute l'idée a-t-elle paru raisonnable à des gens occupés à siroter un expresso à Rome. Inutile de dire qu'on ne se penchait jamais vraiment sur la façon dont ces marchandises périssables, en provenance d'une île où il n'y avait ni électricité ni réfrigérateurs, seraient transportées. Par avion ? Par bateau ? L'auteur de l'étude avait-il jamais mis les pieds aux Kiribati ? Il n'était pas question non plus de tout ce que sous-entendait la culture du *bubuti*. À quoi cela sert-il de travailler plus dur pour gagner davantage d'argent, si l'on est en définitive obligé de remettre ses bénéfices à tous ceux qui vous les demandent ? L'étude ne paraissait pas non plus s'intéresser à la problématique des prix, puisque pour que le projet fût rentable, il aurait fallu que le consommateur à Tarawa soit prêt à débourser dix dollars pour une seule tomate. Non, concluaient les auteurs, voilà un excellent projet. Allez, finançons-le.

Ben voyons ! Je n'ai pas tardé à découvrir que les plus grands bénéficiaires de l'aide fournie par les *I-Matang* n'étaient autres que des *I-Matang* justement, et j'étais passablement euphorique à l'idée d'avoir enfin ma part du gâteau. Parce que ça faisait drôlement longtemps que je n'avais pas eu l'occasion de palper un seul dollar. Dans un univers parallèle, ma carte de crédit n'était plus approvisionnée et je devais rembourser des prêts qu'on m'avait consentis pour terminer mes études, mais cet univers était loin, bien loin de Tarawa. Ici, personne ne m'appelait pour me signaler que la date du remboursement était échue. J'avais disparu de cet univers et je ne lui accordais plus la moindre pensée.

Il n'empêche. Nous avions beau n'avoir aucun besoin de quelques dollars supplémentaires, ma fierté m'obligeait, du moins de temps en temps, à gagner un peu d'argent. Je faisais tout mon possible pour aider Sylvia dans son travail. D'ailleurs, à Tarawa, on me connaissait sous le sobriquet de « mari FSP ». Mais, par-ci, par-là, je prenais plaisir à voir un chèque à mon nom. Donc je remaniais.

Cela m'a fourni, en outre, un intéressant point de vue d'où observer l'industrie de l'aide étrangère aux Kiribati. Aujourd'hui encore, je reste éberlué par l'attitude des Nations unies. Jamais je n'ai rien compris à leurs façons de faire. Tous les quelques mois, Air Nauru déposait sur notre atoll une nouvelle brochette d'employés de cette organisation, vêtus à la dernière mode, lesquels passaient presque tout le temps de leur séjour à critiquer les I-Kiribati. « Les gens d'ici sont tellement sales », m'a dit une Nigérienne, en nouant autour de son cou un carré Hermès. Elle était venue afin d'améliorer la situation des femmes des Kiribati. « Mais comment faites-vous pour vivre ici ? » m'a demandé un Français aux mocassins ornés de glands, lorsqu'on lui a précisé que non, on ne pouvait pas lui servir de club sandwich. Lui, il était aux Kiribati pour remédier au sort des enfants.

Tous les soirs, faute de pouvoir regarder le journal télévisé, nous regardions défiler la parade des consultants qui s'abattaient sur Tarawa. Nous savions de quoi parlait la classe discoureuse de notre pays rien qu'en notant les causes que représentaient les consultants. Un jour, par exemple, une équipe de spécialistes antitabac est arrivée aux Kiribati. J'ai eu la chance de pouvoir les épier, mine de rien, au bar de l'Otintaii Hotel, où ils rencontraient des hauts fonctionnaires du ministère de la Santé, deux hommes aux visages sévères qui ont poliment opiné, en apprenant les sinistres desseins que nourrissait l'industrie du tabac vis-à-vis des Kiribati, et qui, dès que ces Occidentaux hargneux, mais bien portants, ont eu tourné le dos, se sont empressés d'ouvrir leurs boîtes de tabac irlandais et de se rouler des cigarettes avec des feuilles de pandanus, riant de bon cœur avant de passer aux affaires sérieuses de la soirée et de se mettre à boire. Ils connaissaient à coup sûr les chiffres de 1996, portant sur les principales causes de maladie aux Kiribati : à savoir 99 000 cas de grippe (laquelle avait tué près de deux pour cent de la population en 1983), 15 000 cas de diarrhée assez sérieux pour être signalés aux autorités médicales (y compris 4 500 cas de dysenterie, principalement parmi les enfants) et 44 nouveaux cas de lèpre. Il n'existait pas de statistiques relatives aux maladies et aux décès liés au tabac. Il n'y avait aucune raison de réunir ce genre de données. Personne ne vivait assez vieux pour succomber à un cancer du poumon ou à un emphysème.

Il existait, me semblait-il, un décalage considérable entre les diverses hantises des Occidentaux concernant la santé publique et les réalités du Pacifique. La diarrhée et les infections aiguës des voies respiratoires, par exemple, tuaient près de dix pour cent des enfants de moins de cinq ans. Seulement, les « *people* », eux, ne meurent pas de diarrhée. Elizabeth Taylor n'organise pas de soirées payantes au bénéfice des personnes qui ont la courante. Donc, l'argent s'en va plutôt vers le sida que vers les diarrhées enfantines. Qu'il en soit ainsi ! Si les généreux donateurs veulent aider à combattre le sida plutôt que la diarrhée et la malaria qui tuent infiniment plus de monde dans les pays en voie de développement, je me garderai bien d'émettre la moindre critique. Moi, je pensais que ce qu'on aurait pu faire de mieux pour lutter contre le sida aux Kiribati, ça aurait été d'apporter une banane et un préservatif à l'école de la marine marchande, où les jeunes hommes des Kiribati apprennent ce que doit savoir l'équipage d'un cargo, et de leur expliquer que quand ils arrivent dans un port, il vaut mieux s'abstenir d'aller trouver des prostituées, mais que s'ils ne peuvent pas s'en empêcher, ils doivent absolument mettre un préservatif, sans quoi c'est la mort assurée. Bon, voici un préservatif. Voici une banane. Voici comment ça marche. Coût total du programme ? Environ un dollar. Nombre de vies sauvées ? On ne peut pas les compter.

Toutefois, les pourvoyeurs d'aide étrangère ont d'autres idées. Au lieu d'instaurer un programme de prévention simplissime, on a transporté jusqu'à Perth, en Australie, les trois quarts des médecins des Kiribati, ainsi que la majeure partie des infirmières-chefs, et là, ils ont pu assister à un congrès de cinq semaines portant sur l'art et la manière de conseiller les gens en matière de sida — pas question de prévention, ni de traitement, non, juste des conseils. Coût total de l'opération ? Cent mille dollars. Nombre de vies sauvées ? Zéro. Je n'ai pu qu'imaginer l'entretien mettant en présence un médecin dispensant ses conseils et une femme contaminée par son mari parti travailler sur un cargo. *Bon, dites-moi, madame, êtes-vous blessée dans votre amour-propre ?*

Cependant, les I-Kiribati étaient, dans une large mesure, indifférents à la présence de ces étrangers sur leurs îles et au travail qu'ils y faisaient. La seule façon dont les consultants parvenaient à persuader quiconque d'assister aux ateliers grâce auxquels ils comptaient bien expliquer aux insulaires la meilleure façon de vivre sur un atoll, c'était de verser ce qu'on appelait par euphémisme un « droit de siège », autrement dit de soudoyer. Sur les îles extérieures, les volontaires étaient en général considérés comme les idiots du village, des êtres inoffensifs et rigolos, dont les étranges petites manies divertissaient les autochtones. À

Tarawa, la présence des *I-Matang* était encore assez rare pour que les habitants écarquillent les yeux et se mettent à pouffer chaque fois qu'ils en apercevaient un. Ou alors, ce n'était peut-être qu'en m'apercevant, moi, qu'ils écarquillaient les yeux et pouffaient. Toujours est-il qu'il me paraît équitable de dire que la présence de quelques étrangers parmi eux ne les intéressait guère. Jusqu'à l'arrivée des Chinois, bien sûr.

En effet, sans crier gare, nous a-t-il semblé, voilà qu'on a commencé à construire une nouvelle ambassade de Chine. Toute blanche, avec un toit en tuiles rouges et d'impénétrables fenêtres réfléchissantes. On aurait dit un croisement disgracieux entre une luxueuse demeure de Beverley Hill et un restaurant fast-food, tendance tex-mex. Devant, on a installé une espèce de vitrine, abritant une série de clichés industriels, sous ce titre étrange : « La Chine, amie de l'environnement ». L'ambassade a été intégralement édifiée par des ouvriers venus de la république populaire de Chine, lesquels ont utilisé des tonnes de rochers pris sur le rivage, ce qui n'est quand même pas très amical vis-à-vis de l'environnement, puisque cela favorise l'érosion et que, sur un atoll, on ne peut pas se permettre de plaisanter avec l'érosion.

Bientôt, la bibliothèque de Tarawa — un bâtiment d'une seule pièce où je me rendais parfois, afin de consulter la collection des *National Geographic* garantis d'époque, puisque c'étaient des vestiges des années coloniales, comme tout le reste des modestes collections de cet établissement —, la bibliothèque, donc, a entrepris de mettre en évidence, de manière quelque peu suspecte, les derniers numéros de *China Today*, *Beijing Review*, *China Pictorial* et *China's Tibet*.

Je me suis demandé ce qui pouvait intéresser les Chinois. Quelle raison saugrenue avait pu les inciter à installer une ambassade aux Kiribati ? Personne ne construisait d'ambassade à Tarawa. Et même les deux pays qui y avaient effectivement une ambassade n'y envoyaient qu'un personnel réduit au strict minimum. Quatre diplomates pour l'Australie. Et un seul pour la Nouvelle-Zélande, lequel était d'ailleurs responsable pour plusieurs autres pays.

Bientôt, le gouvernement des Kiribati a fait savoir qu'il avait accepté d'acheter un avion chinois, un Y-12. Tous les spécialistes de l'aviation du Pacifique, sans exception, étaient d'avis que les Kiribati auraient dû choisir un Twin Otter, un appareil sûr et fiable. La région tout entière utilisait ces avions, ce qui permettait d'avoir à proximité une réserve de pièces détachées. Mais non, le gouvernement avait décidé d'acheter un avion chinois, pour un prix que tout le monde jugeait exorbitant. À l'évidence, il y avait là-dessous des agissements on ne peut plus louches, mais lesquels ? Pour autant que je puisse en juger, le fait d'avoir vendu un avion à une nation d'une extrême pauvreté justifiait difficilement la construction d'une nouvelle ambassade.

Le gouvernement a ensuite annoncé son projet d'envoyer de jeunes ressortissantes des Kiribati à Hong Kong, où elles seraient employées comme domestiques pour quatre cents dollars par mois, ni logées ni nourries. Tiens, voilà que la Chine manquait de main-d'œuvre, tout d'un coup ! L'employeur en puissance pourrait choisir la jeune fille qui lui plairait le mieux, après avoir étudié une vidéocassette des candidates. À mesure que les détails du contrat se faisaient jour, stipulant par exemple que les jeunes filles n'auraient aucun recours si leurs employeurs les traitaient mal, le mauvais accueil que lui a réservé la population a obligé le gouvernement à y renoncer.

Néanmoins, le rabattage de prostituées travaillant contre leur gré, lequel figurait parmi les activités annexes les plus lucratives de l'Armée rouge, ne me paraissait toujours pas expliquer la nécessité d'avoir une ambassade. Ce n'est que quand le gouvernement des Kiribati a annoncé qu'il avait accepté de louer à la Chine un terrain sur lequel elle pourrait bâtir une station spécialisée dans la surveillance des satellites que les récents événements ont pris un sens. L'ambassade chinoise a déclaré que les installations ne serviraient que pour les satellites ayant des utilisations civiles, mais beaucoup de gens ont eu le plus grand mal à la croire. Pourquoi les Chinois empêchaient-ils les agents des douanes d'examiner les conteneurs apportant par cargo le matériel dont ils avaient besoin pour leur station ? Pourquoi le gouvernement des Kiribati leur permettait-il de le faire ?

Une fois que les Chinois ont eu commencé à construire leur station, au milieu d'un bosquet isolé de Temaiku, les rumeurs se sont déchaînées. Les Chinois importaient des armes à feu. D'ailleurs, un jeune garçon avait vu un Chinois monter à bord d'un autocar avec un fusil. L'ambassade avait un arsenal. Un sous-marin venait d'émerger à deux pas du récif, à Temaiku, par une nuit sans lune, afin d'approvisionner la station de surveillance en mystérieuses marchandises, que l'on soupçonnait encore une fois d'être des armes à feu. Et le fait que les Chinois, qui se comptaient à certains moments par douzaines, vivaient dans le plus complet isolement, n'était pas pour arranger les choses.

« Moi, j'ai peur de ces Chinois, m'a confié Tiabo. Ce sont des sales types. Ils ont des armes. »

« Moi, je n'aime pas les Chinois, a dit Bwenawa. Ils ne croient pas en Dieu. Ils se fichent pas mal des I-Kiribati. Et puis ils ont des armes. »

Même sur Radio Kiribati, on s'est senti obligé d'y aller de son commentaire. « Les rumeurs selon lesquelles les Chinois font venir des armes sont fausses », a déclaré un commentateur. Et pour le prouver, plusieurs *unimane* seraient autorisés à parcourir aussi bien l'ambassade que la station de surveillance des satellites.

Les *unimane* ont refusé. « Nous ne connaissons rien à toutes ces choses, ont-ils dit. Nous voulons que ce soient les *I-Matang* qui s'y collent. » Les Chinois, cependant, n'avaient aucune intention d'ouvrir leur ambassade et leur station de surveillance aux *I-Matang*. Ils n'y accueilleraient que des I-Kiribati d'âge vénérable.

« Je suis très inquiet, a commenté Bwenawa. Nous savons que la Chine a des ennemis et j'ai peur de ce qui arriverait à Tarawa si la Chine partait en guerre. Est-ce que les pays ennemis attaqueront Tarawa ? C'est déjà arrivé. »

Comme cela se trouvait, l'ennemi de la Chine — ou bien son partenaire stratégique, ça dépendait des semaines — était justement très occupé, non loin de Tarawa. Sur l'atoll Kwajalein, aux îles Marshall, les États-Unis se préparaient à tester leur nouveau programme de missiles défensifs. Un missile balistique intercontinental serait envoyé par l'US Air Force depuis la base Vandenberg, en Californie. Peu de temps après, un missile intercepteur serait expédié de Kwajalein. À mesure que la date approchait, on remarquait l'arrivée d'un nombre croissant de Chinois et, rien qu'à voir leur attitude pète-sec, je me suis dit qu'ils faisaient sans doute partie de l'Armée rouge. Une fois la mission américaine menée à bien, ils sont repartis. À l'évidence, la station de surveillance de Temaiku était un nid d'espions.

Sylvia et moi avons décidé qu'il fallait tirer l'affaire au clair. En catimini, nous nous sommes approchés de la station à bicyclette. Juste devant l'édifice, sur la plage, on pouvait voir d'énormes piles d'emballages en polystyrène que les Chinois avaient déposées là, une fois qu'ils avaient eu fini de construire la station. Dans les jours qui allaient suivre, ces emballages allaient parcourir l'atoll et le polluer, jusqu'au moment où l'océan finirait par les emporter à tout jamais. *La Chine : amie de l'environnement.*

La station proprement dite n'avait rien qui flattait l'œil. On aurait dit une petite école de campagne, avec des bâtiments de plain-pied et des toits en tôle. Les éléments les plus frappants étaient les énormes récepteurs satellites. Le complexe entier était entouré de fils de fer barbelés. Juste devant la barrière, nous avons mis pied à terre.

J'ai regardé Sylvia.

« Je crois qu'il le faut, ai-je dit.

— Tu es sûr ? a-t-elle demandé.

— Oui. C'est notre devoir.

— Tu as raison. C'est nécessaire.

— Libérez le Tibet ! » avons-nous braillé.

Et aussitôt de bondir sur nos vélos et de pédaler comme des forcenés avant qu'ils ne nous tirent dessus.

Très peu de temps après, Sylvia a été envoyée dans les États fédérés de Micronésie, où elle devait faire don de l'équipement hospitalier que le gouvernement des Kiribati avait refusé. Pendant qu'elle voyageait — et Dieu, que je l'enviais ! —, j'ai décidé d'aller manger mon poisson et mon riz à l'Otintaii Hotel, qui proposait une carte impressionnante, même si en définitive on était rarement en mesure de vous servir autre chose que du poisson et du riz. J'y ai passé mon temps à tenter de deviner qui représentait la fonction publique chinoise et qui n'était là que pour acheter des passeports I-Kiribati, petit trafic sournois, mais extrêmement lucratif du gouvernement de nos îles, surtout dans les mois qui ont précédé le retour de Hong Kong dans le giron chinois. Les Chinois originaires de Hong Kong se repéraient aisément. Les hommes faisaient étalage de leur pognon, et les femmes, qui n'avaient jamais entendu parler des mœurs locales, étalage de leurs charmes. La différence entre un négociant de Shanghai et un laquais de Beijing était plus subtile, mais c'étaient les souliers qui vendaient la mèche. Les bureaucrates portaient des sandales en plastique ; les négociants, du faux cuir véritable.

J'étais assis seul dans mon coin, lorsqu'un jeune Chinois m'a demandé s'il pouvait s'installer à ma table, car il n'y avait pas d'autre siège disponible. Il a pris place et, bien que son anglais fût hésitant et mon chinois inexistant, nous nous sommes mis à causer. Il était ingénieur, récemment diplômé de l'université de Beijing, et il était venu à Tarawa pour aider à achever la construction de l'ambassade chinoise. « Je veux construire le plus beau bâtiment des Kiribati », m'a-t-il déclaré. Il était très affable. Il m'a semblé curieux qu'il ait fait ses études à l'université de Beijing. Seule l'élite du pays la fréquentait, les enfants des chefs du Parti. Je l'ai questionné au sujet des manifestations de 1989, lorsque des milliers d'étudiants, dont beaucoup fréquentaient justement l'université de Beijing, avaient réclamé des réformes.

« Ils se trompaient, m'a-t-il assuré. La Chine est un très grand pays. »

Il paraissait fort mal à l'aise.

« Et le massacre de la place Tienanmen ? » ai-je insisté.

Sans lui laisser le temps de répondre, un Chinois plus âgé, un homme qui détenait manifestement une certaine autorité, a quitté la table voisine pour venir de façon délibérée éteindre sa cigarette dans le cendrier posé devant moi, sans quitter des yeux son jeune compatriote.

« Excusez-moi, a dit l'ingénieur. Je viens de voir un siège libre. »

J'ai passé le restant de la soirée tout seul.

Lorsque Sylvia est revenue, je lui ai narré l'incident. À l'évidence, le fumeur devait être un cadre politique. Je l'ai aussi mise au courant des dernières rumeurs. Il y avait un deuxième sous-marin. Et on avait repéré de nouvelles armes.

« Ah, chic. Voilà un surcroît d'informations à transmettre, s'est-elle écriée.

— Transmettre à qui ? ai-je demandé.

— À l'ambassadrice américaine aux îles Marshall.

— Attends, j'ai dû mal entendre. Tu renseignes les Américains sur les Chinois de Tarawa ?

— Hon-hon. Je l'ai rencontrée à Majuro et je lui ai dit tout ce que je savais.

— "Savais" n'est pas le mot. Tout ce que tu avais entendu dire, dans le genre rumeurs.

— Comme tu voudras. Elle a tout noté par écrit et m'a demandé de la tenir informée. »

Il me paraissait fort intéressant de voir Sylvia s'engager dans cette voie-là. Parmi tous les guides de voyage concernant le Pacifique, un seul mentionnait les Kiribati. Et cet ouvrage présentait le FSP comme une façade pour la CIA. Ce qui avait scandalisé Sylvia.

« Je croyais que tu voulais écrire à l'éditeur de ce guide de voyage, ai-je fait remarquer.

— Mais je vais lui écrire.

— Alors que tu espionnes pour le compte du gouvernement.

— Oui, mais c'est un secret. »

Quelques mois plus tard, quand l'ambassadrice américaine est arrivée à Tarawa, afin d'assister aux cérémonies marquant la fête de l'Indépendance — vraiment, une année entière était passée ? —, Sylvia lui a transmis les tout derniers renseignements concernant les activités chinoises aux Kiribati. Nouvel arrivage de sous-marins. Position précise de la chambre secrète à l'intérieur de l'ambassade. Solidité des défenses autour de la station de surveillance. Pots-de-vin aux membres du gouvernement pour les faire taire. Brusque effervescence dans les activités chinoises chaque fois que les Américains essayaient leur système de défense antimissile. Sylvia allait au fond des choses. Et d'ailleurs, elle ne s'est pas laissé décourager quand elle a su que la source des rumeurs concernant les sous-marins et les armes était un petit plaisantin *I-Matang*.

« Et alors ? m'a-t-elle lancé. Tu es bien d'accord pour dire que les Chinois profitent de leur station de surveillance pour espionner ce qui se passe sur Kwajalein ?

— Oui, tout à fait.

— Et d'accord aussi pour reconnaître que les Chinois soudoient le gouvernement d'ici ?

— Mais oui.

— Et tu conviendras que les Chinois sont les pires pollueurs de Tarawa ?

— Certes, même si je ne comprends pas ce que ça vient faire ici.

— Eh bien, moi, ça me déplaît, a dit Sylvia. Et si je peux leur compliquer un peu la vie, je ne vais pas me gêner. »

On ne se méfiera jamais assez de la fureur d'une écolo qu'on a fait sortir de ses gonds. C'est peut-être pour cette raison que, peu de temps après notre départ, quatre F-16 américains sont venus plusieurs fois survoler à basse altitude la station de surveillance des satellites. Manœuvre qui a peut-être incité les Chinois à abattre un avion d'espionnage américain au large de la côte de Chine méridionale. Je ne dis pas qu'il y a un rapport entre ces événements. Mais je ne dis pas non plus qu'il n'y en a pas.

21

Où l'auteur fait part de certaines pensées sur ce qu'il advient lorsqu'on se dissipe, qu'on se fane, qu'on sombre dans la dissolution, et de quelle manière on s'enhardit, par esprit de contradiction, face à l'inéluctabilité de la dégradation, face à la certitude qu'aujourd'hui, ou peut-être demain, le corps ne sera plus valide, ce qui mène à l'imprudence, voire à la sottise, dans la façon de vivre sa vie de tous les jours.

Je ne sais plus trop quand c'est arrivé, mais à un moment donné, au cours de mon séjour à Tarawa, j'ai cessé d'attacher ma ceinture de sécurité. Il me semblait tout à fait normal de m'arrêter devant une pompe à essence qui fumait pour faire remplir le réservoir du pick-up par un pompiste qui en faisait autant. Le spectacle d'enfants de trois ans empilés de façon précaire sur des mobylettes qui fonçaient droit devant elles ne m'emplissait plus d'épouvante. Faire du bodyboard au milieu d'une mer assez déchaînée pour vous broyer les os était une activité qu'il fallait savourer. Extraire les mouches du fond de coupures qui ne cessaient de se creuser est devenu un réflexe automatique. Du thon vieux de quatre jours ? Tiens, si on faisait un sashimi ? Six boîtes de Victoria Bitter ? Ben oui, pourquoi pas ? Et puis, au fait, tant qu'on en a, on les fume, pas vrai ?

J'étais désormais immunisé contre la maladie. Je ne parle pas du point de vue physique, mais psychologique. Plus rien ne me dérangeait. « Tu te rappelles ce consultant néo-zélandais ? m'a demandé Sylvia. Tu sais, celui qui était venu former les forces de police ? Eh bien, sa boîte vient d'envoyer un fax. Il paraît qu'on a dû l'hospitaliser, il souffre du choléra et d'une leptospirose. Ils pensaient qu'il valait mieux qu'on le sache.

— C'est quoi, la leptospirose ?

— Un machin en rapport avec l'urine de rat.

— Bon, ben il n'avait qu'à pas en prendre, de l'urine de rat... Hé, dis donc, j'ai trouvé des vers de mer tout frais pour le dîner. »

Rien ne me déstabilisait. Choléra, leptospirose, hépatite, lèpre, tuberculose, dysenterie, vers de toutes les formes et ver solitaire, mystérieuses maladies virales, infections purulentes, il y avait tant de pathologies à redouter à Tarawa qu'il valait mieux n'en tenir aucun compte. On pouvait faire bouillir l'eau qu'on buvait, mais à part ça, il n'y avait pas grand-chose à tenter. Ce qui doit arriver arrivera, me disais-je. Ça pouvait toujours être pire. C'est d'ailleurs ce que j'ai dit à Sylvia quand elle a succombé à un accès de dengue.

« Je crois que je vais mourir, m'a-t-elle dit. Mon squelette entier me fait mal.

— Mais non, tu ne vas pas mourir, ai-je dit en prenant aussitôt le contre-pied. Sauf s'il s'agit d'un accès de dengue hémorragique.

— Pour celle-là, il n'y a pas de remède.

— Non, aucun. Mais au moins, ce n'est pas la fièvre Ebola. Détends-toi. Tu verras, d'ici deux semaines ça ira mieux. »

En effet, ça a été mieux.

Sur Onotoa, loin dans le sud des îles Gilbert, quoi de plus normal que de consommer un repas de poisson salé dans un *maneaba* où une bonne cinquantaine d'ailerons de requin séchaient accrochés aux poutres. Après quoi, je suis allé me baigner. Quand je suis bel et bien tombé sur un requin, dans les hauts-fonds situés au-dessus du récif, je me suis contenté d'asséner un grand coup du plat de la main à la surface de l'eau et l'animal s'est éclipsé. Les requins n'étaient plus désormais qu'une cause d'irritation.

Et j'ai même cessé d'avoir peur d'emprunter Air Kiribati, alors que le CASA venait de s'entortiller autour d'un cocotier en tentant un atterrissage forcé sur Abaiang. Moi, j'étais venu sur cet atoll à bord d'une pirogue en bois artisanale, juste histoire de me distraire, et tout en contemplant les débris de l'avion, dont une aile avait été tranchée net, je me suis dit : *Ouais, ben en tout cas, on a toujours l'appareil chinois.*

Assistant à des obsèques, j'ai pris une généreuse portion de poulet au curry. La dépouille était allongée juste devant moi. Aux Kiribati, c'était la coutume d'exposer le corps du défunt pendant trois jours avant de l'ensevelir. Sachant, bien sûr, que les Kiribati se situent sur l'équateur. J'en ai repris, de ce poulet.

Je ne sais comment, deux années avaient passé depuis que nous avions posé le pied sur Tarawa, et au cours de ces deux années, j'étais devenu, à ma façon bien particulière, un insulaire. Certes, j'étais toujours un *I-Matang*. Mais le monde d'où j'étais arrivé n'était à présent rien d'autre qu'un souvenir toujours plus lointain. Sylvia aussi s'était acclimatée. Quand je lui coupais les cheveux, elle ne se recroquevillait plus de peur. Elle aussi avait perdu toute vanité. Lorsqu'elle empoignait le rasoir électrique que nous avions emprunté pour me raser le crâne, elle ne culpabilisait plus en constatant que ses interventions me donnaient l'air d'un skatepunk qui n'aurait jamais réussi à maîtriser sa colère contre le monde entier. Moi, bien sûr, je m'en contrefichais. Mon raisonnement était le suivant : plus de cheveux, plus de poux.

Un jour, en rentrant à la maison, elle a annoncé : « Tiens, j'ai encore écrasé un chien aujourd'hui.

— Tu en es à combien, maintenant ?

— Quatre chiens et trois poules.

— Tu n'as pas écrasé un cochon, une fois ?

— Non, a-t-elle rétorqué. Le cochon, c'était toi. »

Au début de notre séjour, Sylvia faisait des embardées pour éviter les chiens errants. C'était instinctif. Mais Tarawa est une petite île où chaque parcelle de terrain est occupée ou utilisée, si bien que toute incursion hors des étroites limites de la route vous obligeait à mettre en danger une ou plusieurs vies humaines, donc le jeu n'en valait pas la chandelle. Alors désormais, si elle n'était pas en mesure de freiner en toute sécurité, elle se résignait à écraser le chien. Peut-être a-t-elle été malheureuse au premier chien, mais quand elle en a été au quatrième, elle a pris la chose comme elle aurait pris n'importe quel autre aléa de la route.

Quand ses collaborateurs du FSP ont déclaré qu'une des pièces de leurs locaux était hantée par des esprits malveillants, Sylvia a fait ce que toute directrice ayant l'expérience des mœurs locales aurait fait. Elle a organisé une séance d'exorcisme. Ne sachant pas trop si les esprits étaient catholiques ou protestants, elle a fait venir le prêtre et le pasteur pour renvoyer dans les ténèbres les esprits perturbateurs. Les collaborateurs ont été satisfaits.

Nous nous sommes aperçus que nous n'avions plus grand-chose en commun avec les volontaires et les consultants récemment arrivés à Tarawa. Tous les six mois environ, une nouvelle fournée d'une douzaine d'*I-Matang* venait s'installer sur Tarawa pour y remplacer ceux dont les contrats avaient expiré ou, ce qui était plus courant, ceux que Tarawa avait mis sur le flanc. Les nouveaux venus nous paraissaient délicats, naïfs et bien mal préparés à la vie insulaire. Chaque fois que j'en apercevais un ou une, je n'avais qu'une seule question à lui poser : « Vous avez apporté des revues ?

— Oui, j'ai un exemplaire de *People*, m'a-t-on répondu un jour.

— Vous voulez bien me le prêter ? »

Mais alors, les mots alignés sur ces pages m'ont paru tout à fait étrangers. Au lieu de m'y intéresser, je me suis retrouvé en train de demander à Bwenawa : « Dis donc, si tu m'en disais un peu plus long sur Nareau le Rusé ? »

Chaque fois que c'était possible, nous nous rendions à Tarawa Nord ou sur une des îles extérieures. Le risque de nous y trouver coincés ne nous inquiétait plus. Je dirais même que nous le trouvions prometteur, car si l'on parvient à faire abstraction de la chaleur, et des scorpions, et de la nourriture abominable, les îles extérieures des Kiribati sont ce qui se rapproche le plus du paradis terrestre tel qu'on peut espérer le connaître ici-bas. J'ai parlé des couleurs aux Kiribati et je veux en reparler ici. Il n'existe pas d'autre endroit au monde où la couleur possède une profondeur aussi intense, depuis les premières lueurs de l'aube, illuminant le feuillage vert d'un cocotier, jusqu'au dernier rayon du crépuscule, où le ciel s'empourpre avec une ampleur biblique. Et le bleu… Vous est-il jamais arrivé de voir à quel point le bleu peut être bleu dans le Pacifique équatorial ? En comparaison, on a envie de rebaptiser la période bleue de Picasso « période gris cendre ».

J'admirais les habitants des îles extérieures. Tout en ayant à leur disposition du tissu, des lampes à kérosène et des hameçons métalliques, ils survivaient sur leur atoll à peu de chose près comme l'avaient fait leurs ancêtres, sans l'aide de quiconque. J'étais frappé de voir combien ces îles étaient imperméables au changement. Inévitablement, les quelques rares bâtiments en parpaings à l'occidentale, construits dans le cadre d'on ne sait plus quel projet grandiose, se retrouvaient à l'abandon et délabrés, délaissés en faveur des maisons et des lieux de réunion habituels en bois et chaume, si parfaitement adaptés au climat local. Les chants et danses traditionnels n'existaient pas pour le plaisir des voyageurs organisés, mais pour divertir et occuper les insulaires eux-mêmes, une fois que la nuit avait mis fin aux activités de la journée. N'étant pas défigurés par des digues retenant les saletés et les détritus durables, les lagons étaient propres, et à leur surface turquoise, des hommes pêchaient dans des pirogues à voile fabriquées de main de maître. Il ne faut pas s'étonner si quatre-vingt-cinq pour cent des habitants de Tarawa Sud revendiquent leur appartenance à une des îles extérieures. Ce sont des endroits où subsiste un mode de vie qui n'existe pour ainsi dire plus de nos jours. Et c'est un mode de vie pour lequel j'éprouve un profond respect.

Pourtant, même sur les îles extérieures, le monde continental fait intrusion de diverses façons, aussi étranges qu'inexplicables. Il faudrait pourtant punir avec une extrême rigueur la personne, quelle qu'elle soit, qui a introduit Vanilla Ice à Butaritari. Quant au criminel qui a fait connaître *La Macarena*, aucun supplice ne serait trop cruel pour le châtier. Mais ce sont ces brefs aperçus d'un univers au-delà de leur village qui incitent les insulaires à faire entendre les lamentations des provinciaux du monde entier — *ce qu'on s'ennuie ici* — et beaucoup d'entre eux, trop à vrai dire, ont choisi de quitter leurs îles pour les lumières scintillantes de Tarawa Sud, où vit, inévitablement, un parent qu'ils pourront soumettre au *bubuti*. Tous les mois, un surcroît d'habitants venait s'installer à Tarawa Sud et des enfants y naissaient. Mais l'île ne s'agrandissait pas pour autant. L'eau ne devenait pas plus abondante. Et, comme tous les endroits où trop de gens vivent dans trop peu d'espace, Tarawa Sud était en passe de devenir un immonde et abominable enfer.

Mais cet enfer immonde et abominable était le nôtre. Car à Tarawa Sud, nous étions désormais chez nous. Nous savions comment y vivre, sur cette île qui avait fini par dégringoler de la carte. Comme tous les I-Kiribati, nous étions devenus fatalistes. Nous ne pensions plus pouvoir contrôler notre univers. Chaque journée était d'une merveilleuse étrangeté. Un jour, il pouvait m'arriver de faire de la plongée à proximité d'une gigantesque raie aigle, et le lendemain, j'étais plié en deux par des maux de ventre dus aux parasites qui étaient comme chez eux dans mes intestins et qui avaient décidé d'y faire la fête. Nos journées pouvaient être délicieuses ou épouvantables, mais elles n'étaient jamais, au grand jamais, ennuyeuses. Quand je me réveillais le matin, ma première pensée était : *Et maintenant, quoi ?* Comme il est fort possible que, parmi les types dopés à l'adrénaline, je sois le plus paresseux du monde, vivre à Tarawa me convenait fort bien. Pas besoin de me donner du mal. À Tarawa, c'était la merde assurée.

Donc, lorsque le contrat de Sylvia est arrivé à son terme, nous ne savions pas trop quoi faire. Sylvia aurait pu occuper son poste jusqu'à la fin des temps. Elle n'avait de comptes à rendre à personne hormis les gens qui la finançaient. Elle avait mis sur pied plusieurs bons projets. Les collaborateurs locaux du FSP étaient fort probablement les personnes les plus motivées de toutes les Kiribati. Son boulot lui plaisait. Quant à moi, ma foi, mon projet de livre avait plus ou moins capoté. J'ai appris que, contrairement à ce qu'on entend souvent dire, les livres ne s'écrivent pas tout seuls. C'est une voie que j'ai consciencieusement explorée. Tous les jours, je lui disais : *Allez, mon livre, vas-y, écris-toi tout seul.* Or il refusait de bouger. Et même, tenez-vous bien, il me réclamait une histoire. Mais je n'en avais pas, moi, d'histoire, ce qui est, bien entendu, fâcheux quand on cherche à écrire un roman.

Cet échec ne me perturbait nullement. Tarawa semble conçue exprès pour fracasser les ambitions professionnelles. Je reconnais, bien sûr, volontiers que mes ambitions professionnelles auraient pu être fracassées par le duvet d'un oiseau de paradis. Néanmoins, lorsque votre univers se réduit à un petit éclat de terre pile au milieu de l'océan Pacifique, vos aspirations ont tendance à changer. Il fut un temps où je voulais être correspondant du *New York Times* à l'étranger. À l'époque où je vivais aux Kiribati, ma seule aspiration était de parvenir à ouvrir une noix de coco avec autant de panache que les insulaires.

Nous pourrions, certes, continuer de vivre ici, me disais-je. Je pourrais enseigner. Je pourrais téter la mamelle de cette industrie qu'est l'aide étrangère. Il y avait des tas de choses à faire. Et, ce qui était plus important, il y avait encore des tas de choses à découvrir aux Kiribati. Je projetais de faire de la planche à voile sur de longues distances. J'étais quasi certain de pouvoir atteindre Abaiang. Maiana aurait été plus difficile, mais j'avais déjà dégotté quelqu'un prêt à m'accompagner avec un bateau. Je voulais apprendre à construire une pirogue locale. Je voulais explorer plus à fond les îles extérieures. Il fallait, par exemple, creuser un peu les prétentions à l'excellence d'Abemama en ce qui concernait les prouesses en matière de sexe oral. Peut-être, de temps à autre, afin d'échapper à la fièvre insulaire, pourrions-nous, si Air Nauru nous le permettait, nous rendre dans des îles plus grandes, telles que les Samoa.

« Si nous restons encore ici, m'a averti Sylvia, nous ne pourrons plus jamais rentrer chez nous. »

Elle avait très probablement raison. Encore quelque temps aux Kiribati et le choc culturel qui s'abattrait sur nous à notre retour risquait fort de nous être fatal. Quand nous étions arrivés sur notre atoll, nous avions coutume de nous divertir des histoires d'I-Kiribati en voyage à l'étranger, dans des pays le plus souvent assez proches, comme les îles Fidji. Une d'entre eux avait passé une semaine entière dans sa chambre d'hôtel, car elle n'avait jamais pu comprendre comment fonctionnait l'ascenseur. Un autre avait été blessé assez grièvement en s'efforçant d'emprunter un escalier roulant. Un type qui s'était rendu jusqu'à Hawaï était revenu en se plaignant amèrement du froid. Mais à présent, tandis que je contemplais la perspective de regagner les lointains rivages des États-Unis, je n'avais plus autant de mal à m'attendrir sur le triste sort des insulaires catapultés dans le vaste monde au-delà de leur récif. Pour ne rien vous cacher, j'étais moi aussi sérieusement intimidé à l'idée de devoir affronter de nouveau les particularités du monde continental. À Tarawa, je comprenais la vie. La nourriture provenait de l'océan ; l'eau tombait du ciel. Les noix de coco étaient bonnes pour la santé, mais si vous restiez un peu trop longtemps planté sous un cocotier, vous étiez sûr d'en prendre une sur le coin de la tronche. Les marées déterminaient les activités du jour. Il fallait à tout prix éviter les zones taboues. On avait toujours le temps. Tout cela était désormais on ne peut plus simple à gérer. Je comprenais ces règles… enfin, disons, la plupart d'entre elles. Quitter les îles, c'était partir à l'aventure dans l'inconnu. Nous allions nous retrouver à la dérive dans le monde continental.

Certes, il y avait dans ce monde la climatisation, les restaurants et les librairies. Il y avait des médecins. De l'électricité à profusion. Et aussi de l'eau, en veux-tu en voilà. Et des toilettes. Des toilettes dans tous les coins. Et puis, il y avait nos familles et nos amis. Personne n'était venu nous voir aux Kiribati. Ceux qui avaient le temps n'avaient pas d'argent. Et vice versa. Voilà d'ailleurs, en très peu de mots, le casse-tête de la vie américaine moderne. Pendant notre absence, nous avions loupé d'innombrables mariages et quelques enterrements, ainsi que la naissance de nos premiers neveux et nièces. J'ai pensé à la poignée d'*I-Matang* devenus résidents à long terme des Kiribati et j'ai compris que, soit par choix personnel soit par la force des choses, ils étaient désormais tous coupés de leurs anciennes vies. L'isolement de ces îles ne pardonne pas.

C'est d'ailleurs la soudaine apparition sur Tarawa d'un de ces *I-Matang* insularisés qui nous a finalement poussés à prendre une décision. Semi-Frédo était arrivé. Pendant vingt ans, cet homme avait vécu de trois fois rien à Tabiteuea Nord. J'avais entendu parler de Semi-Frédo, bien sûr, de même que de Joe la Banane et de quelques autres *I-Matang* qui habitaient les îles extérieures, comme les écumeurs d'épaves de jadis. Mais tout à coup, le gouvernement des Kiribati a décidé d'expulser les étrangers dont les visas n'étaient plus valables. Celui de Semi-Frédo avait expiré dix-neuf ans plus tôt. C'était à cette lointaine époque, en effet, qu'il avait débarqué des îles Marshall, où il avait travaillé pour une entreprise d'installations défensives. Un beau jour, il était parti faire un tour et il avait atterri sur ce qui est sans doute l'île la plus traditionaliste des Kiribati, où il s'était marié à toute une succession de jeunes épouses, lesquelles lui avaient apporté des terrains où il pouvait exploiter le coprah. La vie avait suivi son train-train, à sa façon désordonnée, et crac, vingt ans avaient passé. Et au bout de vingt ans sur l'île des Couteaux, on lui avait fait savoir qu'il était grand temps pour lui de regagner les États-Unis qu'il n'avait pas revus depuis l'époque où le disco triomphait.

C'était Mike qui hébergeait Semi-Frédo. Mike hébergeait tout le monde. Si jamais vous vous trouvez dans le Pacifique équatorial et que vous cherchez où loger, allez donc chez Mike. Apportez-lui quelque chose à lire, de préférence une revue de surf, et vous pourrez rester jusqu'à ce que vous soyez vieux. C'était d'ailleurs ce qu'aurait préféré Semi-Frédo, semblait-il. Le gouvernement voulait le renvoyer aux îles Marshall, mais les autorités marshallaises ont fait remarquer, fort justement, que Fred n'était pas un de leurs ressortissants et que, selon le droit international, les déportés ne pouvaient être rapatriés que vers leur pays d'origine. Cependant, le gouvernement des Kiribati n'était pas très chaud pour cracher le prix d'un billet d'avion jusqu'aux États-Unis. L'affaire en était donc restée là jusqu'au jour où, comme par miracle, on avait retrouvé le père de Semi-Frédo, qui vivait en Floride, lequel avait accepté de régler la note.

Air Nauru, selon sa bonne habitude, avait suspendu ses vols. Leur appareil avait été saisi en Australie — une fois de plus — parce que la compagnie n'avait pas réglé ses factures. En attendant, Semi-Frédo moisissait chez Mike, où je l'ai trouvé, un après-midi, ensorcelé par l'ordinateur de mon copain. Comme tous les habitants des Kiribati, Mike est plein de ressource. Un jour, plusieurs années auparavant, il avait mis la main sur un disque dur. Trois ans plus tard, il avait déniché un moniteur. Tous les douze ou dix-huit mois, il entendait dire qu'un Occidental allait arriver à Tarawa et il lui adressait par télégramme une liste des nombreux articles dont il avait besoin et qu'on ne trouvait pas à Tarawa, c'est-à-dire à peu près tout ce qui avait été breveté depuis l'invention de la roue. Et voilà comment Mike avait acquis un jeu vidéo qui s'appelait *Tribulation*, ou peut-être *Consternation*, ou alors *Déflagration*. Quoi qu'il en soit, en arrivant chez lui, j'ai trouvé Semi-Frédo blotti dans un fauteuil, bouche bée devant les images de l'ordinateur.

Semi-Frédo portait bien son sobriquet. Il était si décharné qu'à côté de lui un cadavre aurait paru rose et joufflu. Grand, dégingandé, avec une longue barbe poivre et sel, Semi-Frédo ressemblait assez à Robinson Crusoé tel que je me l'imaginais, s'il était resté coincé sur son île quelques années de plus. Il portait un short qui partout ailleurs aurait été mis à la poubelle ou converti en vieux chiffon depuis belle lurette. Torse et pieds nus. Cela dit, moi aussi, j'allais torse et pieds nus. Et Mike, donc.

« Ça fait longtemps qu'il est comme ça ? ai-je chuchoté à Mike.

— Depuis que l'électricité est revenue.

— Mais ça fait cinq heures qu'elle est revenue. »

Mike a hoché la tête.

« Il parle ? ai-je continué.

— Oh, oui, a répondu Mike. Quand le courant est coupé, on ne peut pas le faire taire. Bon, je reconnais que ce qu'il dit n'a aucun sens. Mais il parle. »

Nous sommes restés à le contempler. Curieusement, nous étions incapables de détourner nos regards. Semi-Frédo était si passionné par le besoin de découvrir les outils qui allaient lui permettre de venir en aide à la princesse enfermée dans un donjon par un magicien malfaisant du cybermonde qu'il n'avait même pas remarqué qu'il y avait d'autres personnes dans la pièce. J'avais beau réfléchir, je n'imaginais pas grand-chose d'aussi déconcertant. Vingt ans sur un atoll, dans le groupe d'îles le plus isolé du monde, où chaque journée était employée à s'assurer une subsistance de base et où l'on devait constamment avoir des yeux dans le dos, parce qu'on était quand même sur l'île aux Couteaux, n'est-ce pas, et puis pan, on se retrouvait tout à coup profondément enfoncé au beau milieu de la réalité parallèle d'un jeu vidéo.

« Il est fou ? ai-je demandé à Mike.

— Fou, comme dans maboul ? Non, je ne crois pas. Mais cela dit, sain d'esprit serait peut-être un peu exagéré. »

Pour une raison que je ne m'expliquais pas, je trouvais le spectacle de Semi-Frédo totalement absorbé par cet écran d'ordinateur plus qu'un peu dérangeant. Je ne savais pas trop pourquoi. Impossible de cerner la source de mon malaise, jusqu'au moment où j'ai compris que ce que je regardais, c'était... moi.

Enfin, ce serait moi, ai-je compris, si je restais plus longtemps aux Kiribati, un être dissolu, détaché de son propre pays, un étranger qui s'était adapté aux étranges réalités de la vie insulaire, mais un étranger quand même et toujours, déconnecté du monde situé au-delà du récif, et peut-être même de sa propre personnalité. Semi-Frédo, c'était mon avenir.

« Rentrons chez nous, ai-je dit à Sylvia, plus tard dans la soirée.

— Il est temps, hein ? a-t-elle dit.

— Oui. Il est temps de rentrer chez nous. »

Deux mois plus tard, nous étions à l'aéroport international de Bonriki, le cou ployant sous le poids d'une douzaine de colliers de coquillages, la tête couronnée de guirlandes, nos bagages prêts à éclater sous le volume d'une demi-douzaine de nattes. Nous avions passé une grande partie de la semaine précédente dans les *maneaba* de l'île, pour assister à d'innombrables pots d'adieu en notre honneur. On prend les adieux très au sérieux aux Kiribati, sans doute parce qu'on sait bien qu'ils ont tendance à être définitifs. Quand les visiteurs quittent ces îles, ils n'y reviennent jamais. À l'aéroport, j'ai eu l'impression que la moitié de Tarawa était venue nous dire au revoir. Mais il faut dire aussi que chaque fois qu'un avion arrive à l'aéroport de Tarawa, la moitié de la population s'y précipite, tant le spectacle lui paraît nouveau. Néanmoins, nous avons été touchés de voir autant de monde. Tout le personnel du FSP était là, bien sûr, en compagnie de leurs proches. Les larmes coulaient à flots. J'ai payé une tournée de noix de coco générale.

« Pour nous, vous êtes de la famille, a dit Bwenawa, mais maintenant il est temps pour vous de retourner auprès des vôtres dans le monde des *I-Matang*. Nous ne vous oublierons pas. Vous êtes de bons *I-Matang*. Et il ne faut pas nous oublier, non plus, ici, sur nos îles, sous le soleil. »

Ça non, nous ne vous oublierons jamais, avons-nous dit.

Nous avons traversé le tarmac en direction de l'avion et, à mi-passerelle, nous nous sommes retournés pour voir tous ces gens massés derrière la barrière, ces gens qui n'étaient plus des étrangers exotiques, mais des amis. Nous avons agité la main pour un dernier au revoir et nous sommes montés à bord de l'appareil, le Boeing 737 d'Air Nauru, où nous avons aussitôt pris entre les deux yeux une bouffée revigorante de choc culturel.

La climatisation.

S'installer à nos places — sur des sièges moelleux, confortables, orientables en pressant un bouton — a été un voyage en soi. L'avion a décollé dans un rugissement satisfaisant et tandis qu'il virait sur l'aile pour prendre la direction des îles Fidji, nos deux visages étaient appuyés contre le hublot, cherchant à recueillir une dernière vision de Tarawa avant qu'elle ne disparaisse à tout jamais, au bout d'une nanoseconde.

« Eh bien, voilà, on l'a fait, a déclaré Sylvia. On a vécu au bout du monde.

— Ouais, ai-je opiné, en contemplant la vaste étendue bleue du Pacifique. Tu crois qu'ils ont des cheeseburgers aux îles Fidji ? »

Épilogue

Où l'auteur exprime certaines insatisfactions concernant l'état de son existence, médite brièvement sur de précédentes aventures et mésaventures, puis, avec le concours de sa séduisante femme, décide de renoncer à la vie qu'il connaît et de filer au plus vite vers des régions inconnues… bon, pas tout à fait inconnues, c'est vrai, même si la paternité était une expérience inédite, ce qui permet à l'auteur de noircir une ou deux pages de prose dégoulinante de mièvrerie pour expliquer combien il est merveilleux, vrai de vrai, d'avoir un petit garçon des îles.

L'urinoir m'a parlé. C'était la première fois que ça m'arrivait. Certes, en de rares occasions, des cuvettes de chiottes m'avaient parlé. « Laisse donc tomber les petits verres d'alcool fort, m'avaient-elles dit. Surtout quand c'est de la tequila ». Je les avais écoutées et depuis, aucune cuvette de chiottes n'avait rien eu à me dire. Mais pour l'urinoir, c'était la première fois. Il a dégoisé je ne sais trop quoi sur ma virilité, puis il a continué : « Hein, hein, hein, je disais ça pour rire. » Cet urinoir prétendait s'appeler Norm. Et il avait, disait-il, sa propre émission de télévision. Et il voulait que je la regarde. Elle passait une fois par semaine sur la chaîne ABC. Quand j'ai eu fini, Norm s'est tu. Et puis quelqu'un d'autre s'est approché de l'urinoir. Et Norm l'urinoir a retrouvé l'usage de la parole.

J'ai regagné mon siège au Childe Harold, un bar de Washington. J'étais allé y retrouver Sylvia pour boire un petit coup après le travail.

« L'urinoir m'a parlé, lui ai-je annoncé.

— Qu'est-ce qu'il a dit ?

— Il a dit qu'il s'appelait Norm. Il m'a demandé de regarder son émission de télévision sur la chaîne ABC.

— Et tu as répondu quoi ?

— Je lui ai dit : "Norm, je te pisse à la raie". »

Sylvia m'a dévisagé d'un air bizarre.

« Tu as du mal à retrouver tes repères, hein ?

— Mais pas du tout.

— Tu dois te faire à l'idée qu'il est tout à fait convenable de faire de la réclame pour les émissions de télévision dans les toilettes. C'est comme ça qu'on fait ici. Nous y sommes chez nous et il faut nous y faire. »

Sylvia portait un collier de coquillages. Elle avait près d'elle un sac à main en feuilles de pandanus. Sur son tee-shirt, on pouvait lire : « Halte aux déchets toxiques et dangereux dans le Pacifique ». Depuis deux mois que nous étions revenus des Kiribati, Sylvia n'avait pas encore consenti à montrer aux autres ne fût-ce que ses chevilles. Avant de vivre aux Kiribati, elle portait des shorts et des minijupes. On l'appelait souvent « la blonde aux belles gambettes ». À présent, les talibans auraient été fiers de sa pudeur. Donc Sylvia n'était pas un modèle de réadaptation. Je le lui ai fait remarquer.

« Mais si, je m'adapte, a-t-elle protesté. C'est juste que faire des courses, je trouve ça… vraiment dur. »

Le centre commercial. Le centre commercial à l'américaine. Il nous fichait la trouille.

Après avoir quitté les Kiribati, nous avions passé quelque temps à voyager dans le Pacifique. Les îles Fidji nous avaient paru immenses. Suva, la capitale, nous faisait l'effet d'une mégapole. Nous quittions rarement notre chambre d'hôtel, où nous étions trop occupés à nous ébaubir de cette étonnante nouvelle merveille qu'on appelait climatisation. Sur les îles de Vava'u, dans les Tonga, nous avons rencontré des fanas de voile, sur leur yacht, qui se félicitaient d'avoir fui la civilisation. « C'est le bout du monde, ici », nous a dit l'un d'eux. Il y avait là des hôtels, des restaurants, des voitures, des circuits en vedette pour aller contempler les baleines, des touristes et deux fois par jour des vols jusqu'à Nuku'alofa. Aucun de ces propriétaires de yacht ou voileux, comme ils tenaient absolument à s'entendre appeler, n'était jamais allé aux Kiribati. À Vanuatu, plantés au bord du cratère d'un volcan actif, nous avons vu le jour se lever, puis nous nous sommes envolés pour Port Vila, où nous nous sommes engraissés, en savourant du pain et du fromage français, du saumon fumé et les steaks les plus exquis que j'aie jamais eu la chance de manger.

Néanmoins, en dépit de ces incursions dans le monde situé au-delà de notre récif, nous n'étions absolument pas prêts à retrouver l'Amérique.

L'expérience a été traumatisante. Dès le moment de l'atterrissage, nous avons eu la tremblote. Tandis que nous suivions le LA Freeway, dans notre voiture de location, nous avons écopé de coups d'avertisseur, de jurons, de gestes obscènes, et nous avons bien senti que les balles de revolver n'étaient pas loin. Je n'arrivais pas à comprendre comment on pouvait oser dépasser le soixante à l'heure. Je me suis efforcé d'accélérer jusqu'à soixante-dix, mais l'impression de vitesse m'a paru si effrayante que j'ai aussitôt ralenti.

Nous avions décidé de retourner à Washington. Ce n'était pas malin. Nous aurions dû, à vrai dire, nous installer à Hawaï et nous réhabituer très progressivement à l'Amérique. Après deux ans à Hawaï, nous aurions peut-être pu tenter Key West. Au lieu de quoi, nous sommes allés directement dans la capitale du pays le plus puissant du monde, où nous nous sommes retrouvés d'emblée dans la peau de péquenots venus d'une autre planète. « Non, mais regarde-moi ça, disais-je à Sylvia. Je crois bien que c'est ce qu'on appelle une limousine. Putain ! C'est vachement grand. Je parie qu'il y a du beau monde à l'intérieur. »

Une fois que nous avons eu trouvé un appartement, je me suis risqué à la supérette du coin pour faire quelques provisions. Deux heures plus tard, ne me voyant pas revenir, Sylvia est partie à ma recherche. Elle m'a découvert, planté devant les rayonnages de sirop d'érable, l'œil vitreux. Mon chariot était toujours vide.

« Tu savais, toi, qu'il existait trente-deux variétés différentes de sirop d'érable ? ai-je demandé.

— Eh bien, il suffit d'en choisir une, a-t-elle répondu.

— Mais laquelle ? »

Là, elle a calé, comme j'avais calé, moi. Confronté à une telle abondance, comment choisir ? Normal ou allégé ? Le sirop gourmet du Vermont ou le bon vieux sirop de la tante Jemima ? Flacon en verre ou en plastique ? Heureusement pour nous, une autre cliente a choisi un flacon et nous nous sommes dit que si c'était assez bon pour elle, consommatrice américaine avertie qu'elle était, ce le serait aussi pour nous. Puis nous sommes passés au rayon beurre. Vous avez déjà remarqué qu'il existait quarante-trois variétés différentes de beurre et de margarine ? Le temps de conclure nos achats, c'était déjà l'hiver.

Pour finir, nous avons été obligés de nous rendre au centre commercial. Nous avions tous les deux besoin de renouveler notre garde-robe et nos chaussures. Moi, j'étais très bien dans mes tongs, mais une fois revenu à Washington, j'ai remarqué que les gens s'empressaient de traverser la rue dès qu'ils me voyaient approcher. Le thermomètre avait beau indiquer vingt-six degrés, je trouvais qu'il faisait un froid de loup, donc j'enfilais pour sortir plusieurs couches de chemises tropicales et de chaussettes, découpées avec beaucoup d'ingéniosité pour laisser passer la lanière des tongs entre mon gros orteil et les autres. Ainsi attifé, au milieu des foules en complet-veston, je me suis aperçu que je déclenchais le genre de réactions réservées d'habitude aux camés brandissant une arme à feu.

Une fois dans le centre commercial, nous nous sommes tus, le menton pendant un peu plus bas que nos genoux. Devant nous s'étendaient des hectares climatisés et sonorisés par une musique insipide, entièrement consacrés à vendre tout ce qu'il fallait pour satisfaire les désirs de tout le monde (et son père). Nous en avions le souffle coupé. Nous qui nous étions habitués à n'avoir aucune espèce de choix, nous nous retrouvions soudain dans un centre commercial, et un centre commercial américain qui plus est. Bloomingdale's ou Hecht's ? Kaki ou indigo ? Mocassins ou lacets ? Tout autour de nous, les gens entraient dans les boutiques d'un air décidé et faisaient des achats. Nous, nous marchions au hasard, comme on pourrait le faire sur la lune, intimidés et déboussolés. Les maîtresses femmes du rayon maquillage nous surveillaient d'un œil méfiant. Je portais un short en loques et une chemise à fleurs que j'avais trouvée aux îles Fidji. Le tee-shirt de Sylvia vantait les qualités nutritionnelles du *bele*, une des rares herbes capables de s'implanter sur un atoll. Clic-clac, clic-clac, faisaient nos tongs, tandis que nous errions à l'intérieur du centre commercial. Et puis nous sommes partis errer à l'extérieur. C'était trop dur pour nous. Ma mère a eu pitié et elle a résolu nos problèmes vestimentaires en faisant nos courses à notre place. Elle a des opinions très tranchées quant à ce que doit porter l'homme bien habillé et, comme je n'avais pas le choix, je me suis laissé faire. C'est Sylvia qui a mis le holà, pour la cravate.

Les pieds dans des chaussures, j'ai pu commencer à chercher du travail. J'avais espéré qu'au bout de deux ans, les types de la carte de crédit et ceux des prêts aux étudiants consentiraient à faire table rase du passé et à laisser tomber, mais pas du tout, figurez-vous. « Tu te rappelles cet excellent repas que nous avons fait à Annapolis, il y a trois ans ? ai-je demandé à Sylvia. Eh bien, avec les trois années d'intérêts, de retards et de frais de traitement, il va finalement me coûter mille cinq cents dollars. » Sylvia n'était pas contente. Sur un bout de papier, elle a additionné notre loyer, nos factures du supermarché, nos factures d'électricité et autres, ainsi que divers frais généraux, puis elle a divisé la somme en deux. « Voilà ce que tu dois gagner tous les mois, a-t-elle dit en entourant le chiffre d'un coup de stylo. Pas un sou de moins. »

Coup de pot, à la suite d'un invraisemblable quiproquo, je me suis très vite retrouvé employé par la Banque mondiale, en qualité de consultant. Je ne sais pas précisément ce qui a pu inciter cette organisation à croire que je possédais la moindre expertise en matière de financement des infrastructures. Je n'avais pour l'heure jamais seulement fait le bilan de mes dépenses et rentrées. Je n'avais même pas essayé. Aucune raison de faire de bilan quand votre compte en banque n'est que très rarement crédité de plus de cent dollars. Donc, je souhaite en profiter pour présenter ici mes excuses aux pays du Tiers-Monde qui ont eu la malchance de travailler avec moi sur leurs projets d'infrastructures. Je me suis, en quelque sorte, livré à des improvisations d'expert obligé d'apprendre sur le tas. Je compte sur votre compréhension. J'avais besoin du bulletin de salaire, voyez-vous.

Surtout qu'il était conséquent, ce bulletin. Conséquent et exempté d'impôts. J'en étais très reconnaissant à la Banque mondiale. Je comprenais fort bien où ils voulaient en venir. Ils cherchaient à soulager la misère du monde, consultant par consultant. Afin de mériter leur générosité, j'ai joué à faire semblant. J'ai fait semblant de me sentir à l'aise en complet-veston. J'ai fait semblant de savoir ce que c'était qu'un produit dérivé. J'ai fait semblant d'être au courant, pour la crise financière en Asie. Quelle crise financière en Asie ? me suis-je demandé. La seule crise financière que je connaissais, c'était la mienne.

Lors d'un déjeuner donné par le chef du service économique de la Banque mondiale, j'étais assis à côté du ministre des Infrastructures d'Haïti. Il m'a expliqué à quel point la privatisation allait être pénible pour son pays. Des milliers de gens se retrouveraient au chômage. Un nombre encore plus énorme serait réduit à la misère. J'ai hoché la tête, d'un air compatissant.

« Oui, ai-je déclaré. Ce sera pénible, mais nécessaire. »

C'était mon mantra à la Banque mondiale —*pénible, mais nécessaire*. La privatisation mènera à une efficacité accrue, laquelle débouchera sur une productivité accrue, laquelle engendrera un accroissement du capital, lequel entraînera davantage d'investissements, lesquels assureront la richesse et la prospérité de tous. J'absorbais tout cela comme un bébé absorbe l'étrange nouveau monde qui l'environne. Assis à mon bureau, je m'imbibais, à l'instar d'une éponge, des conversations qui me parvenaient du couloir, j'intériorisais le va-et-vient des courriels, je m'efforçais de décrypter les propos que me tenait mon patron. *Pénible, mais nécessaire.*

Il nous a fallu plusieurs mois, mais un beau jour, enfin, boire l'eau du robinet n'a plus été un geste provocateur et dangereux. Il est redevenu naturel de porter des chaussures. Les restaurants ont cessé de nous intimider. Après notre mariage, Sylvia et moi sommes partis en Bretagne pour notre lune de miel. Quand elle a fait un voyage professionnel à Bruxelles, je l'ai rejointe pour passer un week-end prolongé à Amsterdam. Nous sommes allés en vacances au milieu des vignobles de Sonoma. Sans savoir trop comment, par petites touches, nous nous sommes intégrés à la classe dite cosmopolite. Nous vivions bien. Nous voyagions dans le confort. Nous lisions les bons journaux. Nous étions abonnés aux bons magazines. Les conversations zigzaguaient entre le rôle du Fonds monétaire international en Turquie, la cuisine andalouse, la réforme du marché en Chine, la vie animale en Zambie et le meilleur endroit pour dénicher des asperges. Nous nous adaptions à l'Amérique du troisième millénaire.

À la Banque mondiale, mes collaborateurs et moi-même évoquions les questions importantes du moment. Quelle compagnie d'aviation proposait les voyages les plus agréables en classe affaires, Singapore Airlines ou British Airways ? Chez qui allais-je investir, Nokia ou Qualcomm ? Où aller pour s'acheter un beau complet ? Chez Burberry ou Brooks Brothers ?

Lors d'un voyage au Moyen-Orient — classe affaires, petite étape de détente au Park Lane Sheraton à Londres, où une suite était automatiquement réservée —, j'ai passé deux semaines à l'hôtel InterContinental d'Amman, en Jordanie, où je devais aider à organiser un congrès sur le financement des infrastructures. Je n'avais pas grand-chose à faire, sinon m'assurer que le projecteur Power Point fonctionnait correctement. La tâche la plus pressante était de composer un message d'anniversaire à l'intention du roi Abdullah, de la part de la Banque mondiale et de tous les hauts fonctionnaires qui devaient assister au Congrès. Il a fallu presque une journée entière pour que le Marocain francophone, le Saoudien en djellaba cramponné à son chapelet et le Syrien ultra-nerveux s'accordent enfin à dire que les félicitations étaient suffisamment fleuries pour l'occasion.

Lorsque la conférence a pris fin, je me suis rendu dans le sud du pays, afin de visiter Pétra, la cité rose au milieu des gorges. C'était un de mes plus vieux fantasmes. Je m'étais toujours imaginé que j'y arriverais au terme d'une dure journée à travers le désert, guidé par des Bédouins, à la suite desquels je me serais hâté sous le soleil de plomb, ne prenant que quelques instants de repos dans une des rares oasis où nous pouvions faire boire les chameaux et passer le temps en confrontant nos avis sur les *Mille et Une Nuits*. Au lieu de quoi, j'ai foncé sur le sable à bord d'une Mercedes noire conduite par un chauffeur. J'avais avec moi mon patron, un Persan qui prenait souvent plaisir à évoquer le caviar servi en première classe sur les vols d'Iranian Airlines, avant la révolution, et un professeur de la Harvard Business School. Ils étaient au milieu d'une discussion animée concernant l'accord passé par Goldman Sachs pour financer une nouvelle centrale électrique au Qatar. Nous avons traversé des camps de réfugiés palestiniens. Dans le désert, de jeunes garçons menaient des troupeaux de chèvres. Nous avons été dépassés par une énorme Cadillac blanche, avec des plaques minéralogiques saoudiennes. Au-dessus de nous, un escadron d'hélicoptères militaires tournait en rond près de la frontière avec Israël. Il m'a semblé plus que bizarre de passer devant toute cette vie dans une Mercedes pilotée par un chauffeur et, tout à coup, je me suis rendu compte que j'étais devenu le genre d'homme que je ne pouvais pas blairer naguère : un consultant, honteusement surpayé, se prélassant au soleil. Je perdais mon temps. Comme le lecteur l'aura peut-être compris, en règle générale je ne vois aucune objection à perdre mon temps, mais pas comme ça. J'avais le sentiment de perpétuer une tricherie ; je mentirais, certes, en disant que j'en étais particulièrement scandalisé, mais j'étais néanmoins tout à fait capable d'avoir conscience du ridicule de ma situation, et quitte à mener une existence grotesque, il me semblait que je pouvais quand même faire mieux.

Sylvia, elle aussi, était désenchantée par notre vie à Washington. Pendant plusieurs mois, elle avait tout simplement absorbé les images, les sons, les réalités de l'existence, dans la ville la plus importante du monde. On aurait dit un automate. Elle avait encore de lointains souvenirs de ce genre d'univers, mais ils lui apparaissaient sous la forme d'un rêve oublié depuis déjà longtemps. Certaine, désormais, de comprendre la vie à Washington, elle a commencé à se faire une opinion. « Je mène une vie de merde », me disait-elle après avoir passé une journée de plus à chercher des associés, à promouvoir la synergie, à assister à des congrès, à disséminer des connaissances sur Internet, à faire du vent. Aux Kiribati, elle avait travaillé sur du concret. À Washington, elle travaillait sur des abstractions. Comment, précisément, un lien sur le site Internet d'une firme pourra-t-il améliorer le sort de deux milliards de personnes vivant avec moins d'un dollar de revenu par jour ? On peut imaginer que ces deux milliards d'individus n'ont pas d'accès haut débit. D'autant moins qu'ils n'ont même pas l'électricité.

Un soir, en rentrant à la maison après une journée interminable, entièrement consacrée à tripatouiller la prose anglaise écrite par un économiste dont l'anglais n'était pas la langue maternelle, afin de lui donner un aspect vaguement cohérent, j'ai été agréablement surpris par la proposition que m'a faite Sylvia.

« Tu voudrais bien partir t'installer sur une petite île du Pacifique Sud ?

— Oh, oui, s'il te plaît, allons-y. »

Et voilà comment, deux ans après notre retour des Kiribati, nous nous sommes retrouvés une fois de plus sur une île lointaine, environnés par les eaux bleues et familières de l'océan Pacifique.

Et donc, après un an à Vanuatu, nous sommes partis aux îles Fidji, où Sylvia occupait le poste de directrice régionale du FSP. Moi, j'avais décidé d'écrire un livre — celui que vous êtes en train de lire, pour ne rien vous cacher — et cette fois-ci, je comptais bien le finir. (Note au directeur de la collection : Si, si, c'est vrai.) Comme on peut l'imaginer, la vie aux îles Fidji était des plus intéressantes. Par exemple, il y a eu un coup d'État, récemment, qui s'est révélé très excitant, même si, pour être franc, il me semble que beaucoup d'habitants de ces îles aimeraient mieux que les militaires échangent leurs armes contre un bon groupe de cuivres pour la fanfare.

Cependant, la vie aux îles Fidji est devenue tout spécialement intéressante une fois que Sylvia a découvert qu'elle était enceinte. Bien décidé à faire de mon mieux aussi bien en tant que mari qu'en tant que père, j'ai lu tous les livres sur lesquels j'ai pu mettre la main. Tous les soirs, je préparais des monceaux de poisson grillé, de pommes de terre, d'épinards, de pâtes, suivis par des saladiers de fruits et des litres de crème glacée. Je consultais le livre en cours : « Bon, je lis ici qu'au quatrième mois, les protéines ont beaucoup d'importance. Alors ce soir, on mange un bon steak.

— Il fait trente-cinq à l'ombre, a protesté Sylvia. Je n'ai pas envie de steak.

— Ta plainte est irrecevable. »

Bientôt, cependant, Sylvia a passé ses soirées à faire des gâteaux. Or Sylvia n'est pas une pâtissière-née. Elle serait plutôt portée sur les sautés. Mais Dieu sait quelle étrange pulsion physiologique s'était soudain manifestée, et notre maison a été désormais imprégnée des doux effluves du gâteau aux carottes et des muffins à la banane, sans oublier les petits biscuits aux pépites de chocolat. C'était une tendance que j'encourageais. Des colis arrivaient d'outre-mer, apportant des grenouillères premier âge que Sylvia passait des heures à plier et déplier, en laissant couler nettement plus d'une larmichette ou deux. « Ôôôô… c'est trop mignon », s'exclamait-elle en s'essuyant les yeux. Son ventre s'est ballonné de manière fort intéressante. Un jour où j'avais commis l'erreur d'employer cinq gousses d'ail pour faire mon pesto, au lieu de la seule et unique qu'indiquait la recette, Sylvia m'a annoncé que le bébé dansait la java. Et qu'y a-t-il de plus étrange et de plus mirobolant que de poser la main sur le ventre de sa femme et de sentir son enfant se prendre pour un haricot sauteur mexicain en pleine effervescence ?

Très peu de temps avant l'arrivée de notre rejeton, nous avons passé un moment avec Morgan et

Catherine, des amis anglais dont les deux enfants étaient nés dans les îles du Pacifique.

« Vous allez avoir besoin de quelqu'un pour le bébé, a fait remarquer Catherine.

— Oh, je pense qu'on peut se débrouiller seuls, ai-je répondu. Je viens de lire un bouquin.

— Ah bon ? Tu m'en diras tant, a remarqué Catherine.

— Mais oui. Avec la plus grande diligence. Il paraît que les tout petits bébés dorment dix-huit heures par jour. Ce qui ne nous laisse que six heures pour les activités de type parental.

— Mon pauvre ami ! Puis-je me permettre de te demander à quand remonte la dernière fois que tu as tenu un bébé dans tes bras ? »

J'ai dû réfléchir un moment : « 1986.

— Je vois. » Pour je ne sais trop quelle raison, Catherine était morte de rire.

« J'ai prévu que pendant les premiers jours, nous nous contenterons de laisser le bébé agir à sa guise. Tu vois ce que je veux dire, qu'il se mette à l'aise en dehors de la matrice. Et ensuite, nous le prendrons en main, de manière qu'il s'adapte à la routine qui nous conviendra le mieux.

— Oui, bonne idée. Ça me paraît plein de bon sens. »

Maintenant, je comprends pourquoi Catherine était pliée en deux. Quatre mois ont passé depuis la naissance de Lukas. Les livres, c'est du pipeau. Lukas ne dort pas dix-huit heures par jour. Ce serait plutôt dix-huit minutes par jour, par tranches de dix-huit secondes. Je peux compter sur les doigts d'une seule main les heures de sommeil que j'ai connues au cours de ces quatre mois.

Et voulez-vous que je vous dise le plus étonnant ? C'est que je m'en accommode parfaitement.

Lukas est un beau petit garçon, bien dans sa peau, qui, sans qu'on sache vraiment pourquoi, a décidé qu'il n'avait pas besoin de dormir. Le monde est trop plein de merveilles. Il a passé son premier Noël dans un village fidjien. Il s'est entiché des mainates qui nichent sur le toit, si bien que je me suis senti tenu de conclure une trêve avec ces bestioles pugnaces. Il sait que ses mains servent à être agitées de la manière la plus charmante qui soit. Et que ses jambes sont faites pour être pliées et dépliées avec force, parce que s'il doit marcher un jour, un bébé a besoin de s'exercer. Il sait qu'il peut désormais faire confiance à ses parents pour ce qui est de le baigner, le changer et lui faire faire son rot, même si au début il a eu beaucoup de mal. Il sait que maman, c'est pour manger. Et que papa, c'est pour vomir ce qu'on a mangé. Il sait sourire. Et pour ce qui est de jouer à « coucou, ah le voilà », il est déjà de première force.

Et il a même nagé dans l'océan Pacifique. Un jour, nous l'avons emmené à Pacific Harbor, sur la côte méridionale de Viti Levu, la principale île des Fidji. Les touristes ne fréquentent guère Pacific Harbor. Le temps y est trop incertain. Si bien que nous avions la plage pour nous seuls. C'était par une de ces journées éblouissantes dont le Pacifique Sud a le secret. À quelques kilomètres de nous, on apercevait Beqa, une île verte et montagneuse qui formait un contraste saisissant avec le bleu de l'océan : une vraie carte postale. Lukas portait une couche-culotte spéciale baignade. Nous lui avions aussi enfilé un tee-shirt et mis un chapeau, puis je l'ai serré contre mon épaule et nous sommes entrés dans l'eau. Le bain de mer lui a plu d'emblée, il s'est mis à donner des coups de pied et à taper dans l'eau, tandis que je le faisais tourner au milieu des vagues tièdes. Il riait de tout son cœur, mais tout à coup il s'est arrêté net. Il s'est crispé. Son visage s'est mis à grimacer. Il a fait caca.

« Ah, non, ce n'est pas vrai, je n'arrive pas à y croire », me suis-je écrié, l'air dégoûté, en le tenant à bout de bras.

Sylvia s'est mise à rire : « C'est notre petit garçon des îles. »

DU MÊME AUTEUR

Aux Éditions Hoëbeke

LA VIE SEXUELLE DES CANNIBALES, 2012 (Folio nº 5583)

LES DERNIÈRES PARUTIONS
« RÉCIT DE VOYAGE » EN FOLIO

1. Folio n° 4898 Nicolas BOUVIER
Le vide et le plein

2. Folio n° 4903 Dan O'BRIEN
Les bisons de Broken Heart

3. Folio n° 4901 Olivier GERMAIN-THOMAS
Le Bénarès-Kyôto

4. Folio n° 4900 David FAUQUEMBERG
Nullarbor

5. Folio n° 5073 Blaise CENDRARS
Le Brésil

6. Folio n° 5071 Rick BASS
Winter

7. Folio n° 5081 Colin THUBRON
L'ombre de la route de la Soie

8. Folio n° 5076 Tarquin HALL
Salaam London

9. Folio n° 5246 Joseph KESSEL
Hong-Kong et Macao

10. Folio n° 5245 Olivier GERMAIN-THOMAS
La tentation des Indes

11. Folio n° 5248 Dan O'BRIEN
Rites d'automne

12. Folio n° 5249 Redmond O'HANLON
Atlantique Nord

13. Folio n° 5405 Paul MORAND
Londres/Le nouveau Londres

14. Folio n° 5410 Paolo RUMIZ
Aux frontières de l'Europe

15. Folio n° 5411 Colin THUBRON
En Sibérie

16. Folio n° 5412 Alexis de TOCQUEVILLE
Quinze jours dans le désert

17. Folio n° 5581 Paolo RUMIZ
L'ombre d'Hannibal

18. Folio n° 5582 Colin THUBRON
Destination Kailash

19. Folio n° 5583 J. Maarten TROOST
La vie sexuelle des cannibales

20. Folio n° 5584 Marguerite YOURCENAR
Le tour de la prison

Composition Igs
Impression Maury-Imprimeur
45330 Malesherbes
le 21 février 2017.
Dépôt légal : février 2017.
1er dépôt légal dans la collection : avril 2013.
Numéro d'imprimeur : 215640.

ISBN 978-2-07-045198-2. / Imprimé en France.

316327